바람직한 시민성이란 무엇이며, 어떻게 길러야 하는가

초등 사회과 교육의
이론과 실제

바람직한 시민성이란 무엇이며, 어떻게 길러야 하는가

초등 사회과 교육의
이론과 실제

한춘희 지음

scope & sequence

KSI 한국학술정보(주)

▌머리말 ▌

이 책은 사회과교육이란 학문을 하면서 그 동안 발표한 글이나 강의를 정리한 책이다. 초등학교 사회과교육의 목표는 교육과정에 다음과 같이 제시되어 있다.

> '사회 현상에 관한 기초적 지식과 능력은 물론, 지리, 역사 및 제 사회 과학의 기본 개념과 원리를 발견하고 탐구하는 능력을 익혀, 우리 사회의 특징과 세계의 여러 모습을 종합적으로 이해하며, 다양한 정보를 활용하여 현대 사회의 문제를 창의적이며 합리적으로 해결하고, 공동 생활에 스스로 참여하는 능력을 기른다. 이를 바탕으로 개인의 발전은 물론, 사회, 국가, 인류의 발전에 기여할 수 있는 민주 시민의 자질을 기른다.'

사회과교육의 궁극적인 목적은 바람직한 민주 시민의 자질(시민성)을 길러주는 것이다. 이러한 목적을 달성하기 위하여 초등 사회과교육은 어떤 방향으로 전개되어야 하고, 어떻게 하면 좀더 효과적이고 흥미있는 사회과수업이 될 수 있을까를 늘 고민하면서 쓴 글이다.

이 책은 크게 두 부분으로 구성되어 있다.

제1부는 초등 사회과교육의 이론으로 초등 사회과교육이 나아가야 할 바람직한 방향을 제시하였다. 제1장과 제2장은 사회과 교육과정에서 가장 중요한 범위와 계열 그리고 미래의 핵심역량을 기

르기 위한 사회적 역할 중심의 사회과 교육과정 개발 전략을, 제3장은 초등학교 사회과 교과용 도서의 현장 타당도 분석·평가를, 제4장은 사회과에서 효율적인 ICT 활용 방안을, 제5장은 초등학교 경제교육의 내실화 방안을 제시하였다.

제2부는 초등 사회과교육의 실제이다. 20년 동안 초등 교사로 사회과 수업을 하면서 실제로 느끼고 경험한 것을 토대로 효율적이고 바람직한 사회과 수업의 방향을 제시하였다. 여기에 있는 글들은 초등 교사들을 위한 각종 연수(자격 및 직무 연수, 단위 학교 및 연구학교, 수업지원단 및 교과 연구회 연수 등)에서 강의한 내용이다. 각장마다 중복되어 나오는 부분이 있지만 빠트릴 수가 없었다. 왜냐하면 초등 사회과교육에서 가장 핵심적인 부분이라고 생각하기 때문이다.

이 책을 내면서 감사를 드려야 할 분들이 너무 많다. 학부부터 지금까지 늘 격려해주시고 이끌어주신 김여칠 교수님과 안 천 교수님, 본격적인 학문을 시작하는 과정부터 지금까지 사랑과 열정으로 지도해주신 한국교원대학교 최병모 교수님, 남상준 교수님, 최용규 교수님께 감사의 말씀을 드린다. 또 지금까지 제가 사회과교육을 할 수 있도록 많은 도움을 주신 서울교육대학교 사회과교육과 교수님, 한국교원대학교 사회과교육 전공 선·후배 선생님들, 서울 초등사회과교육연구회 임원님들, 늘 곁에서 좋은 말씀과 격려를 아끼지 않으신 서울잠신초등학교 이창근 교장 선생님을 비롯한 여러 선생님들께 감사를 드린다. 항상 곁에서 끊임없는 성원과 격려를 보내주고 계신 사랑하는 부모님께 이 자리를 빌어서 미안함과 감사함을 전한다.

늘 기도와 사랑으로 아낌없는 성원을 보내준 아내 정미진과 두 아들 지우와 신우에게 늘 함께 하지 못함을 미안하게 생각하고 책을 선사한다.

끝으로 여러 가지 경제적인 어려움에도 불구하고 흔쾌히 출판을 맡아주신 한국학술정보(주) 임원과 관계자 여러분께 심심한 사의를 표하는 바이다. 이 책 출판을 계기로 저를 알고 있는 모든 분들께 더욱 노력할 것을 다짐하며 거듭 감사를 드린다.

2009년 2월
새롭게 태어난 잠실벌에서
한 춘 희

|목차|

제1부 | 초등 사회과 교육의 이론

제2부 초등 사회과 교육의 실제

제1부 초등 사회과 교육의 이론

제1장

사회과 교육과정에서 범위와 계열에 관한 연구

I. 서 론

사회과는 학생들에게 사회적, 정치적, 경제적 생활에 유능하게 참여하기 위해 필요한 지식, 능력, 기능 그리고 신념과 가치를 배울 수 있는 기회를 제공하고, 개인적이고 사회적인 문제와 쟁점에 접했을 때 책임감있게 결정하고 행동하며, 시민으로서의 의무를 이행해야 할 때 학교에서 배운 것을 실천에 옮길 수 있도록 준비시키는 교육이다. 즉, 사회과의 목적이 학생들에게 필요한 바람직한 시민성을 길러주는 것이라면, 오늘날과 같이 급속한 사회 변화와 지식 정보화 사회에 필요한 바람직한 시민성이 무엇이며, 어떻게 길러줄 것인가는 하는 것은 사회과에서 가장 기본적이고 핵심적인 과제이다. 흔히 사회과에서 길러야 할 바람직한 시민성이란 의사결정능력, 문제해결능력, 탐구능력, 반성적 사고력, 고급 사고력 등 여러 가지로 표현하고 있으나, 결국은 학생들이 생활하면서 겪게되

이 장의 내용은 『사회과교육연구』제12권 2호(2005)에 실린 '사회과 교육과정에서의 범위와 계열에 관한 연구'를 일부 수정한 것입니다.

는 여러 가지 문제들을 합리적으로 해결하는 능력을 의미한다.

　이러한 시민성의 육성을 위해서 사회과는 학생들에게 어떤 교육내용을 가르쳐야 하는가? 그리고 학생들에게 제시되는 교육내용의 지식, 기능, 가치는 어떤 순서로 제시되어야 하는가? 이것이 사회과 교육과정에서 범위(scope)와 계열(sequence)의 문제이다.

　일반적으로 교육학에서는 범위와 계열의 의미는 다양하게 사용되고 있으나[1]), 사회과에서 범위와 계열이란 용어는 2차 대전 이후 두드러지게 나타난 상대적인 개념이다.

　사회과 교육과정에서 범위(scope)란 용어는 사회과 프로그램에 포함되어야 하는 실제 내용, 가치, 기능, 그리고/또는 학습자 경험의 폭이다. 이는 또한 학생들에게 지식, 가치 그리고 기능을 적용할 수 있는 기회를 주기 위하여 삶과 관련된 적합한 문제들을 규명하는 것을 포함한다. 범위는 좁게는 단지 학습해야 하는 구체적 주제나 기능, 즉 역사, 지도 읽기, 세계지리 등과 같은 것으로 정의될 수도 있다. 그러나 너무 포괄적으로 정의하면 교사들에게 중요한 지시 사항이 제공되지 않을 수도 있다. 이상적으로 말해서, 범위는 사회과 프로그램에 포함되어야 하는 교과내용, 가치, 기능 그리고 학습자 경험의 외부적인 경계로 정의할 수 있다(NCSS, 1984 : 378 - 379).

　사회과 프로그램에 무엇을 넣어야 하는가 뿐만 아니라 그러한

---

1) 이경섭(1996)은 범위란 교육목표달성을 위한 학습 범위 또는 학습영역을 말하는 것으로 교육과정에서 종적인 하나의 축이고, 계열은 학습 계열 또는 학습계통을 말하는 종적인 축으로 내용과 학습활동이라고 했으며, 홍후조(2002)는 범위란 교육과정의 폭이나 너비(breadth)를 말하고, 계열은 어떤 기능이나 개념을 반복하면서도 이전의 것을 발판삼아 한 단계 더 나가도록 조직하는 것으로 정의하고 있다. 일반적으로 범위란 학습내용의 범위를 말하고, 계열은 학습내용과 경험을 교육과정에 배열하는 순서이다.

요소들이 나타나는 차례 즉, 계열을 정해야 한다. 일반적으로, 공간적이고 일시적이거나 심리적으로 학습자와 밀접한 논제들은 전통적으로 저학년에 제시되었다. 예외가 많다 해도, 근접한 주제에서 먼 주제로, 현재적인 주제에서 과거의 주제로 계열을 짜는 것이 일반적인 추세이다. 이러한 환경확대 원칙은 1930년대 이후 초등학교 사회과 계열을 입안하는데 있어서 널리 사용되어 왔다. 오늘날 학생들의 삶의 범위는 교통수단과 통신수단의 발달로 많은 영향을 받고 있어, 환경확대에 대한 여러 가지 문제점들과 대안들이 모색되고 있지만 여전히 환경확대 원칙은 사회과 교육과정의 계열을 구성하는 중요한 원리로서 작용하고 있다.

  사회과 교육과정을 개발할 때 어떤 하나의 구조와 방향만을 고수하는 것은 현실적으로 어렵고 불가능한 일이다. 따라서 여러 가지 요구를 수용하고 조화시켜 나가야 하는 데, 이것은 관련된 연구결과의 축적위에서 이루어져야 한다. 사회과 교육과정의 교육내용에 관한 어떤 요구나 사조·이론이 교육과정안에 수용될 때 그것들이 논리적 정합성과 체계성을 갖추어야 한다. 예를 들면, 사회과의 교육과정을 학문중심 교육과정으로 구성한다면, 철저하게 사회과학의 개념, 일반원리를 지식의 위계체계에 따라 구조화하지 않으면 안된다. 사회의 변화에 맞게 사회과학의 개념 및 일반화에 대한 체계적인 연구가 이루어지고 그에 따라 교육과정의 개정이 이루어져야 한다. 그러나 우리나라 사회과 교육과정의 현실은 어떠한 가. 사회과 교육과정에 관련된 기초연구를 충실하고 체계적으로 담당한 연구기관이 없으며2), 교육과정 개정의 현실은 철저한 국가

---

2) 종종 사회과 관련 기초 연구들이나 세미나가 한국교육과정평가원이 중심이 되어 중등사회과

통제의 중앙집권적이며, 총론위주의 일시적, 전면적인 개정이 이루
어지고 있다. 교과교육의 입장이 반영된 교육과정의 개정이 아니라
총론 위주의 개정으로 각론은 총론에서 정해진 것을 토대로 개발
하는 반 주체적인 입장에서 교육과정 개정이 이루어지고 있다.

따라서 그 동안 교육과정에서 나타난 여러 가지 문제점들을 연
구하여 대비책을 세우고, 새로운 교육과정에 반영할 준비가 거의
되어 있지 않은 상태에서 새로운 교육과정의 개정이 이루어지게
된다. 교육과정 개정 때마다 반복적으로 이루어지는 관행이다. 근
래에 이러한 문제점을 시정하고자, 교육과정의 상시적인 개정체제
논의가 활발하게 이루어지고 있으나, 현실적으로 많은 어려움이 예
상된다. 또 사회과 교육과정에서 특징적으로 나타나는 현상의 하나
로 통합 교과인 초등학교 사회과 나름대로의 특색이 나타나지 않
는다는 점이다. 통합 사회과와 관련하여 그 동안 여러 논의들이
있어왔고, 계속되리라 생각되지만 완전한 통합은 사회과에 혁명적
인 전환이 없는 한 불가능하다[3]. 그러나 초등 사회과는 중등과는
다르게 기존의 분과적인 생각을 버리고 사회과의 본질, 즉 사회인
식을 형성하는 통합 교과라는 생각을 가지고 논의를 시작하면 초
등학교 사회과의 특색을 살린 사회과 교육과정과 교과서 개발이
이루어질 것이다. 사회과 교육과정에서 교육내용의 선정과 조직에
서 사회과의 고유한 논리를 우선으로 해야 하는 지 아니면 학생들

를 중심으로 이루어지고 있으며, 초등은 구색맞추기식의 연구가 대부분을 차지하고 있다.

3) 중등학교의 통합 사회가 제6차 교육과정부터 정식적으로 등장했으나 실질적으로 내용 구성
을 살펴보면 역사, 지리, 일반사회를 1/3씩 묶어 놓은 것에 불과하다. 처음이나 중간에 통합
단원을 구성하고 있으나 이것은 통합을 위한 요식 행위에 불과하다. 국사교육의 강화를 위해
2006년부터 국사가 사회과에서 독립하여 국사라는 독립 교과로 된다면 굳이 지리와 일반사
회만 가지고 통합 사회과를 구성할 필요가 없다.

의 심리적 특성에 기초해야 하는 지는 교육 내용의 선정과 조직에
서 핵심적인 쟁점이다. 학생들에게 미래 사회에 필요한 바람직한
시민성을 육성하는 것이 사회과라면 어떤 교육내용을 가지고 어떤
순서에 따라 가르치는 것이 효과적인가하는 것을 연구하는 것은
아주 중요하고 핵심적인 문제이다.

그러나 우리나라에 사회과가 도입된 지 반세기가 흘렀는 데도
체계적으로 사회과의 범위와 계열을 연구한 연구는 거의 찾아볼
수가 없다[4]. 사회과의 핵심적인 문제임에도 불구하고 이런 연구를
찾아볼 수 없는 것은 아이러니한 일이다.

반면 미국에서는 사회과의 범위와 계열을 다룬 연구가 19세기
후반부터 서서히 논의되기 시작하여 1990년대까지 활발하게 연구
되고 있다.

본 논문은 미국 NCSS를 중심으로 논의된 사회과의 범위와 계열
에 관한 연구들을 정리하고, 이것을 토대로 우리 나라 사회과 교
육과정의 발전 방안을 모색하는 데 있다.

---

4) 1977년 이른바 '검인정교과서 사건(중·고교 검인정 교과서 출판업자들이 가격 인상을 묵인
하는 대가로 문교부 편수국 직원에게 뇌물을 제공한 부정비리사건)'으로 문교부는 교육과정
및 교과서 개발을 연구기관에 위임하는 정책을 채택하게 되는 데, 1973년에 설립한 한국교
육개발원(KEDI)이 교육과정과 교과서 개발업무를 맡게 된다. 여기에서 연구기관에서 교육과
정과 교과서를 개발한 최초이자 마지막인 제4차 사회과 교육과정이 개발되는 데, 4차 교육
과정을 개발하기 전에 사회과교육 연구실을 중심으로 대규모로 사회과관련 기초연구가 체계
적으로 이루어지게 된다. 이때 연구물들이 사회과 범위와 계열에 관한 연구가 거의 유일한
것이다. 그 이후로 교육과정과 교과서 개발은 연구기관이 아니라 대학으로 옮겨가는 데 5차
는 이화여자대학교, 6,7차는 한국교원대학교에서 개발하게 된다.

Ⅱ. 미국 사회과에서 범위와 계열에 관한 연구

미국에서 사회과의 범위와 계열에 관한 연구는 크게 두 시기로 나누어 살펴보고자 한다. 1921년에 설립된 NCSS를 중심으로 사회과의 범위와 계열에 관한 본격적인 연구가 시작된 1979년을 기준으로 하여 초기의 연구(2차 세계대전 이후부터 1978년까지) 그리고 NCSS 중심의 본격적인 연구(1979년부터 현재까지)로 나누어 살펴보고자 한다.

1. 초기의 연구(2차 세계대전 ~ 1978년)

미국에서 사회과의 범위와 계열에 관한 최초의 연구는 NEA의 10인 위원회의 연구 결과이다. 즉, 5 - 12학년의 범위와 계열(5학년 : 전기와 신화, 6학년 : 전기와 신화, 7학년 : 미국사와 시민 정부, 8학년 : 그리스와 로마역사, 9학년 : 중세와 현대사에 대한 접근으로서의 프랑스사, 10학년 : 중세와 현대사에 대한 접근으로서의 영국사, 11학년 : 미국사, 12학년 : 집중적인 학습(시민 정부)을 위해 선택된 특별한 역사의 시대)를 제안했다. 10인 위원회는 초등학교 저학년의 과목에 대하여 특별한 권고를 하지 않았지만, 시민 정부(Civic government)는 구두 수업으로 저학년에서 가르치라고 제안한다. NEA 위원회 보고서의 영향은 지속적으로 확대되어 왔으며, 후에 AHA의 7인 위원회와 8인 위원회 보고서의 제안이 이어졌다.

　그러나 미국 학교에서 사회과 교육과정에 영향을 준 가장 중요한 범위와 계열에 관한 보고서는 1916년에 나타났다. 1916년 보고서는 중등교육 조직화에 관한 NEA 위원회의 사회과 위원회에서 준비되었고 중등학교를 강조하였지만, 아마도 중·고등학교가 초등학교에서 배운 내용 영역을 반복하고 순환하는 계획을 강조함으로써 초등학교에 간접적으로 영향을 주었다. 중학교의 권고는 7학년은 지리와 유럽사, 공민, 8학년은 지리와 미국사, 공민, 9학년은 공민, 경제와 직업, 경제사이다. 고등학교는 10학년은 1700년까지의 유럽사, 11－12학년은 1700년이후의 유럽사(한 학기나 일년), 미국사(한 학기나 일년), 미국 민주주의 문제(한 학기나 일년)를 권고하고 있다. 1960년대와 1970년 후반 100개 이상의 경험적이고 혁신적인 사회과 프로그램이 시도되었는데 대부분 교과내용, 학년 수준이나 교수법의 강조에 의해 전체 교육과정의 단지 일부분만을 다루었기 때문에 범위와 계열을 언급하지 않았다. 범위와 계열을 언급한 한 프로그램은 1972년의 미네소타 대학의 사회과 프로젝트이다. 제안된 계열은 유치원은 인간의 집으로서의 지구, 1－2학년은 세계에 걸친 가족, 3－4학년은 세계에 걸친 지역 공동체, 5학년은 지역학습, 6학년은 미국사, 7학년은 인간과 사회, 8학년은 우리의 정치체제, 9학년은 경제체제, 10학년은 미국사, 11학년은 지역연구, 12학년은 가치갈등과 정책결정을 제안하고 있다. 그러나 1970년대 후반 신사회과운동에 대한 불만과 기본으로 돌아가는 운동으로 NCSS를 중심으로 본격적인 사회과의 범위와 계열에 관한 연구가 시작되었다.

2. NCSS 중심의 본격적인 연구(1979년부터 ~ 현재)

이후에도 범위와 계열에 관한 많은 연구 결과들이 발표되었다. 그러나 1921년에 설립된 미국사회과교육협의회(NCSS)을 중심으로 본격적으로 논의를 시작한 것은 1979년 이사회부터이다. 1979년 11월 NCSS의 이사회의 요청에 의해 대표자 회의에서 'NCSS 교육과정 지침들[5]'을 토대로 한 사회과에서 K - 12학년 교육과정을 위한 범위와 계열을 위한 선택의 시리즈들'을 개발하는 일을 점검하고 조사하는 특별 위원회(Task Force)가 임명되었다. NCSS 내에 범위와 계열을 위한 특별위원회(1982 - 1983)를 구성하여 활동한 다음 1983년 6월에 보고서를 작성하여 이사회에 제출한다. 뱅크스 회장을 비롯한 검토위원회의 견해(의견, 비평)를 토대로 보고서의 내용을 수정하였다. 이사회는 'Social Education'에 특별 위원회의 범위와 계열에 관한 보고서를 게재하고 독자들의 반응을 요청하기로 결정했다. 이에 따라 이 보고서를 1984년 4월에 'Social Education'에 "In Search of a Scope and Sequence for Social Studies"(NCSS Task Force)를 발표한다. NCSS안이 발표되고 많은 토론과 논란이 일어나자 1985년 이사회에서 범위와 계열에 대한

---

5) NCSS에서 발간한 사회과 교육과정 지침들은 1971년 발표하고 1979년에 수정한 것으로 9개의 지침은 다음과 같다. ① 사회과 프로그램은 학생의 연령, 성숙 및 관심과 직접적으로 관련되어야 한다. ② 사회과 프로그램은 실제 사회를 다루어야 한다. ③ 사회과 프로그램은 인간의 경험과 문화, 신념들의 현존하는 유효한 지식 대표자로 구성되어야 한다. ④ 목표들은 신중하게 선택되어야 하고, 분명하게 프로그램에 방향을 제시할 수 있는 형태로 진술되어야 한다. ⑤ 학습활동들은 학생들이 학습과정에 직접적이고 활동적으로 참여하도록 구성되어야 한다. ⑥ 교수 전략과 학습 활동은 광범위한 학습 원천에 의존해야 한다. ⑦ 사회과 프로그램은 경험의 조직을 조장해야 한다. ⑧ 평가는 프로그램의 목적을 위하여 유용하고, 체계적이고 종합적이고 효과적이어야 한다. ⑨ 사회과 교육은 학교 프로그램의 중요하고 책임있는 부분으로 활발한 지원을 받아야 한다.

쟁점을 지속적인 토론 주제로 결정하고, 범위와 계열에 대한 대안들6)을 몇몇 전문가들에게 요청하여 1986년에 정기회의 때 발간되는 'Social Education'에서 발표된다.

1986년에 다섯 가지 대안들이 발표되고, 활발한 협의와 토론이 지속적으로 이루어지고, NCSS에서 1988년 8월에 범위와 계열을 검토할 특별위원회가 조직된다. 특별위원회는 사회과의 범위와 계열에 관한 책임7)을 지고 주요한 문서들을 검토하고 숙고의 과정을 거치면서, 범위와 계열의 모델을 충족시킬 24개의 기준들을 개발하였다. 이 기준들을 살펴보면 다음과 같다.

사회과의 범위와 계열은 아래와 같아야 한다.

1) 프로그램의 목적과 이론적 설명을 진술하는 것
2) 내부적으로 진술된 목적과 이론적 설명들이 일관성이 있는 것
3) K - 12학년 모든 단계의 학습 내용을 설계하는 것
4) 학습은 누가적인 것이라는 것을 인식하는 것
5) 지역의, 국가의, 지구촌적 학습 내용의 균형을 반영하는 것
6) 과거, 현재, 미래의 학습 내용의 균형을 반영하는 것
7) 사회, 경제, 정치 제도들의 구조와 기능의 이해를 학생들에서 제공하는 것

---

6) NCSS안을 제외한 발표된 다섯가지 안은 다음과 같다. 첫째, Downey의 'Time, space and culture', 둘째, Dynneson & Gross의 'A Century of Encounter', 셋째, Engle & Ochoa의 'A Curriculum for Democratic Citizenship', 넷째, Hartoonian & Laughlin 'Designing a Scope and Sequence', 마지막으로 Kniep의 'Social Studies Within A Global Education'이다. 모두 1986년 'Social Education' 학회지에 발표되었다.

7) 특별위원회의 책임은 관계있는 연구를 재검토하는 일, 기본적인 원칙들과 기준들을 논리적으로 도출하는 일, 모든 NCSS 견해에 관한 문장들과 지침들 그리고 관계있는 자료들을 재검토하는 일, 여섯가지 범위와 계열에 관한 제안들을 분석하는 일, NCSS의 중요한 원칙들을 충족하고 있는 제안들을 확인하는 일, 위원회의 분석을 보고하는 일, NCSS 이사회에 이 모델들이 필요한 곳에서 수정안을 승인하고 제시하여 모델을 추천하는 일 등이다.

8) 역사와 사회과학들의 개념들과 일반화를 강조하는 것

9) 지식과 기능의 통합을 조장하는 것

10) 다른 학문분야들과 학습 내용의 통합을 조장하는 것

11) 다양한 교수 방법들과 학습 자료들의 활용을 조장하는 것

12) 활동적인 학습과 사회적인 상호작용을 육성하는 것

13) 민주적인 신념들과 가치들에 관한 분명한 책임을 반영하는 것

14) 지구촌적 관점을 반영하는 것

15) 문화 유산의 지식과 평가를 육성하는 것

16) 다양성의 지식과 평가를 육성하는 것

17) 자긍심의 형성을 육성하는 것

18) 학생들을 어떻게 가르칠 것인지에 관한 현재의 연구와 일치하는 것

19) 학문들에서 현재의 학문발전과 일치하는 것

20) 모든 수준들에서 사고 기능들과 개인 간의 기능들을 통합하는 것

21) 지역적, 국가적, 지구촌적 문제들의 해결과 이해, 동일시를 강조하는 것

22) 학생들에게 관찰로부터 지지까지 참여의 기본적인 기능들을 배우고 실행할 수 있는 많은 기회들을 제공하는 것

23) 지식과 기능들을 삶에서 변형시키는 것을 육성하는 것

24) 학생들에게 도전과 흥분의 가능성이 있는 것

위와 같은 사회과의 범위와 계열에 대한 24개의 기준들을 정하고, 지금까지 발표된 연구물들을 검토하여 범위와 계열에 관한 세 가지 대안적인 모델8)을 승인하여 권고한다. NCSS에 의해 권고된

---

8) NCSS의 특별위원회가 정한 범위와 계열에 관한 24개 기준들을 통과하야 승인된 세 가지 대안은 하나는 1983년에 개발된 NCSS가 수정하여 만든 NCSS의 'In Search of a Scope and Sequence for Social Studies: Report of the National Council for the Social Studies Task Force on Scope and Sequence', 또 하나는 Hartoonian & Laughlin의 'Designing a Social Studies Scope and Sequence for the 21st Century' 그리고 마지막으로 Kniep의 'Social Studies within A Global Education'이다.

대안적인 모델들을 토대로 교사들과 교육과정 입안자들은 사회과 교육과정의 범위와 계열을 구성하여 활용하게 된다.

그러나 우리나라는 불행하게도 사회과 교육과정을 개발할 때 활용하는 기준으로 삼는 체계적이고 구체적인 범위와 계열에 관한 연구가 거의 없는 실정이다[9]. 사회과 교육과정을 개발할 때 활용한 구체적이고 상세한 범위와 계열이 제시한다면 사회과 수업은 교과서 중심에서 교육과정 중심의 사회과 수업으로 변화해갈 것이다.

지금까지 여러번의 교육과정 개정에도 불구하고, 사회과의 범위와 계열에 관한 뚜렷한 준거틀을 찾아볼 수가 없다. 교육과정을 개발하기 바로 직전에 연구되어진 사회과 교육과정 개발 기초연구도 여러 가지 제약으로 인하여 준거틀을 개발하지 못하고 있다. 그리고 제4차 교육과정 개발에는 연구기관이 책임을 맡아서 지속적인 연구와 자료를 보완하여 교육과정을 개발할 수 있었으나, 현재는 우리나라 어디에도 교육과정, 특히 교과교육을 체계적으로 연구하는 기관이 없는 실정이다[10]. 현행 사회과 교육과정도 너무 포

---

9) 예를 들면, 제7차 사회과 교육과정 해설에는 내용 선정의 기준으로 세 가지(학생의 심리적 기준, 사회·국가적 기준, 학문·철학적 기준)를 제시하고, 내용조직의 원리로 다섯 가지(환경확대법, 나선형교육과정원리, 주제나 문제중심 구성, 학년별 내용 주제범위 : 3학년(우리 고장의 생활모습), 4학년(지역의 모습과 사회생활), 5학년(우리나라의 생활과 문화), 6학년(지구촌 시대의 우리), 수준별 구성)을 제시하고 있으나, 막연하고 구체적이지 못하며, 내용체계(인간과 공간, 인간과 시간, 인간과 사회)도 전통적인 삼분법의 한계를 벗어나지 못하고 있는 실정이다.

10) 교과교육의 본산으로 한국교육개발원이 역할을 나름대로 충실히 수행했으나, 한국교육과정 평가원과 분리되면서 교과교육에 거의 손을 놓고 있는 상태이며, 한국교육과정평가원에 각 교과별로 구성되어 있으나, 유명무실하고, 국가에서 실시하는 시험을 관리·감독하는 데도 역량이 부족한 형편이다. 결국 두 기관이 분리되면서 교과교육을 지속적으로 연구하는 기관이 없다. 한국교원대학교에 교과교육연구소가 있으나, 여러 가지 제약으로 본격적인 교과교육연구는 엄두도 내지 못하고 있는 형편이다. 따라서 교과교육의 발전을 위해서는 적어도 1980년대 한국교육개발원의 역할이라도 수행할 수 있는 곳이 빠른 시간 내에 생겨나야 교과교육발전의 전기가 마련될 수 있다.

괄적이고 광범위한 여러 원칙들이 제시되어 있어서 일선 현장에서
교육과정만으로 사회과 수업을 하기에는 너무 어려움이 많다. 좀더
구체적으로 현실적이며 합리적인 체계를 갖춘 사회과 범위와 계열
이 절실히 요청된다.

Ⅲ. 미국 사회과의 범위와 계열에 관한 대안 모델들

　여기에서는 NCSS에서 1986년에 사회과교육 전문가들에 요청하
여 발표한 네 개의 대안적인 모델들[11)]에 관하여 간단하게 살펴보
고, 사회과의 범위와 계열에 관하여 발표된 대안들중에서 NCSS의 특
별위원회에서 채택하고 권고한 세 가지 모델들을 살펴보고자 한다.

1. 대안적인 모델들

1) Downey의 시간, 공간, 문화

　사회과의 목적은 학생들이 자기 자신과 사회를 이해하여 이성적
이고 책임있는 개인이자 시민으로 자라날 수 있도록 돕는 것이다.
사회과는 풍부한 지적 유산을 물려받았다. 역사와 지리학의 바탕에
사회과학적 이론과 개념이 어우러져 있는 만큼, 지금까지 인류가

---

11) NCSS안을 제외하고 발표된 여섯가지 대안 중에서 추후 특별위원회에서 채택된 두 가지
　　안은 뒤에서 살펴보고, 나머지 4개안의 내용을 살펴보고자 한다.

거둔 방대한 인문학적 성과를 활용할 수 있는 교과이기 때문이다. 여기에서 범위와 계열은 역사와 지리를 중심으로 사회과 교육과정을 연대기적으로 구성한다. 모든 인문 및 사회과학을 통틀어 다양한 인간 경험을 가장 총체적으로 보여줄 수 있는 분야는 바로 역사(학)이다. 연대기적 구조는 사회과의 여러 내용을 종합하는데 적합하며, 역사가 만들어지는 공간적 배경을 다루는 지리학 역시 중요하다. 학생들은 역사에서 시간의 의미를 배우며, 지리학에서 장소의 중요성을 깨닫는다. 시간과 공간은 인간의 상호작용과 문화적 발전이 이루어지는 근본 바탕이다. 범위와 계열은 유치원부터 12학년까지의 사회과 교육과정 모델에 관한 것으로 크게 3개의 부문, 즉 일차학년(K - 3), 초등학년(4 - 8) 및 이차학년(9 - 12)이다. 각 단계의 학습이 다음 단계의 고급학습으로 이어지는 점층적 구조로 되어 있다.

유치원은 어린 아이들의 세계로 어린이들이 처음으로 받게 되는 사회과로 여러 다양한 삶의 방식을 어린이의 눈높이에 맞게 소개해주어야 하며, 1학년은 사회과 학습에서는 인간문화의 가장 기본적인 요소들(일상생활에 없어서는 안 될 요소들 - 집, 음식, 옷, 도구, 운반수단, 현대 사회에서의 기본 서비스 등), 즉 생활에 꼭 필요한 것들로 배운다. 2학년은 공동생활로 사람들로 이루어진 사회집단과 그들이 만들어내는 제도와 관습에 주목하며, 3학년은 행복한 삶으로 생활의 질적 차원을 다룬다. 또 4학년은 초기 인류로 일차학년에서 배운 지식을 통합하고 5학년에 시작되는 정식 지리・역사 교육에 대비하는 전환기이다. 5학년은 고대 및 중세 문명으로 역사와 지리가 5학년부터 정식으로 사회과 교육과정에 포함된다. 마지막으로 6학년은 미국의 역사 즉, 새로운 국가 건설로 미국의 역사를 소개한다[12].

사회과 교육과정에서 기능이란 기본 기능에서부터 학문적 성취를 위해 필요한 기능(공부 기능, 도서관 활용기능, 시험 기능)이나 비판적 사고방식을 포함한다. 기본 기능으로 읽기, 쓰기, 구술, 정보수집 및 연구 기능, 암기, 연구 기능으로 여섯가지를 들고 있으며, 사회과에 특별히 적용되는 기능은 시간관계의 이해와 관련된 기능, 역사적 정보의 해석 및 분석과 관계된 기능, 공간 관계의 이해와 관련된 기능, 사회과학 지식의 활용과 관련된 기능, 인문학적 지식의 활용과 관련된 기능을 제시하고 있다.

기능개발 영역에서 사회과의 궁극적 목표는 비판적으로 생각하는 능력의 제고다. 학생들이 현대의 세계와 사람들에 대해 비판적으로 생각하는 능력을 갖게끔 돕는 일이며, 체계화된 사회과만이 할 수 있는 역할이기도 하다.

2) Stanley & Nelson의 사회 변화를 위한 사회과

민주적 시민 문화와 지속적인 사회개선 과정에서 개인의 적극적인 참여는 사회과 교육과정의 기본적인 이론적 근거이다. 사람들은 자치 능력이 있으며, 민주주의 사회는 비판과 다양한 견해에 개방적이어야 하며, 학교 교육은 사회와 이상들과 일관성을 이룰 수 있는 책임이 있으며, 또한 핵심 가치들은 사회개선 과정에서 중심

---

12) 참고로 7학년부터 12학년까지 주제만 간략하게 소개하면 7학년은 세계역사(초기 근대 및 산업 시기), 8학년은 미국 역사(산업국가의 구축), 9학년은 공동체 사회의 공민, 10학년은 20세기의 세계, 11학년은 20세기의 미국, 12학년은 현대 세계의 미국 시민이다.

점이다.

　시민성 교육은 중요한 관심사이지만, 사람들은 지역, 주 및 연방 정부들과 그들의 관계는 별개로 하더라도 인생에서 중요한 많은 다른 역할들, 즉 가족 구성원으로서, 소비자로서, 생산자로서, 개인으로서 기능을 하고 있다. 사회 변화를 위한 사회과는 민주 시민 문화의 핵심 가치들, 기초적인 정의와 평등에 대한 확고하고 사려 깊은 관심을 발달시키고, 사회 및 지구촌 문제들에 대한 학생들의 이해를 돕고 정의와 평등에 기초한 비판적 사고를 활용할 수 있도록 도와주어야 한다. 또 사회개선에 적극적으로 참여하도록 동기를 발달시키고 교사들과 학생들은 사회 및 지구촌 개선을 탐구하는데 있어 가능한 한 폭넓고 다양한 주제들과 견해들을 조사할 수 있는 자유를 가지고 있다는 것을 보장해주어야 한다.

　사회 변화를 위한 사회과 교육에서 지식은 인문과학과 사회과학, 과학, 예술 및 사회 문제 자체들로부터 데이터라는 전통적인 자원들을 활용할 뿐만 아니라 그 데이터 자체들을 비판의 대상들로 활용한다. 우리가 제시하는 기준적 가치들은 정의와 평등이며, 또한 우리의 목표는 그것들에 대한 확고하고 사려깊은 관심을 발달시키는 것이다. 기능들은 개별적인 특정 범주들이라기보다는 지식 발달의 점진적 과정의 통합된 부분들로 여긴다. 지식의 발달과 비판은 읽기, 쓰기, 말하기, 듣기, 증거 접근하기, 관찰하기, 범주로 분류하기, 분석하기, 합성하기, 평가하기 및 적용하기 같은 간단한 기능들과 복잡한 기능들을 활용할 것을 요구한다. 우리는 비판적 사고, 윤리적 의사 결정 및 사회 참가의 과정들은 학생들의 성숙이라는 수준들에 따라서 학교들에서 반드시 실천되어져야 한다.

저학년들(K - 3)의 학습 주제는 자아 정체성과 다른 것들에 대한 관심들 그리고 상호 의존성이라는 개념을 발달시키는 것이고, 4 - 6학년의 학습주제는 관찰과 의견들이다[13].

3) Engle & Ochoa의 민주시민성을 위한 교육과정

민주시민을 길러내기 위한 교육과정은 전통적인 사회과에서 벗어나 보다 개방적이고 문제 중심적인 사회과를 지향한다. 민주시민 양성을 위한 교육과정의 핵심은 학생들이 스스로 사고하고 판단을 내릴 수 있도록 유도하는 일이다. 따라서 내용을 숙고하고 활용하는 과정이 없는 단순암기는 철저히 지양된다. 이는 교육과정이 문제, 관념, 가치체계 및 여러 자료들에 관해 보다 심도있는 탐구를 요구한다는 뜻이다. 사회과의 궁극적인 목표는 사회적 책임감과 이성적 판단력을 갖춘 시민을 길러내는 데 있다는 판단 하에, 아래와 같이 네 가지의 사회과 교육과정 지침을 제시한다.

첫째, 교육과정은 명확한 정답을 제시하기보다는 논란의 여지를 제공해야 한다.

둘째, 교육과정의 내용은 엄선되어야 한다. 주제로는 생각할 여지와 동기가 충분한 주요 사회문제가 선택되어야 하며, 이들은 때로 논란의 여지가 클 수도 있다.

셋째, 각 학습 단위는 중요한 사회문제를 중심으로 구성되어야 한다. 이러한 문제들에 대한 연구는 학교 여건이 허용하는 한도 내에서 최대한 심도있게 이루어져야 하며, 무리가 없는 한도 내에

---

13) 참고로 7 - 9학년의 학습주제는 의견들 테스트하기와 윤리적 관념들 세련되게 만들기이며, 10 - 12학년의 학습 주제는 세련된 비판적 사고와 변화를 위한 제안 그리고 사회 참여이다.

서 다른 문제들과 독립성이 최대한 보장되어야 한다.

넷째, 교육과정은 기존의 방식에 비해 다양한 출처(학생들의 직접경험을 비롯하여, 역사, 사회과학, 문학, 언론자료 등)에서 얻은 여러 데이터를 활용한다.

민주시민을 길러내기 위하여 어떠한 교육이 이루어져야 하는가에 따라 교육과정의 내용이 결정되어야 한다. 교육과정의 요소로서 제시한 8가지를 살펴보면 다음과 같다.

첫째, 환경연구이다. 환경연구는 환경 활용과 관련된 문제를 다루며, 인간과 환경 간의 관계에서 일어나는 문제에 초점을 맞추어야 한다. 전체적으로 일련의 주요 환경문제를 중심으로 구성되며, 환경문제 목록은 현실적 필요에 맞게 그때그때 수정되어야 한다.

둘째, 제도연구이다. 제도연구는 미국의 여러 사회제도가 만들어진 배경과 현재의 상황을 다루며, 여기엔 제도의 발전 과정에서 극복된 문제와 아울러 향후 발전에서 극복되어야 할 문제까지 포함된다. 본 연구는 민주적 제도를 지키고 발전시키는 일에 어린이들이 참여토록 하기 위해 계획되며, 크게 미국의 모든 제도에 기반이 되는 권리와 신념 및 근본적인 자유의 표현과 보호를 위한 제도, 경제제도, 정치제도, 타국과 우리의 관계를 규정하는 제도, 민간부문(가정, 종교단체 및 모든 종류의 사회단체)에 우선적으로 작용하는 제도로 나눌 수 있다.

셋째, 문화 연구로 세계의 문화를 선택적으로 연구하고, 상호의존과 문화적 다양성을 특징으로 하는 현대 사회에서 어떻게 살아가야 하는가를 탐구한다.

넷째, 사회문제 연구로 몇 가지 주요 사회문제에 관한 일관된 심층연구이다. 3학년부터 10학년까지, 매년 하나의 주요 사회문제를 심도 있게 다루는 연구과정을 사회과 교육계획에 포함시킨다. 우리는 사회과교육의 궁극적인 목표가 주요 문제에 대해 이성적인 결정을 내릴 수 있는 능력을 배양하는데 있다고 확신하며, "실제로 연구에 참여하는 것만큼 좋은 훈련은 없다"는 브루너의 주장에 동의한다. 따라서 사회과 교육 전반에 걸쳐 어린이들에게 다양한 문제 해결 과정을 경험시켜야 하고 교육과정 전반에 걸쳐 주요 사회문제가 다루어져야 한다.

다섯째, 시민성 관련 문제이다. 민주사회에서의 이성적인 의사결정에 필수적인 세 가지 문제, 즉 의사결정에 활용할 정보의 신빙성을 어떻게 판단할 수 있는가?, 정보 공급원인 미디어의 신뢰도를 어떻게 판단할 수 있는가?, 상충되는 가치들이 있을 경우, 의사결정은 어떻게 이루어져야 하는가이다.

여섯째, 시민실습교육으로 시민활동에 정기적으로 참여한다.

일곱째, 선택과목연구이다. 선택과목은 학생들에게 사회과학의 연구방식을 심도있게 학습할 기회를 마련해주기 위한 방안이다. 선택과목은 1년짜리 강의로서, 경제학, 정치학, 사회학, 인류학, 언론학 등으로 나뉜다.

여덟째, 잠재적 교육과정이다. 민주주의 원칙에 투철한 시민을 길러내는 일이 교육의 책임이라면, 우리는 학생들에게 민주주의의 좋은 본보기를 보여주어야만 한다. 학교에서의 좋은 본보기라면 두 가지 측면을 생각해볼 수 있다. 일단 학교의 운영방식 자체가 명백히 민주적이어야만 한다. 학교가 일인의 독단으로 운영된다는 인식을 학생들에게 주게 되면, 민주주의의 예시를 보여주는 일은 불가능하다. 법률과 마찬가지로, 교칙은 공정하고 합리적이어야 하며, 그러한 교칙이 만들어진 이유를 학생들이 이해할 수 있도록 설명해주어야 한다.

4) Dynneson & Gross의 대결의 한 세기

100년이 넘게 교육자들은 학생들과 사회의 욕구를 충당할 수 있는 각급학교의 효과적인 범위와 계열의 개발을 위해 노력하면서 다음 세대들에게 미래의 도전에 대비시켜왔다. 범위와 계열은 교육과정의 하부구조이다. 그것은 교육과정의 이론적 기초와 학급에서 활용되는 학습자료를 연결하는 고리다. 범위와 계열의 대결은 주로 특정 이익 집단들의 협의사항과 사회에 영향을 미치는 사회문제 사이에 개재하는 철학적인 불일치에 뿌리를 두고 있다. 범위와 계열에서의 대결은 교육적 결정을 내리기 위한 승패의 결전장이다. 1886년부터 1986년까지 범위와 계열에 관한 대결을 다섯 단계로 구분하여 간단하게 제시하고 있다.

첫째 단계로, 1886 - 1906년으로 공립중학교의 역할을 상급 학교에로의 진학을 위해 고등학교는 초급대학에로의 입시준비를 지향하게 되었다. 그것은 대학교 진학과 성공적 학습에 필요한 준비로 간주됐다.

둘째 단계로, 1906 - 1926년으로 중등학교의 교육과정으로 1916년 보고서가 아래와 같은 사회과의 범위와 계열을 제시하여 중등학교의 틀을 마련했다고 주장했다.

- 제 7학년: 유럽의 역사와 지리
- 제 8학년: 미국의 역사
- 제 9학년: 시민학
- 제 10학년: 유럽의 역사
- 제 11학년: 미국의 역사
- 제 12학년: 정부 또는 민주주의의 문제점

셋째 단계로, 1926 - 1946년으로 공격받는 사회과로 규정하고 있다. 1939년, NCSS는 "사회과교육의 미래: <경험적 사회과교육 교육과정에 대한 제안>" 제목하에 일련의 교육과정 시리즈들의 초판을 발간하여 사회과 교육과정을 위한 경험적인 범위와 계열의 설계를 제안했다. 다음에 열거된 접근들은 실험적인 제안들의 내용에서 추출한 것이다.

- 지역사회 또는 공민 중심의 접근
- 사회문제에 대한 접근
- 세계 연구 또는 지구촌 접근
- 사회재건 접근
- 아동 중심 또는 개별화된 접근
- 바람직한 시민에의 접근

넷째 단계로, 1941 - 1966년으로 역사학 그리고 사회과학 대 시민성과 사회과의 대결로 규정한다. 이 시기에, 아동발달 관점에서 일하던 폴 한나는 범위와 계열의 모델을 작성했다. 즉, 학생들은 K - 6 사회과 프로그램을 자신의 경험으로부터 시작하였다.

- 제 1학년 : 1. 아동의 가족, 가족 공동체
  2. 아동의 학교
- 제 2학년 : 3. 아동의 이웃 지역사회
- 제 3학년 : 4. 아동의 지역 사회: 시, 군, 특별시
- 제 4학년 : 5. 아동의 주 지역사회
  6. 아동의 주 인접 지역 사회
- 제 5학년 : 7. 미국 국가 사회
- 제 6학년 그리고 그 이상 : 8. 세계 사회

마지막 단계로, 1966 – 1986년은 순수학구파 학자들 대 가치 및 윤리교육의 대결로 규정한다. 1979년에 이르러 내부의 분열이 가시화되었다. 전문지식은 통일과 방향 설정을 위한 조사에 착수했다. 교육과정에 상존하던 안정감은 변화를 요구하는 압력에도 불구하고 제 자리를 고수하던 전통적 범위와 계열에 크게 의존했다. '기본으로 돌아가자' 운동도 각급학교에서 사회과의 위치를 위협하려 했다. 그래서 사회과의 지도자들은 불안하고 위축되던 자기들의 영역을 방어하기 위한 프로그램을 요구하게 되었다.

2. NCSS에서 권고한 모델들

1) NCSS의 In Search of a Scope and Sequence for Social Studies

사회과는 시민성을 기르는 교과이다. 시민성이란 개개인이 정치 사회의 일원으로서 갖는 참정권을 의미한다. 참정권에서 구현되는 권리, 의무, 책임 그리고 자격은 사회적이고 정치적인 삶을 위해

필요한 능력과 기능을 가지고 있는 사람들에게 공평하게 주어진다. 사회과는 모든 미국 학교 아이와 젊은이들에게 사회, 정치 그리고 경제생활에 유능하게 참여하기 위해 필요한 지식, 능력, 기능 그리고 신념과 가치를 배울 수 있는 기회를 제공하는 것이다. 사회과는 젊은이들이 개인적이고 사회적인 사안들과 문제들을 접했을 때 책임감있게 결정하고 행동하며 시민으로서의 의무를 이행해야 할 때, 그들이 학교에서 배운 것을 실천에 옮길 수 있도록 준비시켜야 한다. 이 안은 전국 대부분의 학교에서 현실적으로 실행할 수 있는 K-12 사회과의 범위와 계열이다.

사회과란 전 세계의 다른 국가와 민족들과 긴밀한 관련이 있는 민주사회에서의 시민성이 갖는 특성으로부터 그 목표를 이끌어 내고, 그 내용을 역사, 사회과학 그리고 어떤 의미에서는 인문학과 과학에서 끌어내고, 개인적, 사회적 그리고 문화적인 경험과 학습자의 발달 단계를 반영하는 방식으로 학습을 제공하고, 학생들이 학교에서 배운 내용을 실생활에 전이시킬 수 있도록 촉진하는 기본적인 K-12 교육과정의 기본구성요소이다. 사회과의 목표는 시민성 교육에 있으며, 학교에서의 학습 내용을 일상생활에 적용하는 것을 강조하며, 지구촌 관점에서 사회과 교육의 내용을 다룰 필요가 있음을 인식하게 하고, 개인적 차원에 대하여 관심을 갖도록 한다. 사회과의 목표는 크게 세 가지, 즉 지식, 신념과 가치, 기능으로 나눌 수 있는 데 사회과 프로그램은 젊은이들이 점점 더 다양화되어가는 국가와 상호의존적인 세계가 접하는 문제들을 식별하고, 이해하며 해결하기 위해 힘쓸 수 있도록 준비시킨다. 그러므로 사회과는 넓은 범위의 지식, 민주적인 가치 그리고 기능에서의

목표들을 포함해야 한다는 것이 전문적인 합의이며, 지식, 가치 그
리고 기능 간의 관계는 상호 보완적인 것이다.

(1) 지식

지식은 학생들이 인간사와 인간의 상황을 이해할 수 있도록 해
주고, 가치와 신념의 기틀을 제공하며 기능 발달의 수단이 된다.
아래의 내용들은 사회과의 지식 목표를 위해 선택되어진 교과내용
의 필수적인 원천들이다.

- 역사 : 미합중국과 세계의 변화를 이해하는 것과 변화를 다루기
  위한 학습
- 지리학 : 물리적, 정치적, 문화적, 경제적 지리학 및 전 세계의 관계
- 정치 : 이론, 체제, 구조, 절차
- 법률 : 시민법, 형사법, 헌법, 국제법
- 경제학 : 이론, 체계, 구조, 절차
- 인류학과 사회학 : 문화, 사회 제도, 개인, 집단, 지역사회, 사회
- 심리학 : 집단 간과 개인 간 관계에서의 개인
- 인문학 : 문학, 예술, 음악, 춤, 그리고 문화 드라마
- 과학 : 인간관계에 대한 자연적이고 물리적인 과학의 영향

(2) 민주적인의 가치와 신념

민주적인 가치와 신념은 사회과 목표의 두 번째 범주를 구성하
는 것으로 가치는 개인의 행동과 집단의 행동에 대한 평가를 내리
는 척도나 기준이 되고, 신념은 그러한 가치에 대한 헌신을 나타
낸다. 민주주의의 절차는 정당한 절차 실행, 평등한 보호, 그리고
시민들의 참여로 이루어진다. 그러한 절차는 다음과 같은 가치에
근거를 두고 있다.

- 정의
- 인간의 존엄성
- 평등
- 공정성
- 책임
- 성실성
- 법의 규칙
- 정직성
- 자유 타인에 대한 배려
- 다양성
- 사생활
- 충성
- 국제 인권
- 권위

(3) 기능

기능 개발은 사회과 목표의 세 번째 범주로, 기능이란 반복적인 수행에서 무엇인가를 능숙하게 할 수 있는 능력이다. 기능은 학생들이 지식을 행동으로 옮기도록 하는 신념과 연관시키는 절차이다. 기능은 K - 12년을 통하여 연속적이고 체계적인 교육과 실습을 통해 개발되며, 시민활동에 시민이 참여하기 위해 반드시 필요한 기능은 문제해결과 의사결정 과정 속에서 크게 세 가지로 분류될 수 있다.

첫째, 정보를 습득하는 기능으로 독서 기능, 학습 기능, 참고물과 정보를 조사하는 기능, 전자 장비를 사용하는데 특히 필요한 기교가 해당된다.

둘째, 정보를 구성하고 사용하는 기능으로 생각하는 기능, 의사 결정하는 기능, 메타인인지의 기능이 해당된다.

셋째, 개인상호관계와 사회참여를 위한 기능으로 개인적인 기능, 집단 상호작용을 위한 기능, 사회적 정치적 참여를 위한 기능이 해당된다.

사회과의 목표는 시민들이 사회적, 시민적, 정치적 과정에 참여 하고 민주사회에서 시민이 되게 하는 가치와 신념을 받아들이도록 하기 위해 필요한 기능들을 발전시켜 박식한 사람이 되는 교육받 은 시민들을 목표로 하고 있는 것이다.

(4) 범위와 계열의 정의

'범위(scope)'라는 용어는 사회과 프로그램에 포함되어야 하는 실 제 내용, 가치, 기능 그리고 학습자 경험의 폭을 의미한다. 교육과 정 입안자들은 사회과 프로그램에 무엇을 넣어야 하는 가뿐만 아 니라 그러한 요소들이 나타나는 차례 즉, 계열에 대하여 정해야 한다. 예외가 많다 해도, 근접한 주제에서 먼 주제로, 현재적인 주 제에서 과거의 주제로 계열을 짜는 것이 일반적인 추세로 범위확 대 원칙은 1930년대 이후 초등학교 사회과 계열을 입안하는 하나 의 원리로 지금까지 많이 활용되고 있다. 학습개념, 기능 그리고 가치는 누적되는 것이기 때문에, 초기에 아이들에게 아이디어들을 구체적이고 명료하게 소개해 주어야 한다.

(5) 학년별 실례

첫째, 유치원은 사회환경 속에서의 자아의 발견이다. 프로그램의 주목적은 아동들이 그들 가정에서의 생활과 학교에서의 단체 생활을 이어주는 사회화 경험을 제공하는 것이어야 한다. 학교의 물리적 사회적 환경에 대해 배우는 것은 개개인의 아동마다 다를 것이다. 그럼에도 불구하고, 그들 모두는 질서있는 사회적 관계에서 요구되는 규칙에 대한 이유를 배우기 시작해야 한다. 자아 인식은 사회 환경 안에서 다른 사람들과의 일대일 관계를 통해 발전되어야 한다. 이 단계의 아이들에게 자아 존중감을 성공적으로 발전시켜 나가도록 도와주는 경험을 제공하는 것은 중요하다.

둘째, 1학년은 학교와 가족 생활 이해하기이다. 유치원에서 시작된 학교에서의 사회화는 1학년에도 계속 이어져야 하고 확장되어야 한다. 사회과 교육 내용과 관련된 기초 개념이 소개되어야 한다. 가족 구성원의 역할 뿐 아니라 다양한 가족 구조를 포함한 가족의 생활과 구조도 포함되어야 한다. 기본적인 자원과 심리적 필요를 채워주는 것이 가족의 핵심 활동이라는 것도 강조되어야 한다. 가족들이 살아가는 다양한 방법도 연구되어야 한다. 가정은 어느 곳에서는 사람들에게 있어 최고의 부양 그룹이라는 것을 아이들은 배워야 한다. 질서있는 단체 생활의 자연스런 확장으로써 규칙과 법의 필요성을 가르쳐야 한다. 역사는 아이들 자신의 가족과 옛날 시대의 가족 생활을 공부함으로써 알 수 있다. 다른 문화의 가족에 대해서 배우는 것은 삶의 방식을 비교하는 기회를 제공해 준다. 지리적 개념과 지리적 관계에 대한 학습을 촉진하기 위해 전세계가 간단한 지도를 따라서 소개되어야 한다.

셋째, 2학년은 가까운 사회 집단에서 기본 요구 충족시키기(이웃)이다. 이웃이 장소적으로 학생 자신의 독특한 장소라는 것과, 그들의 장소가 세계 다른 장소들과 상호작용하는 방법 몇 가지를

배워야 한다는 것을 강조해야 한다. 이웃에 대한 공부에서, 학생들
은 나눠갖기 그리고 돌보기, 곤란에 처한 사람들을 돕기 그리고
이웃과 조화롭게 살기와 같이 인간 관계성에서 가장 기본이 되는
것 중 몇 가지를 직접적으로 배울 수 있고 또 배워야 한다. 이웃
의 맥락에서 교육, 생산, 소비, 의사소통 그리고 운송과 같은 사회
적 기능에 대한 공부는 학생들이 집단의 사람들에 대한 이해와 인
식을 발전시키는 데에 있어 적합하다. 규칙과 법의 필요성이 아이
들 매일의 삶에서 가져온 실례들에 의해 예시되고 강조되어야 한
다. 방향과 경치의 물리적 특성과 관계한 지리적 개념도 포함되어
야 한다. 지구촌 시각은 중요하고 또 다른 문화 속에서 이웃에 대
한 공부를 통해서 얻어질 수 있다.

넷째, 3학년은 다른 사람들과 지구를 공유하기(지역사회)이다. 사
회 생활의 모든 면이 그곳에서 일어나기 때문에, 지역 공동체는
훌륭한 실험장을 제공한다. 하지만 지역 사회의 개념이 지역적인
부분에서만 제한되어서는 안되고 세계 공동체에 주의를 기울이는
것이 반드시 필요하다. 그들의 국제적인 연계성을 포함하는 생산,
수송, 의사소통, 분배 그리고 정의와 같은 사회적 기능이 강조되어
야 한다. 의존과 상호의존의 개념은 지역적, 국가적 그리고 지구촌
수준으로 강조될 수 있다. 지리적 개념과 기능을 확대시켜서 인간
과 환경의 상호작용을 포함시켜야 한다. 지역 공동체의 역사 공부,
특히 훌륭한 지역 시민에 대한 전기와 적절한 사회사를 특히 강조
해야 한다.

다섯째, 4학년은 다양한 환경 속의 인간생활(지역)이다. 4학년에
서는 기본적인 개념과 관련된 기능에 초점을 맞추는 것이 이상적

이다. 지역(region)이 강조되며, 그것은 특정한 이유로 정의되어 있
는 지구의 한쪽 부분이다. 물리적 특성, 기후, 농산물, 산업 발달
또는 경제적 수준의 관점에서 정의된 세계 지리적 지역이 학습을
위해 선정되어야 한다. 과거와 현재의 문화 지역도 포함될 수 있
다. 인간이 다양한 환경에 적용하는 것을 보여주기 위해 학습될
몇몇 다양한 지역이 선정되어야 한다. 모든 기본 지도읽기와 세계
지도읽기 기능이 프로그램에 포함되어야 한다. 자원, 희소성, 그리
고 교환과 같은 경제적 개념이 세계 지역들이 상호 작용하는 것을
예시하기 위해 사용되어야 한다.

여섯째, 5학년은 미대륙 사람들(미국과 인근 국가들)이다. 프로그
램은 미국이 건국되고 발전하는데 있어서 지침이 된 원리들에 대
하여 애정을 갖도록 강조하며 서반구에서 국가로 발전하는 미국을
다루고 있다. 미국인들의 다양한 문화적, 민족적 그리고 인종적 기
원이 강조되어야 한다. 국가의 정치적, 사회적, 경제적 그리고 문
화적 삶에 기여한 특정 인물들에 대하여 관심을 기울여야 한다.
학습자들이 미국의 가장 가까운 이웃인 캐나다와 멕시코의 역사와
지리에 친숙해지도록 해야 한다.

일곱째, 6학년은 민족과 문화(대표적인 세계 지역들)이다[14]. 동
반구와 라틴 아메리카에서 민족과 문화를 선별하여 다루는 것에
중점을 두고 있다. 선별하는 민족과 문화는 세계 주요 지리에서
그 지역의 주요 대표이고, 경제발전 단계의 대표이며, 역사적 발전

---

14) 7학년부터 12학년까지 제시된 내용은 다음과 같다. 7학년은 많은 국가들의 변화하는 세계
(지구촌 관점), 8학년은 강하고 자유로운 국가 건설(미국), 9학년은 민주사회가 가능하게 하
는 체계들(법, 정의 그리고 경제학), 10학년은 주요 문화의 기원(세계 역사), 11학년은 미국
의 성숙(미국의 역사), 12학년은 요구되는 1년 과정 또는 과정들이다..

과 정치적 가치 체계의 대표이어야 한다. 국가간 상호 의존성이
주요 주제가 되어야 한다. 이 교육이 갖는 필요성은 언어, 기능,
제도와 신념 체계와 같은 개념들의 발달을 통하여 다른 나라 사람
들의 삶의 방식을 이해해고 인정하는 것이어야 한다. 미국과의 문
화적, 정치적 그리고 경제적 연계성이 강조되어야 한다. 국제 정치
와 경제에서 날로 증가하는 라틴 아메리카의 중요성이 강조되어야
한다.

(6) 사회과 교육과정에서의 기능

기능을 가진다는 것은 반복적으로 일을 수행하는 데 있어서 뭔
가를 능숙하게 할 수 있는 것을 의미한다. 기능은 개념을 학습하
고, 정보를 탐색하고, 가치와 신념에 대한 통찰력을 갖고, 다른 기
능들을 배우는 데 있어서 중요한 수단이다. 학습 기능은 순차적인
발달, 체계적인 교육, 그리고 실행을 필요로 한다. 기능을 사용하
고 적용하는 것은 최선의 연습형태이다. 적절한 교육적 순서 안에
서, 기능의 단순한 변형들이 초기 단계에서 소개되고 상위 학년에
서는 보다 복잡한 적용례들이 소개된다. 기능들이 소개되고, 발달
되고, 강화되어지는 순서는 특정 학교 학생집단의 독특한 상황에
따라 결정되어야한다.

2) Hartoonian & Laughlin의 Designing a Social Studies Scope and Sequence for the 21st Century

교육과정의 발전을 위해서 구체적인 범위와 계열 결정에 기반한
가정들은 지역의 교육과정 위원회와 선생님들에 의해 만들어져야

한다는 것이다. 대부분의 영역에서 이러한 결정들은 정치적인 성향을 띠게 된다. 그러한 결정들은 개인이나 단체의 권위나 파워, 전통에 깊은 뿌리를 두고 있다.

(1) 이론적 근거

교육은 문화유산을 유지, 후대에 전수하고, 개인과 사회를 발전시켜야할 의무가 있기 때문에 특별한 사회의 맥락 안에서 정의되어야 한다. 교육은 진실을 추구할 기회와 개념들을 조사, 평가해보는 것을 포함하는 지속적인 비평과 자유가 요구된다. 계속적인 비평정신은 수많은 자원으로부터의 정보, 계속적으로 의사소통기술을 다듬는 것, 지적인 능력의 계발, 나와 타인을 존경하는 것 등의 유효성에 기초한다. 현명한 시민들이란 문화유산과 접촉하는 개인, 인간이 살아가는 생태계를 구성하는 경제·정치·사회의 실용적인 지식을 소유하고 있는 개인, 법, 자유의 법적인 제한과 소수의 의견을 존중하는 다수의 법칙을 이해하는 사람이고, 또 페어플레이, 협동의 자세를 가진 사람이다. 그리고 적당한 수준의 인격을 지니고 다른 사람들과 함께 일하는 자세의 원칙을 이해하고 있는 개인이다. 우리의 공공 정책의 목표는 현명한 시민들을 육성함으로써 자유로운 국가로서 계속 생존해나가는 것이다. 사회과는 학교 교육의 일차적인 목표 달성을 위한 기본적인 것이다.

(2) 목표들

사회과의 내용들은 지구촌 상황에서 반성적이고 민주적인 시민의 발달과 긴밀히 연결되어있다. 그리고 전형적으로 사회과학 및 행동과학으로 분류된 역사, 지리, 법과 철학과 인류학과 수학으로

부터 선택된 내용이다. 또한 사회과는 사회적 문제나 쟁점, 논쟁거리들을 포함하며, 사회과 프로그램은 4가지의 교육적 목표를 가진다.

첫째, 계몽된 민주시민으로서 효율적으로 지방, 시, 국가 그리고 지구촌 문제에 참여할 수 있도록 발전시키는 것이다.

둘째, 문화 유산의 다양성과 그것이 현시대에서 가지는 역할을 이해하고 평가하는 것이다.

셋째, 개인적으로 그리고 집단을 이루며 다양한 장소와 시간대에 살고 있는 사람들의 동기와 행동 그리고 결과들에 대한 학문적인 지식이나 능력을 취득하는 것이다.

넷째, 어떻게 배우는 지를 배우는 것, 즉 이전의 지식을 이용해서 복잡한 것을 이해하고 어떻게 새로운 아이디어를 창조하는 지를 배우는 것이다.

가장 중요한 것은 사회과의 이해를 통하여 관점의 발달을 꾀할 수 있다는 것이다. "관점"이란 이해력과 지혜인데 그 지혜는 현재의 현상적인 생각을 초월하여 한 사람에게 "좋은 사회란 무엇인가", "좋은 사람이란 무엇인가?"와 같은 중요한 문제를 제기할 수 있도록 하는 것이다.

(3) 범위 프로그램(중요한 교육과정 테마들)

제안된 특정한 교육과정 설계는 과거의 발견된 목표에서 논리적으로 확장된 것이다. 이러한 테마들은 각각의 단계에 있어서 더욱더 향상되는 교양과 지적인 구성 그리고 더욱 확장된 지적인 지식의 양 그리고 프로그램의 범위를 포함한다. 이러한 주제는 학생들에게 사회에 대한 이해와 이성적인 행동을 위해 시간적, 공간적,

문화적인 판단의 표준을 제공할 수 있는 "관점"을 제공할 수 있도록 하는 범위까지 확장되어야 한다. 중요한 범위와 교육과정 테마들은 다음과 같다.

K	1	2	3	4	5	6	7	8	9	10	11	12
←					문화 유산						→	
←					지구촌 관점						→	
←					정치적/경제적						→	
←					전통 과 문화						→	
←					사 회 사						→	
←					공간 관계						→	
←					사회 계약						→	
←					기 술						→	
←					평화/상호의존성						→	
←					시 민 성						→	

첫째는 문화유산으로 그들이 가지고 있는 가치, 희망, 꿈, 두려움, 딜레마들에 대한 이야기들을 통해 구체화된다. 가장 중요한 학교의 책임은 문화적 유산을 다음 세대에 전승하는 것이다. 이것은 학생들을 역사와 연결시킴으로서 달성될 수 있다. 모든 인간의 사회는 문화를 형성하는 독특한 행동의 패턴들을 가지고 있다. 사회 집단 내에서 개인은 용인된 자신의 욕구나 사람들과의 문제를 해결하는 수단 혹은 방법을 배운다. 이러한 지각, 생각 그리고 행동하는 방식은 그들의 유산의 한 부분이다.

둘째는 지구촌 관점으로 유명한 문학작품에서 넘쳐나며, 대부분의 사회는 그들의 독립성과 현실적인 의존성의 필요사이에서 일어나는 갈등을 겪고 있는 중이다. 세계는 점점 더 붐비고 더욱더 연결되고 또한 더욱더 변동이 심해지고 있다. 학생들은 정치적이고 문화적인 지역의 구분을 알아야할 필요가 있다. 학생들은 또한 문화가 세계적으로 공유되는 만큼 세계적인 인간 그리고 기술, 이데올로기에 대한 세계적인 역동성을 이해해야한다. 결국 상호의존을 위해서 우리의 의식이 세계적이 되어야 함을 요구한다.

셋째는 정치적/경제적이다. 시민으로서 요구되는 기본적인 성질 중 하나는 국가 내에서 정치적 그리고 경제적으로 효과적으로 기능할 수 있는 능력이다. 이것은 짧은 시간에 적은 정보를 갖고 개인적, 사회적 결정을 하거나 다른 사람의 견해를 판단할 수 있는 능력을 뜻한다. 시민들은 그들의 정치적, 경제적인 기회와 의무를 인식할 필요가 있다. 국가 안에서 시민들은 반드시 개인의 이익뿐만 아니라 공공의 이익을 위한 정치적이고 경제적인 정의와 힘 그리고 일의 관계를 이해해야만 한다.

넷째는 전통과 변화로 사람, 사건, 도구, 제도, 태도, 가치 그리고 개념들은 시간이 지남에 따라 변한다. 변화율은 사회와 문화에 따라 매우 다양하다. 그러나 변화는 지속적이며 그 변화는 현재 가속화되고 있다. 변화가 가속화됨에 따라 우리는 미래를 예견하는 데 과거보다 더 많은 힘을 기울여야 한다. 우리 삶에 있어서 중요한 점은 인간 경험이 계속적이며 서로 관련되어 있음을 인정하는 것이다. 계속성과 전통은 인생의 사실이고, 인생의 의미, 미, 진리 등을 부여해 준다. 학생들은 계속적으로 변화와 계속성이 그들의 삶에 어떤 변화를 주는지 배워야 한다.

다섯째는 사회사이다. 평등, 정의, 역사와 현대의 증거를 많이 가져야 할 필요성으로 인해 우리는 인류 연구에서 여성, 소수자,

소위 보통 사람들을 포함한다. 인간 가치는 역사 현장에서 많은 역할을 했던 사람들의 이야기를 통해 실현된다. 사회사 연구로 인해 과거를 공부하는 것이 더 쉬울 수 있다. 학생들은 역사의 과정과 연구를 통해 교과서나 다른 자료 속에서 발견하지 못했던 구조를 발견할 수 있다.

여섯째는 공간관계이다. 학생들은 지역 분배, 특정 지역 조사, 지역 서술 연구를 함으로써 공간이 얼마나 조직적으로 이루어졌는지 안다. 사람들은 다른 방법으로 유사한 지구 공간을 사용한다. 그들은 교통기관과 통신루트로 다른 지역을 연결한다. 그들은 통신루트를 따라 자신과 메시지, 상품과 재화를 이동한다. 그들은 자신의 정부를 구성하고 특정 공간 구조 속에서 종교적이고 휴식과 같은 여러 활동에 종사한다. 공간 관계를 포함하는 가장 큰 분야는 지리학이다. 지리학은 지구상의 장소의 위치와 공간 구성을 이해하는 것과 관련이 있다. 학생들은 그런 공간 구성의 원인과 결과를 배울 필요가 있다. 그들은 또한 지구의 여러 현상 속에 공간 구성의 정신적 지도를 배울 필요가 있다. 결론적으로 지리학은 사회학과 자연 과학을 연결하고 문화와 인간의 행동 이해에 필요한 공간 전망을 제공한다.

일곱째는 사회계약이다. 우리가 사회의 한 부분이라는 생각은 우리가 동료 시민들과 어떤 사회 계약으로 맺어 있음을 믿게 한다. 이런 계약은 우리가 공적 행동을 하게 하고 시민으로서의 우리의 특권과 의무를 규정짓는다. 어떤 의미에서 이런 계약은 우리를 문명화에서 법률화로 가는 우리의 윤리적 행동의 기준을 제공한다. 사회 계약을 통해 우리는 다수 사회에 진입할 수 있을 뿐만 아니

라 가족, 학교, 운동 경기, 사교 클럽, 다른 사회 조직의 구성원이
된다. 사회 계약을 통해 우리는 동시에 사회적이면서 정치적이 되
고, 민주 공화국 안에서 시민들이 사회 계약의 외형뿐만 아니라
청사진도 이해하는 것이 중요하다.

여덟째는 기술이다. 기술과 과학은 일종의 세트를 구성한다. 즉,
이런 관념 사이의 선은 불명확하다. 사람이 목적을 변화시키고자
할 때 그들은 기술과 과학에 관심을 두게 된다. 우리는 기술을 도
구의 하나로 이해할 수 있다. 기술은 생각이 기술인 것만큼이나
생각이 된다. 여러 방면에서 우리는 도구 확장의 혜택을 본다. 정
보 사회가 도래함에 따라 정보와 기술이 우리와 대다수의 삶에 깊
이 작용함에 따라 우리는 우리가 사용하는 도구의 틀 안에서 자연
적이고 사회적으로 세계를 이해한다.

아홉째는 평화와 상호의존성이다. 오늘날, 우리는 많은 언어와
많은 나라에서 평화를 위한 외침을 듣는다. 평화라는 나무는 정의
에 뿌리를 두며, 평화와 정의라는 두 개념은 분리될 수 없다. 모든
사회는 독립하려는 욕구과 상호의존하려는 현실 사이의 갈등을 갖
게 마련이다. 많은 현대 경제처럼, 한 경제 사회가 전문화에 기초
를 두었을 때, 경제적 상호의존성은 불가피한 결과이다. 모든 학생
들은 전문화를 통해 얻은 유익은 상호의존적인 체제의 단절이라는
증가하는 비용을 치르므로 오는 것이다. 상호의존성은 우리의 관점
을 세계적이며 우리 세계를 새롭게 만드는 교정수단으로 중요하다.

마지막으로 시민성이다. 민주주의에서의 시민성은 의무와 특권
을 포함한다. 학생들은 실제로 정부와 정치의 일들이 어떻게 이루
어지는지 이해할 필요가 있다. 학생들은 자유로운 사회에서 정부

내부에 내재된 목표나 가치들을 이해할 필요가 있다. 사회과 수업 교실에서 학생들은 민주주의 사회에서 효율적인 시민이 되기 위해 요구되는 능력을 배울 기회를 가져야 한다. 학생들은 민주 시민 그리고 지구촌 공동체의 구성원으로서의 역할, 권리, 책임 등을 배우고 실현할 수 있는 기회를 가져야한다.

(4) 계열 프로그램(주요한 내용 중점)

학년-수준 집단에 따른 중요한 내용은 나선형으로 파악해 들어가거나 그것의 지평선을 확장하는 접근을 한다. 초등학교때부터 근접적, 친밀한 그리고 실제적인 접근으로 시작해서 고등학교로 가면서 더욱더 추상적이고 어려운 내용으로 확장하는 것이다. 학년 수준과 내용 중점을 제시하면 다음과 같다.

학년 수준	내용 중점
초급 학년 (k-2)	세계를 향한 나의 정향
중급 학년 (3-5)	나의 세계의 지평 넓히기
중 학 교 (6-8)	다른 시각으로 세상 보기
고등학교 (9-12)	변화하는 세상에서 완전한 시민성을 추정하기

첫째, 초급 학년(K-2)의 내용 중점은 세계를 향한 나의 정향이다. 초등학교 과정에 있는 학생의 경우 과거의 다양한 경험들이 그들의 학습의 기초를 형성하고 있다. 또한 그 경험들은 그들의 지적, 사회적, 정서적 그리고 신체적 발전의 기초가 된다. 사회과 프로그램은 학생들로 하여금 과다하게 형성된 자기 본위의 사고에서 벗어나 학교 그리고 다른 많은 사회적 기관 속에서 자신의 사회적 역할에 대한 인식과 그에 대한 책임감을 느끼고 이해할 수

있도록 해주어야 한다. 이러한 학년에서, 학생들에게 집, 학교, 이웃 그리고 세상 밖에서 얻은 경험들을 위해 더해질 의미있고, 직접적이고 명확한 학습의 경험을 제공해주는 것이 중요하다. 또한 나눔을 통해 시민성을 발달시키고, 협동작업을 통해 자신의 행동에 대한 책임감을 느끼고, 타협안을 만들어내고, 갈등을 중재하고, 의사결정을 하고, 그림, 읽기, 쓰기, 듣기, 말하기 등의 활동을 통해 의사소통 기술을 향상시킬 수 있다. 이 학년의 수준 안에서, 학생들은 그룹학습활동 뿐만 아니라 개인적인 학습의 기회를 가질 필요가 있다. 그들의 성숙도의 차이에 따른 맞춤 학습이 이루어져야 되고, 학생들은 그들을 적극적으로 시민적 참여 활동가로 만들어줄 개념이나 가치를 다양한 사회과의 경험을 통해 얻어야만 한다. 또한 사회과 교육과정안에 있는 개념인, 국가, 민족 그리고 민족적 국경일에 초점을 맞춤으로서 그들의 문화 유산을 자축하고 그것에 대한 자신감을 갖을 수 있도록 한다.

둘째, 중급학년(3 - 5)의 내용 중점은 내 삶의 지평 넓히기이다. 사회과 교육과정은 우리의 사회, 국가 그리고 민족에 대한 상호 연관적인 학습의 기회를 제공한다. 이를 통해 우리의 역사, 환경, 사람, 시련들 또한 성공들에 대해 관심을 가질 수 있다. 사회, 국가, 민족을 공부하는 것을 통해 학생들은 다양성, 환경, 이민, 도시화, 교통, 유산, 민족성, 기술, 신념 등과 같은 개념들을 배울 수 있다. 또한 가족, 정부, 경제 그리고 다양하고 다른 문화나 시대 환경 속에서 지속되어서 현재의 교육의 토대가 되는 교육에 대해서 배울 수 있다. 학생들은 그들의 문화적, 지리학적, 경제적, 정치적 그리고 역사적인 유산을 배우기 위해 인쇄된 것과 인쇄되지 않은 다양한 자료들을 이용할 수 있다. 대부분의 학생들은 위대하고 유명한 남자나 여자의 일대기를 공부하는 것을 즐길 것이다. 어린 이들의 문학, 음악 그리고 예술 활동은 학교의 다른 프로그램과 사회과를 접목시킬 수 있는 기회를 제공한다. 이러한 학년의 학생들은 이전에 배웠던 기능을 정교하게하고 새로운 기능을 발전시키기 위해 다양한 활동과 경험이 필요하다. 의미있고, 개개인화되어 있고, 작은 그룹화되어있고 또한 큰 그룹화되어있는 지도는 계속 제공되어야 한다. 그래서 학생들이 풍요로운 삶과 학습을 위해 필요한 기능과 능력을 연마할 수 있다.

3) Willard M. Kniep의 Social Studies within A Global Education

지구촌 교육은 다원주의와 상호 의존성, 변화에 의해 특징지워지는 세계에서 학생들에게 삶을 준비하기 위해 학교교육이 절실히 필요하다는 믿음을 반영하는 학교 교육 방식이다. 시대는 변화하고 있다. 과학 및 기술, 통신, 교통의 혁신적인 발달은 국가와 국민들을 통합하고 세계 무역 및 금융, 경제, 정치적 발달은 개별적인 경제 체제를 상호 의존적인 지구촌 시장으로 변화시켰다. 오늘날 지구상의 모든 국가는 더욱 밀접하게 연결되고 있다. 사회과의 목적은 모든 학생들이 정보에 기반한 판단을 할 수 있도록 지식과 기능을 제공해서 국가의 미래를 형성할 수 있는 효과적인 참여자가되게 준비시키는 것이다. 민주적 가치와 과정에 대한 헌신을 강화하고, 그들이 살고 있는 세계에 책임있게 참여할 수 있도록 한다. 민주주의 체제에서 시민의 판단은 궁극적인 정책 및 행동의 근원

이다. 사회과의 내용은 역사와 사회 과학에서 도출되며, 또한 인문
학과 자연 과학에서 일부 도출된다. 그러나 우리는 또한 다른 새
롭게 발생하는 신문 방송학, 미래 연구, 정책 연구, 개발 연구, 환
경 연구와 같은 다학문적 영역이 현대 세계에 대한 우리의 지식에
기여한다는 것을 인정해야 한다. 또한 미래는 더욱 통합적인 사고
와 다학문적 문제 해결을 요구하기 때문에 사회과의 다학문적인
본질에 대해 강조해야 한다. 학생들이 지역적으로 행동하면서 지구
촌적으로 사고하고, 세계의 중심에서 적극적으로 활동하고, 우리가
교육하기를 바라는 것에 참여하기를 원한다면, 사회과의 학습은 적
극적, 상호적, 현실적, 참여적으로 수행되어야 한다. 지구촌 교육에
서 역사적인 관점은 보편적인 인간 가치와 독특한 세계관점의 변
화를 이해하는 것과 현대 지구촌 체제의 역사적 발달, 현재 지구
촌 쟁점과 문제의 원인과 과거 상황에 대한 이해가 지식의 목표이
다. 우리 목적 중에서 가장 중요한 것은 지구촌 관점 발달과 관련
된 능력의 개발이다. 즉, 학생들은 모든 인류에게 더욱 안전하고
공평하며, 평등한 세상을 만들기 위해 각자의 역할이 있다는 것을
인식해야 하며, 지속적인 문제와 쟁점에 대해 이해하거나, 해결책
을 이성적, 창조적으로 생각하고 전달하고, 내재된 가치 딜레마를
파악하는 것이다. 더 나아가 지역적, 국가적, 지구촌 문제를 이해
하고 이에 영향을 주는 수단과 기회를 우리에게 제공할 때 완성된
다. 그러므로 사회과 교육과정의 범위는 지구촌 사회에서 현재와
역사적 현실을 반영해야 한다. 범위를 경계짓는 지구촌 교육의 4
가지 필수 교육요소는 체제의 연구, 인간가치연구, 지속적인 쟁점
과 문제의 연구, 지구촌 연구이다.

(1) 다섯가지 개념적 주제

사회과에서 학습은 우선적으로 개념을 중심으로 구성되어야 하며, 개념은 정신적 구조를 형성하는 큰 생각과 인간이 세계에 대해 생각하고 설명하기 위해 사용하는 언어이다. 아래에 제시된 5개 개념적 주제는 지구촌 관점의 개발에 필수적이기 때문에 기본 교육과정 구조에서 선택되었다. 이 개념적 주제들은 사회과학 및 자연과학의 사고 및 언어에서 일관되게 나타나고, 다른 개념을 결집시키는 중심 형성체로서 사용되기 때문에 거시적 개념이다.

첫째, 상호의존성으로 우리는 행위자와 구성 요소가 통합된 기능적 전체를 구성하기 위해 상호 작용을 하는 체제의 세계에 살고 있다. 관념 개념으로 인과 관계, 지역사회, 교환, 정부, 집단, 상호 작용 체제가 있다.

둘째, 변화로 한 상태로부터 다른 상태로 이동하는 과정은 지구의 보편적 측면이며, 삶과 인생에서 불가피한 부분이다. 관련 개념으로 적응, 원인과 결과, 개발, 진화, 성장, 개혁, 시간이 있다.

셋째, 문화로 사람들은 기본적인 인간의 욕구를 충족하기 위한 방법으로서 특정한 신념과 가치, 전통, 언어, 관습, 기술, 조직으로 구성되고, 자체적인 물리적 환경과 다른 문화와 접촉으로 형성되는 사회적 환경과 체제를 생성한다. 관련 개념으로 적응, 미학, 다양성, 언어, 규범, 역할, 가치관, 시-공간이 있다.

넷째, 희소성으로 자원분배 방식을 결정하기 위한 체제 생성을 필요로 하는 상대적으로 제한되지 않은 요구와 제안된 활용 가능한 자원들 사이에 불균형이 존재한다. 관련 개념으로 분쟁, 탐색, 이주, 기회비용, 정책, 자원, 전문화가 있다.

다섯째, 분쟁으로 사람들과 국가는 종종 다양한 가치와 상반되는 목적을 가지고 있기 때문에 불일치, 긴장 그리고 때때로 공존을 위해 기능을 필요로 하는 폭력, 협상, 모호성과 분쟁 해결의 생활이 나타나게 된다. 관련 개념으로 권위, 협력, 경쟁, 관심/지위, 정의, 권력, 권리가 있다.

(2) 초등학교 프로그램

위에 제시한 개념적 주제들을 토대로 초등학교 프로그램을 간략하게 살펴보면 다음과 같다.

첫째, 1학년15)에 배정된 주제는 상호의존성과 희소성이다. 상호의존성 단위에서, 학생 탐구는 교실, 여가 활동 또는 공동체 작업장 등 사회적 상황에서 가정한 사람들의 역할 사이의 관계, 자연환경에서 생물과 무생물 사이의 상호 의존성, 단순한 기계적 체제와 생물학적 체제가 공동 작용하는 구성 요소의 일부를 구성하는 방식에 중점을 둔다. 희소성 단위는 학생들이 요구와 필요성 사이의 차이를 구별하고, 자신의 행동과 가정 및 지역 경제에서 만들어지는 결정을 분석하기 위한 경제적 기회비용 원칙을 사용하도록 도와주도록 고안된다. 환경 문제는 학생들은 학교와 공동체 내에서 오염과 폐기물의 예와 원인을 파악하고, 이 예에 대한 해결책을 개발할 수 있을 것이다.

둘째, 2학년에 배정된 개념적 주제는 변화와 문화이다. 변화 단위의 중요한 부분은 학생들이 스스로 변화의 지속성을 인식하고,

---

15) 참고로 유치원의 개념적 주제는 공식적 학습 단위를 통해 전달되기 보다는 사회화 및 구조적 놀이 활동을 통해 전달된다. 어린이들이 가족 및 교실, 장난감, 기계같은 생활에서 체제를 발견하고, 유사성과 차이의 세계에 대한 인식을 발달시키는 것을 도와주는데 중점을 둔다.

가족 구성원과 친구, 편지, 일기, 신문 기사, 사진, 자료 원천으로
서 다른 문서들을 활용해서 공동체와 환경의 변화 기록을 만들기
시작하는 것을 중점으로 한다. 문화 단위에서, 학생들은 자신의 문
화와 교실 및 학교 문화를 검토하고, 문화유물과 일반 서적, 영화,
기타 출처를 통해 전 세계 어린이의 문화를 관찰해서 문화의 보편
적 특성을 탐구할 것이다. 배정된 문제 주제는 개발이다. 탐구의
중점은 공동체와 세계 다른 지역의 빈곤과 기아이다. 이 단위의
필수적인 요소는 학생들이 문제에 대한 반응을 결정하고 수행하도
록 하는 것이다.

셋째, 3학년에 배정된 개념적 주제는 분쟁이다. 확장된 단위는
학생들이 분쟁 상황과 원인을 파악하고, 협력적인 문제 해결과 분
쟁 해결 기능을 개발할 수 있도록 한다. 이 프로그램의 첫번째 현
상학적 주제에서 학생들은 경제체제에서 지역적인 행위자를 연구
할 것이다. 학생들은 지역적인 직장, 시장, 기업의 협력적인 측면
과 경쟁적인 직장에서 공급 및 수요의 상호 의존성을 파악할 것이
다. 배정된 문제 주제는 평화와 안전이다. 이 단위는 학생들에게
위협받고 있는 안전의 중요한 원인이 어디에 있는 지 현재의 지역
적 그리고 지구촌 분쟁에서 분석할 수 있도록 끌어들이는 데 있다.
대안적인 분쟁해결 수단을 검토하고 개발하는 것에 중점을 둘 것
이다.

넷째, 4학년에 배정된 주제는 문화와 상호 의존성 그리고 환경
문제이다. 선택된 주제를 중심으로 주에 대한 학습이 구성될 것이
다. 주 역사에서 학생들은 원주민부터 시작해서 주 발달까지 다양
한 집단의 기여를 분석하기 위해 문화 개념을 사용할 것이다. 주

에서 현대 생활의 연구는 학생들이 주와 국가와 세계의 기타 지역 간의 경제적, 정치적, 문화적, 기술적 관계를 파악하는데 도움을 주기 위해 상호 의존성 주제를 사용할 것이다. 환경 문제는 학생 들이 주의 주요 환경 관심사를 탐구하도록 하기 위한 구성 주제이 다. 이 프로그램은 주의 주요 지역 형태, 강 체제, 산림 및 사막, 삶의 질에 대한 주요 시들의 기여도를 연구하기 위해 현상학적 주 제인 체제 구성요소에 중점을 둔다.

다섯째, 5학년에 배정된 주제는 상호의존성과 분쟁 그리고 인권 이다. 학생들은 주제적으로 미국의 역사에 대해 학습할 것이다. 연 대기적으로 구성하기 보다는, 이 프로그램은 미국의 발달에 대한 개념적 이해를 도모하고, 세계 여러 국가 중에서 미국을 특별하게 만든 구성 요소에 중점을 둘 것이다. 개념적으로 역사는 미국과 기타 국가 간의 역사적, 현대의 상호 의존성과 희소성 세계에서 미국의 경제적 발달과 국가 발달에서 분쟁의 역할에 중점을 둘 것 이다. 또한, 학생들은 헌법과 연방 체제, 대통령제 등 국가로서 미 국의 특정성에 기여하는 선택된 구성 요소를 심도깊게 학습할 것 이다. 인권의 지속적인 문제는 또한 학생들이 모든 시민들을 위한 정의와 평등, 개별적인 자유에 대한 기본적인 가치관을 구현하는데 있어서 미국의 문제와 과정을 연구할 때 중점을 둘 것이다.

여섯째, 6학년에 배정된 주제는 변화, 문화, 분쟁, 상호 의존성이 다. 이 개념들은 역사적, 현대의 관점을 포함해서 남미와 아프리카, 아시아에 대한 학습을 구성하기 위해 활용된다. 발달의 지속적인 문제는 미국의 역할과 시민들의 개발도상국의 관계에 중점을 두고 프로그램 전체 과정에서 검토될 것이다. 중학교와 고등학교 프로그램에서 중점은 초등학교의 일반적인 학습에서 더욱 내용 특정적인 학습으로 전환될 것이며, 점차 과정 형식을 고려할 것이다. 이 프로그램은 미국에서 삶을 특징짓는 사항들, 미국과 다른 주요 행위자들의 역할을 포함하는 지구촌 체제, 현대의 동시대 지구촌 문제와 쟁점들을 포함하는 증가하는 인간 가치에 대한 지식을 목표로 할 것이다. 또한, 학생들이 미국의 발전과 현재 세계를 특징짓는 상호 의존성의 발달을 포함하는 역사적 관점을 개발하도록 하는 것에 우선 순위를 둔다.

Ⅳ. 종합 및 결론

미국 사회과의 범위와 계열에 관한 연구는 미국 사회과의 역사와 궤를 같이 한다고도 볼 수 있다. 즉, 사회과의 범위와 계열에 관한 연구는 NEA 10인 위원회의 보고서를 출발로 하여 지금까지 지속적인 노력이 진행되고 있다. 그러나 우리나라 사회과 교육과정에서 범위와 계열에 관한 연구는 거의 이루어지지 않고 있다[16].

---

16) 한국교육개발원(1977)은 '초·중학교 사회과 교육과정의 구조화를 위한 일연구'에서 초·중학교를 통하여 사회과 교육과정이 학년·학기별로 어떤 개념구조를 지니고 있으며, 사회과학 분야별로 어떤 지도내용의 범위와 계열을 지니고 있는가를 분석하고 있다. 이 연구는 사회과 학문 영역별 특성에 따른 학습방법을 구안하고 제반 교수·학습자료 개발에 도움을 주고 있으며, 사회과의 범위와 계열에 관한 체계적인 연구의 시작으로서 의미가 있다. 또 김영석(1998)은 '미국 초등 사회과 Sequence 복합 구조의 변천 과정(1940-1990)'이란 연구에서 20세기 이후 미국에서 개발·실천된 사회과 교육과정들에서 교육내용의 관점 혹은 교육사조의 변화에 따라 Sequence의 설정근거가 달라진다는 것을 밝히고 있다. 이 연구는 일정기간 동안의 미국 초등 사회과 교육과정에 나타난 Sequence 원칙들을 탐색했다는 데 의의가 있으며, 향후 특정 내용배열이 학습에 미치는 효과와 특정한 Sequence 원칙들의 조합에 관한 효과의 연구를 제안하고 있다.

좀더 나은 사회과 교육과정을 개발을 위하여 미국 사회과의 범위
와 계열에 관한 연구를 토대로 시사점을 제시하면 다음과 같다.

첫째, 사회과의 범위와 계열에 관한 지속적이고 체계적인 연구
가 이루어져야 한다. 사회과 교육과정에서 범위와 계열에 관한 연
구는 가장 기본적이고 핵심적인 연구이다. 사회과 교육과정의 개정
작업이 본격적으로 시작하기 전에 기초연구로써 범위와 계열에 관
한 연구가 이루어지고 있으나, 여러 가지 제약으로 인하여 체계적
인 연구가 이루어지지 못하고 연구결과도 제대로 반영되지 못하고
있다. 따라서 사회과 교육과정에 관한 기초연구들을 지속적이고 종
합적으로 연구할 연구기관의 확충이 필요하다. 한국교육개발원에서
분리·독립된 한국교육과정평가원이 어느 정도의 역할을 수행하려
고 노력하고는 있으나 많이 미흡한 실정이다. 그러므로 한국교육과
정평가원이 교과교육의 산실로 다시 태어나기 위하여 확대·개편
하던지 아니면 새로운 연구기관의 설립이 필요하다.

둘째, 사회과의 범위와 계열에 관한 구체적이고 상세한 지침이
필요하다. 현 사회과 교육과정 구성 원리들도 나름대로 의미를 지
니고 있지만 너무 포괄적이고 다양한 원칙들이 혼재되어 있어 현
장 교사들에게 시사점을 주지 못하고 있다. 예를 들면, 미국 NCSS
의 범위와 계열에 관한 연구에서 기능영역을 보면 정보를 획득하
는 기능과 관련하여 하위 기능으로 읽기기능, 연구기능, 참고 및
정보탐색기능, 전자적인 장치에 관한 특별한 기술적인 기능이 있
다. 읽기기능의 세부 요소로 이해, 어휘, 읽는 속도로 나누고, 이해
에 다시 12가지 세부 기능이 제시된다. 제시된 기능들도 최소한으
로 하는 것(Minimum or none), 약간해야 할 것(some), 중요하게 다

루어야 하는 것(major), 집중해야 될 것(intense)로 구분하여 학년
단계별(k - 3, 4 - 6, 7 - 9, 10 - 12)로 나누어 제시하고 있다. 위와
같이 기능 영역을 구체적이고 상세하게 제시함으로써 효과적으로
지도할 수 있다.

셋째, 사회과의 범위와 계열에 관한 연구는 사회과가 사회인식
을 형성하는 통합 교과라는 점을 유념해야 한다. 예를 들면, 초등
학교 사회과 교육과정의 주제로 '상호의존'을 들 수 있다. 학생들
에게 상호의존을 가르칠 때 가장 관련이 높은 경제영역 또는 지리
영역을 중심으로 분과적으로 가르칠 것이 아니라 사회과학의 여러
영역에서 상호의존 사례들을 구성하고 가르쳐야 한다. 그래야만 우
리나라 사회과의 고질적이고 전통적인 삼분법의 문제점을 해소하
고 바람직한 시민 육성이라는 사회과의 본질을 회복할 수 있다.

넷째, 우리나라 사회과 연구기관과 연구자들이 합심하여 사회과
의 범위와 계열에 관한 논의를 활성화해야 한다. 사회과 관련 학
회를 중심으로 모든 사회과 연구인들이 참여하여 범위와 계열에
관한 연구와 논의를 활발하게 전개하고 연구되어야 한다. 이러한
논의 결과들이 다음 사회과 교육과정 개정에 반영될 때 좀더 나은
그리고 합리적인 사회과 교육과정 개발이 이루어질 것이다.

마지막으로 지금까지 초등학교 사회과 교육과정의 계열을 구성
하는 중요한 원리로 작용하고 있는 환경확대원칙에 대한 수정 및
보완이 필요하다. 현행 사회과 교육과정은 1·2학년은 가정과 이
웃, 학교 주변의 생활이해, 3·4학년은 생활주변과 우리가 사는
시·군, 시·도의 지역사회의 이해와 문제해결, 5·6학년은 각 지
역, 국가, 세계의 사회현상 파악과 문제해결 내용으로 확대되도록

구성되어 있다. 오늘날 학생들의 삶의 범위는 교통 및 통신 수단
의 급속한 발달로 많은 영향을 받고 있다. 그러므로 전통적인 환
경확대원칙에 지구촌적 관점을 수용하고 변화하는 시대를 반영할
수 있는 새로운 내용 구성의 원리들이 모색되어야 한다.

[참고문헌]

강창동(2003), 『지식기반사회와 학교지식』, 문음사.
강현석 외(1999), "교육과정 설계상의 주요 쟁점 분석", 『교육과정연구』
　　　제17권 1호, 한국교육과정학회.
권오정 외(1991), "사회인식의 발달과정과 사회과의 Sequence 문제",
　　　『사회과교육』제 24호, 한국사회과교육연구회.
권오정 외(2003), 『사회과교육학의 구조와 쟁점』, 서울: 교육과학사.
교육부(1998a), 『초등학교 교육과정 해설 (Ⅲ)』, 대한교과서주식회사.
＿＿＿(1998b), 『초등학교 사회과 교육과정』, 대한교과서주식회사.
곽병선(2002), "제7차 초, 중등학교 교육과정에 대한 비판적 회고와 발
　　　전전망", 『교육과학연구』, 제33집 제2호, 이화여자대학교.
김경자 외(1997), "창의적 문제해결능력신장을 위한 교육과정 개발의
　　　기초: 창의적 문제해결의 개념 모형 탐색", 『교육과정연구』제15
　　　권 2호, 한국교육과정학회.
＿＿＿＿(2002), 『학교교육과정론』, 교육과학사.
김대현 외(2003), 『교육과정 및 교육평가』, 학지사.
김민경 외(2005), 『초등교육방법 탐구』, 교육과학사.
김영석(1998), 『미국 초등사회과 Sequence 복합 구조의 변천 과정(1940 -
　　　1990)』, 한국교원대학교 박사학위논문.
김왕근(2000), "사회과교육과정 및 교과서내용의 적정화에 관한 비교연
　　　구", 『시민교육연구』, 한국사회과교육학회.
＿＿＿(2002), "제7차 사회과 교육과정 적용에 관한 평가적 시론",
　　　『제7차 교육과정 적용의 문제점과 개선 방안』, 한국교원대학교
　　　교과교육연구소.
김은숙(2002), "사회인식 측면에서 본 사회과의 내용조직과 계열", 서울
　　　교육대학교석사학위논문.
김일기 외(1997), "사회과 교육과정 개발 방향", 『교원교육』제13권, 한
　　　국교원대학교.

김재춘(2000), 『수준별 교육과정의 이해』, 교육과학사.

김종서 외(2003, 『교육과정과 교육평가』, 교육과학사.

남경희 외(2001), 『사회과 교수 · 학습론』(David W.Van Clef, Action in Elementary Social Studies), 교육과학사.

남상준(2001), "지리교육의 내용 선정과 조직의 원리와 방향", 『한국교육과정평가원 사회과 목표 및 내용체계 연구 공개 세미나 자료집』, 연구자료 ORM 2001 - 5.

류재명 (1998), "지리교육내용의 계열적 조직방안에 대한 연구", 『지리 · 환경교육』, 6권 2호, 한국지리 · 환경교육학회.

박강용(1998), "미국 사회과 교육과정의 스코프와 시켄스", 『사회과교육연구』, 5호, 한국사회과교과교육학회.

박도순 외(2003), 『교육과정과 교육평가』, 문음사.

박윤경(2003), "사회과 수준별 교육과정 실행에 대한 연구", 『시민교육연구』, 한국사회과교육학회.

서재천(1996), 『초등 사회과 수업방법』, 서울: 유천.

_____(2004), 『초등사회과교육』, 서울: 유천.

서태열(2001), "제7차 교육과정에서 사회과 교수학습의 이론과 실제", 『제7차 교육과정에 따른 교과별 교수학습 이론과 실제』. 한국교원대학교교과교육연구소.

손병노 외(1996), 『교원양성대학의 국민학교 사회과교육학 교재개발연구』, 한국교원대학교 교과교육연구소.

유한구(2001), "제7차 교육과정의 교사관: 교과의 성격과 교사의 역할", 『제7차 교육과정에 따른 교과별 교수학습 이론과 실제』. 한국교원대학교교과교육연구소.

이경섭(1972), 『현대교육과정론』, 형설출판사.

_____(1995), "교육과정 내용 선정에 있어서의 주요쟁점", 『교육과정연구』, 제13권, 한국교육과정학회.

_____(1996), "교육과정 내용 조직에 있어서의 주요쟁점", 『교육과정연구』, 제14권 1호, 한국교육과정학회.

_____(1999), 『교육과정 쟁점 연구』, 서울: 교육과학사.

이돈희 외(1995), 『교과교육학 탐구』, 교육과학사.

이동원(2002), "7차 초등 사회과 교육과정의 현장적용: 문제와 논의", 『제
　　　7차 교육과정 적용의 문제점과 개선 방안』, 한국교원대학교교과
　　　교육연구소.
이명희 외(2000), 『사회과 목표 및 내용 체계 연구』, 한국교육과정 평가
　　　원 연구보고 RRC 2000 - 12.
이명희(2002), "제7차 교육과정 적용의 문제점과 개선 방안", 『제 7차
　　　교육과정에 따른 사회과 교수학습의 방향 탐색』, 한국교원대학
　　　교교과교육연구소.
이성호(2004), 『교육과정 개발의 원리』, 학지사.
이원희 외(2005), 『교육과정과 수업』, 교육과학사.
이종일(2000), "사회과 교사자질에 대한 CBTE적 접근", 『사회과교육』,
　　　제33호, 한국사회과교육연구학회.
　　　　(2001), 『과정중심 사회과교육』, 서울:교육과학사.
　　　　(2003), "사회과 교사 자질 교육 이론의 변천", 『초등교육연구논
　　　총』, 제18권 3호, 대구교육대학교.
이용숙 외(1995), "교육내용 조직방식 국제비교연구", 『교육과정연구』제
　　　13권, 한국교육과정학회.
이혁규(1996), 「중학교 사회과 교실수업에 대한 일상생활적 사례연구」,
　　　서울대학교 대학원 박사학위 논문.
　　　　(2003), "제7차 교육과정 맥락과 정치 교과서의 변화에 대한 고
　　　찰", 『시민교육연구』,제35권 제2호 , 한국사회과교육학회.
　　　　(2003), "각론 개정방식에 관한 논의 ; 사회과 교육과정 개정 방
　　　식의 개선 방안 탐색". 『교육과정연구』, 한국교육과정학회.
이홍우(2003), 『교육과정이론』, 교육과학사
은지용(2001), "반성적 사고력 함양을 위한 쟁점중심 교육과정 시안 개
　　　발", 『시민교육연구』, 제33집, 한국사회과교육학회.
전희옥(1994), 「사회기능 중심 교육과정의 사회학적 배경」, 한국교원대
　　　학교대학원박사학위논문.
정세구 외(1977), 『초·중학교 사회과 교육과정의 구조화를 위한 일연
　　　구』, 한국교육개발원.
정세구(1978), "사회계열의 내용 선정과 조직원리", 『교육과정 개발의

원리』, 한국교육개발원.

최병모(1992), 「사회과 교육과정 개발의 체제적 접근」, 한국교원대학교 대학원박사학위논문.

_____(2001), "제7차 사회과 교육과정의 특징과 주요 쟁점", 『교과교육학연구』,제5권 1호, 이화여자대학교.

최석진 외(2001), 『사회과 목표 및 내용 체계 연구』, 한국교육과정 평가원 연구보고 RRC 2001 - 5.

최인식 외(2004), 『최신 교육과정과 평가』, 교육과학사.

최용규(2000), "제7차 사회과 교육과정에 따른 초등학교 사회과 교과서의 특징",『교원교육』, 제 16호, 한국교원대학교.

최용규 외 역(2004), 『살아있는 사회과교육』, 학지사.

한국교원대학교 사회과 교육과정 개정위원회(1997), 『제7차 사회과교육과정 개정시안연구·개발』, 1997년도 교육부 위탁연구과제 답신 보고서.

한국교원대학교 제6차 교육과정(사회과) 개발연구위원회(1992), 『제6차 사회과교육과정 개발연구』, 교육과정연구보고서.

한국교육과정평가원(2004), 『사회과 교육내용 적정성 분석 및 평가』, 연구보고 RRC 2004 - 1 - 4.

한국교육과정평가원(2004), 『교과교육과정 개선 방안』, 연구자료 ORM 2004 - 29.

한춘희(2004), "제7차 초등학교 사회과 교육과정의 내용분석 및 개선방안",『교원교육』제20권 제4호, 한국교원대학교 교육연구원.

함수곤(2002), "제7차 교육과정 적용상의 문제점과 개선방향 ",『제7차 교육과정 적용의 문제점과 개선 방안』, 한국교원대학교교과교육 연구소.

홍후조(2002), 『교육과정의 이해와 개발』, 문음사.

황규호(1986), "교육내용의 정당화와 지식의 사회성",『교육과정연구』제5권, 한국교육과정학회.

_____(2003), "교과 교육과정 구성에서의 폭과 깊이 문제",『교육과정연구』제21권 3호, 한국교육과정학회.

文部科學性(1998), 『小學校 學習指導要領』.

文部科學性(1999),『小學校 學習指導要領解說 - 社會編 - 』.

Bragaw, D.H.(1986), *Scope and Sequence: Alternatives for Social Studies*, Social Education, 50 November/December, 484 - 485.

Callahan, W.T & Banaszak, R. A.(1998). Citizenship for the 21st Century, Eric.

Downey, M. T.(1986), *Time, space and culture*, Social Education, 50, 490 - 501.

Dynneson, T.L. & Gross, R.E.(1986), *A Century of Encounter*, Social Education, 50 November/December, 486 - 489.

Ediger, M.(1996), *Sequence and Scope in the Curriculum,* Education, 58 - 60.

Engle, S.H. & Ochoa, A.(1986), *A Curriculum for Democratic Citizenship*, Social Education, 50 November/December, 514 - 525.

Fraenkel, J.P.(1994), *The Evolution of the Taba Curriculum Project*, The Social Studies, 149 - 159.

Hanna, P.R.(1963), *Revising the Social Studies: What Is Needed?*, Social Education, 27, 190 - 196.

Hartoonian, H.M. & Laughlin, M.A.(1986), *Designing a Scope and Sequence*, Social Education, 50, 502 - 512.

Hartoonian, H.M. and M.A. Laughlin.(1989). *Designing a Social Studies Scope and Sequence for the 21st Century*, Social Education 53, 388 - 403, 385.

Jarolimek, J.J.(1984). *In Search of a Scope and Sequence for Social Studies: Report of the National Council for the Social Studies Task Force on Scope and Sequence*, Social Education, 48, 250 - 262.

Joyce, W.W. et al.(1991). *Scope and Sequence, Goals and Objectives: Effectives on Social Studies*, Handbook of Research on Social Studies Teaching and Learning, Macmillan Publishing Co, 322 - 331.

Kniep, W.M.(1986), *Social Studies Within A Global Education*, Social Education, 50 November/December, 536 - 542.

Kniep, W.M.(1989), *Social Studies within A Global Education*, Social Education, 53, 399 - 403, 385.

Martorella, P.H & Beal, C.(2002). *Social Studies for Elmentary School*

Classrooms Preparing Children to be Global Citizens(3th Ed), Upper Saddle River, New Jersey Columbus, Ohio: Prentice – Hall, Inc.

Maxim, G.W(1999). *Social Studies and Elementary School Child*. Prentice – Hall, Inc.

National Council for the Social Studies.(1979), *Revision of NCSS Social Studies Curriculum Guidelines*, Social Education, 261 – 273.

National Council for the Social Studies.(1989), *Social Studies for Early Childhood and Elementary School Children Preparing for the 21st Century*, Social Education, 53, 14 – 23.

National Council for the Social Studies.(1989), *Report of the Ad Hoc Committee on Scope and Sequence*, Social Education, 53, 375 – 376.

NCSS Ad Hoc Committee. (1989). *In Search of a Scope and Sequence for Social Studies: Report of the National Council for the Social Studies Task Force on Scope and Sequence*, Social Education, 53 October, 376 – 387.

NCSS Task Force.(1994), *Expectations of Excellence: Curriculum Standards for Social Studies*.

Oliver, D.W. and J.P. Shaver.(1966). *Teaching Public Issues in The High School*, Houghton Mifflin Company.

Parker, W.C.(2001), *Social Studies in Elementary Education*, Upper Saddle River, New Jersey Columbus, Ohio: Prentice – Hall, Inc.

Schomberg, C.E.(1986), *Texas and Social Studies Texts*, Social Education, 50, 58 – 60.

Sikula, J.et al.(1996), *Handbook Of Reasearch On Teacher Education*. Macmlllan LIBRARY Reference USA.

Stanley, W.B. and J.L. Nelson.(1986). *Social Studies for Social Transformation*, Social Education, 50 November/December, 528 – 534.

Superka. D.P. & Hawke. S.(1982). *Social role: A focus for Social studies in the 1980s*. Social Education. November/December.

Susan, E.H. & Richard, G.B.(2001), *A Rationale and Model for a Scope and Sequence in Geographic Education, Grade K – 12*, The Social Studies, 16 – 21.

제2장

핵심역량 함양으로서의 사회적 역할 중심 사회과 교육과정 개발 전략 탐색[1]

Ⅰ. 연구의 필요성 및 목적

사회과 교육의 목적에 대한 학자들의 주장은 다양하나 '사회과는 시민적 자질(citizenship)을 기르기 위한 교과'라는 정의가 가장 널리 통용된다. 그러나 이러한 정의에도 문제가 없는 것은 아니다. 왜냐하면 시민적 자질이란 그 개념이 다양하고 광범위한 의미를 가지고 있으며, 시대와 역사 그리고 사회가 처한 상황에 따라 달라질 수 있기 때문이다. 그러나 이러한 시대적, 역사적, 사회적 다양성에도 불구하고 사회과 교육은 그 사회에서 추구하는 시민적 자질을 함양하기 위해 노력해왔다. 따라서 시민적 자질이란 그 사회가 처한 상황에서 그 사회에 속한 사람들에게 사회가 요구하는

이 장의 내용은 백경선 박사와 공동 연구하여 『사회과교육연구』제14권 2호(2007)에 실린 '핵심역량 함양으로서의 사회적 역할 중심의 사회과 교육과정 개발 전략 탐색'을 백경선박사의 동의를 얻어 일부 수정한 것입니다.

자질이라고 볼 수 있다.

비단 사회과 교육과정 뿐만 아니라 그 모체가 되는 교육과정학 분야에서도 사회의 요구를 반영한 교육과정 개발은 많은 관심의 대상이었다. 사회는 교육받은 인간이 사회생활의 기본적인 문제를 해결하고, 변화하는 사회 환경에 적응하도록 요구하기 때문이다. 사회의 요구가 반영된 교육과정 유형으로는 Tyler 등이 중심이 된 중핵 교육과정, Bobbitt(1926), Stratemeyer 등(1947)의 사회적응 교육과정, Mager(1962, 1973) 등의 사회준비 교육과정, Counts(1932), Brameld(1955), Freire(1973), Apple(1979)이나 Giroux(1983) 등의 사회재건 교육과정을 들 수 있다.

사회는 교육이 실현되는 공간이며, 교육을 통해 길러진 인간의 삶의 터전이다. 따라서 교육과정을 구성하는 원천 속에 교과와 사회, 그리고 학습자를 포함시키는 교육과정 학자들을 많이 볼 수 있다 (Dewey, 1899, 1902; Tyler, 1949; Schwab, 1969; Tanner & Tanner, 1980; Longstreet & Shane, 1993; 이귀윤, 1996; 이경섭, 1999; 홍후조·백경선, 2004).

그렇다면 현대 사회에서 요구되는 시민적 자질은 무엇인가? 또한 그러한 시민적 자질을 함양하기 위해 갖추어야 하는 핵심역량 (key competencies)은 무엇인가? 이러한 물음에 대한 대답 역시 그 사회가 처한 상황에 따라 달라질 것이나, 그 사회가 요구하는 역할 수행을 충실히 할 수 있는 자질을 함양해야 된다는 것에는 이견이 없다.

현대와 같은 지식기반사회에서의 사회적 역할 수행을 위한 핵심역량(key competencies)은 각 국가(또는 사회)가 처한 상황에 따라 다양하다. Le(2001)는 적응력, 혁신과 창조력, 팀워크와 협동 그리고 시간 관리를, 독일교육연구부에서는 일반 지식(general knowledge)의 중요성을 강조하고 있으며, 싱가포르, 영국, 뉴질랜드 등도 각국이 처한 상황을 고려하여 핵심 기능을 규정하고 이러한 핵심 기능을 신장시키기 위한 교육과정 설계를 시도하고 있다(Kun, 2001; 소경희·이화진, 2001에서 재인용; New Zealand Ministry of Education, 2006).

사회적 역할 수행을 원만히 하기 위한 핵심역량에 대한 규정이 다른 것은 어떻게 보면 당연한 결과일 것이다. 이는 그 국가나 사회가 처한 상황이 다르고, 사회적 역할 수행을 어디에 초점을 두고 있느냐에 따라 달라지기 때문이다.

이러한 핵심역량에 대한 규정의 다양성은 결국 사회과에서 함양시켜야 하는 사회적 자질이 무엇인가에 대한 혼란으로 이어지게 된다. 이러한 혼란에 대한 대응으로 도출된 것이 인간이 성장하면서 수행해야 하는 사회적 역할을 중심으로 그러한 역할 수행 능력을 함양시키는 것이 시민적 자질을 함양시키는 것이라는 관점이 대두되었다.

사회적 역할 중심에 의한 교육내용 선정 및 조직에 대한 연구로는 미국 경제교육협의회(NCEE)가 제시한 의사결정자, 지적인 소비자, 생산적인 근로자, 책임 있는 시민, 사려 깊은 저축자, 및 세계경제 참여자 등 6가지 역할을 제시한 연구(김경모·전창완, 2006: 4-6에서 재인용), 최병모(1997), 김경모(1997, 2000, 2004) 등의 연구가 있다. 그러나 이러한 연구들은 그 중심을 경제 교육에 국한하였다는 단점을 지니고 있다.

본 연구는 사회과 교육의 목적인 시민적 자질에 대한 해석은 다양할 수 있으나, 그 사회의 구성원으로서 충실한 역할 수행을 위한 핵심역량을 함양시켜야 한다는 대전제하에 핵심역량 함양을 위한 사회적 역할 중심 사회과 교육과정 개발 전략을 탐색해보는 것을 목적으로 하고 있다.

Ⅱ. 지식기반사회에서의 사회적 역할 수행: 핵심역량 함양

Drucker를 위시한 많은 미래 학자들이 예상했듯이 현재도 그리고 미래에도 생산 수단은 지식이며, 이러한 지식기반사회는 지속될 수밖에 없다(이재규 역, 1993). 따라서 지식은 미래 사회에 대비하는 가장 강력한 수단이 된다. 그러나 이때의 지식의 개념은 과거 지식의 개념과는 차이가 있으며, 따라서 학교에서 가르쳐야 하는 지식에도 변화가 필요하다는 주장을 이끌게 된다.

본 장에서는 현대 사회와 같은 지식기반사회에서 가르쳐져야 하는 지식은 무엇이며, 이러한 지식의 변화에 따라 사회적 역할 수행을 위해 필요한 핵심역량이 무엇인지 탐색하고자 한다.

먼저 지식기반사회에서 학교에서 가르쳐야 하는 지식이 어떤 것이냐에 대한 관점은 다양할 수 있으나 대체로 다음과 같은 지식이 학교에서 가르쳐져야 한다는 의견이 많다(허경철 외, 2000: 74 - 81).

첫째, 연성지식: 지식의 생성과 흐름은 지식기반사회에서 요구하는 핵심적 지식관이다. 또한 지식의 축적도 지식 생성의 기반을 전제로 하고 있다. 따라서 새로운 지식 생성을 끊임없이 창출하기 위해서는 연성지식을 지향해야 한다. 이러한 연성지식은 지식이 끊임없이 새로운 모습으로 탄생되는 것을 긍정한다.

둘째, 실용적 지식: 지식을 위한 지식이 아니라, 생활에 유의미한 효과를 발생시킬 수 있는 살아있는 지식이 되어야 한다. 현대사회는 직접적으로 사회생활에 적용되어 유익한 결과를 만들어내는 지식을 요구하고 있으며, 따라서 지식의 구체성, 유용성, 실천성은 교육적 지식이 지향해야 할 중요한 특성이 된다.

셋째, 사회·집단적 지식: 지식은 사회맥락적 특성에 의해 의미와 가치가 결정된다. 따라서 지식은 사회와 유리되어 어떤 한 개인의 두뇌 속에서 창조되는 것이 아니라 타인과의 지적 관계나 경험적 관계 등에 의해 이루어진 산물이다. 이에 모든 지식이 집단적 사고의 산물이라는 관점을 견지해야 한다.

넷째, 잠정적 합의 지식: 교육적 지식은 사회적인 합의 지식을 전수해야 하는데, 이 때 합의는 언제나 변화를 수용할 수 있는 잠정적 합의가 된다는 것을 이해하여야 한다. 교육적으로 볼 때 잠정적 합의 지식은 지식의 생성활동에서 균형감각을 유지할 수 있는 지적 기반을 제공한다.

다섯째, 통합적 지식 및 전문적 지식: 지식의 생성 운동은 지식 간의 활발한 만남을 통해서 시너지 효과를 발생시킨다. 다양한 지식의 통합은 지식기반사회가 요구하는 시대적 요청이다. 또한 오늘날과 같은 지식 경쟁의 시대에는 새로운 지식의 실질적 기반이며 희소가치를 지니고 있는 전문적 지식이 절실히 요구된다.

여섯째, 미래형 지식: 학생의 삶은 과거나 현재보다 미래에 가깝다고 할 수 있다. 학생에게는 미래사회에서 높은 경쟁력이 예상되는 지식을 전수해야 한다. 교육적 차원에서 미래형 지식의 전수는 앞으로 학생이 원만하게 사회에 적응하도록 돕고, 지식 경쟁에서 우위를 보일 수 있는 기회를 제공한다.

그러나 이들 지식들은 각각 유리된 것이 아니라 유기적 관계를 유지한다. 또한 지식 생성과 변화를 추구하고 있으며, 최종적으로 는 효율적이고 사회의 균형 잡힌 발전에 도움을 줄 수 있는 실용 적 지식을 추구하고 있다는 공통점이 있다. 즉, 지식기반사회에서 학교에서 가르쳐져야 하는 지식은 개인의 능동적인 삶과 유리된 책 속의 지식이 아니라, 개인의 삶을 풍요롭고 윤택하게 할 수 있 는 실용적이고 살아있는 지식이 되어야 한다는 것이다. 이러한 지 식이 사회 구성원으로서 자기에게 주어진 역할을 충실히 수행하면 서 자아실현을 동시에 이루는 데 필요한 지식으로 보기 때문이다. 또한 지식기반사회에서 필요로 하는 지식의 변화, 그에 따른 교육 과정 설계의 변화는 현대 사회 또는 미래 사회가 필요로 하는 능 력(역량)을 신장시켜주어야 한다는 주장과 함께 그러한 능력이 무 엇인지를 밝혀내는 노력이 가속화되고 있다.

Le(2001)는 학교교육이 특정 내용의 주입에 많은 시간을 소비하 고 있으며, 이러한 교육에서 탈피하여 학교는 지식기반사회에서 성 공하는 데 필요한 기능(skill)을 가르쳐야 한다고 주장한다. 이 때 성공에 필요한 기능은 적응력, 혁신과 창조력, 팀워크와 협동 그리 고 시간 관리가 지식기반사회에서 성공하기 위한 주요 요인이라고 주장한다. 또한 독일교육연구부는 일반 지식(general knowledge)의 중요성을 강조하면서 교육내용 변화의 필요성과 관련하여 핵심 기 능(key skills)을 제시하고 있는데 그것은 기술·방법론적 학습 능

력, 심리 사회적(대인 관계) 능력, 외국어 능력, 매체 활용 능력, 다
국가 문화 이해 능력, 특정 부분과 관련된 능력 등이다(한국직업능
력개발원 역, 1999).

싱가포르의 경우 노동자들의 국제적인 이동에 따른 가치교육과
가정 양육의 중요성, 학생 능력 구축, 평생학습에 대한 긍정적인
태도, 팀워크와 협동, 경제적 사회적 상황과 보조를 함께 하는 교
육과정으로의 변화를 시도하고 있다(Kun, 2001; 소경희·이화진,
2001에서 재인용). 영국의 경우도 일상생활에 기본이 되는 문해력
(literacy)과 수리력 교육의 강화와 더불어 미래 사회를 적극적으로
살아가는 데 필요한 대인관계 능력, 자기주도적 학습 능력, 독립심,
시민성 촉진에 교육과정의 중점을 두고 있다(소경희·이화진,
2001). 최근 뉴질랜드에서는 모든 학생들이 개발시켜야 할 핵심적
인 기능들을 8가지 범주로 분류하여 제시하였다. 핵심적인 기능의
8가지 범주는 의사소통 기술, 수리 능력, 정보 습득 기술, 문제 해
결 능력, 자기 관리 및 경쟁력, 사회적·협동적 기능, 건강, 일과
학습 기능 등이다(New Zealand Ministry of Education, 2006).

OECD에서 1997년부터 시작한 현대 사회에서 필요한 핵심역량
(key Competencies)을 규명하려는 노력(Definition and Section of
Key Competencies: DeSeCo) 또한 지식기반사회에서 학생들에게 미
래 사회의 구성원으로서 갖추어야 할 자질을 교육을 통해 함양시
키기 위한 노력의 일환이다. DeSeCo Project에서 핵심역량은 개인
과 사회 두 측면에서 비전을 제시해주어야 하고 문화적 맥락이나
개인적 타당성을 확보해야 하는데, 이러한 핵심역량은 정치적 협상
과 여론 형성을 통해 도출된다고 보고 있다. DeSeCo Project의 이

러한 과정은 <그림 1>과 같이 나타낼 수 있다.

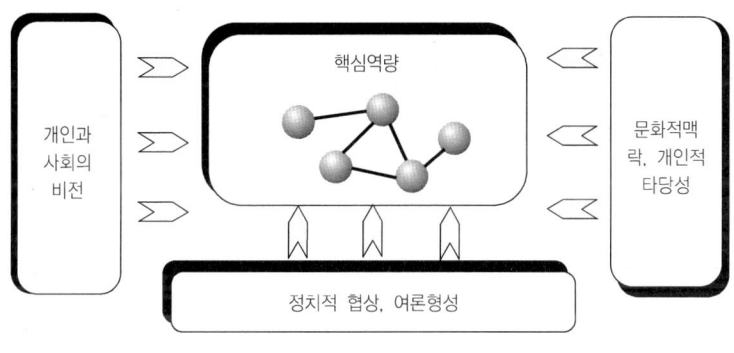

〈그림 1〉 핵심역량의 도출 과정

Rychen, D. S., & Salganik, L. H.(2000). *A Contribution of the OECD Program: Definition and Section of Key Competencies: Theoretical and Conceptual Foundations.* http://www.portal–stat.admin.ch/deseco/rychen–hersch.pdf, 5쪽을 일부 수정함.

여기에서 핵심역량은 인권과 민주주의 가치에 대한 원리로 구성되며, 성공적인 삶을 위해 개인의 능력을 향상시키고, 개인과 사회의 조화로운 발전을 추구할 수 있게 하는 것이라고 전제한다(Rychen & Salganik, 2000). OECD에서는 이러한 전제 조건에 부합하는 핵심역량[2])으로 상호작용적으로 도구(여기서 '도구'란 넓은 의

---

2) 이 때 핵심역량은 개인과 집단의 성공을 위한 기초가 되는 것으로 개인의 성공은 고용과 이에 따른 수입, 개인의 건강과 안전, 정치적 참여, 사회적 네트워크이다. 또한 성공적인 사회는 경제적 생산성, 민주적 과정, 사회 응집과 공정성 및 인권 보장, 지속가능한 자연환경을 갖추어야 한다.

미로 언어, 법률 등도 도구에 포함된다)를 사용하는 능력, 사회적으로 이질적 집단에서 상호작용하는 능력, 자율적인 행동 능력 등을 제시하고 있다(OECD, 2005).

앞의 여러 나라와 OECD의 시도는 결국 지식기반사회에 필요한 핵심기술 또는 핵심역량을 규명하고 그러한 기술이나 역량을 학생들에게 교육함으로써 개인에게는 미래 사회에 대비할 수 있는 능력을 신장시켜주고 이를 통하여 사회의 발전과 결속을 추구하고자 하는 것이다. 이는 교육의 근본적인 목적 추구와 관련이 깊다. 왜냐하면 교육의 목적은 근본적으로 개인 관점에서는 인지적, 정의적 성취를 통한 자아실현을, 사회의 관점에서는 사회의 유지와 발전을, 그리고 개인과 사회가 교차하는 지점에서는 사회 구성원으로서의 역할을 수행하기 위한 것이 되어야 하기 때문이다.

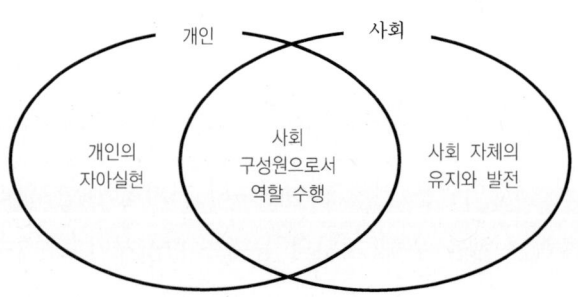

개인   사회

| 개인의 자아실현 | 사회 구성원으로서 역할 수행 | 사회 자체의 유지와 발전 |

〈그림 2〉 개인과 사회적 측면에서 교육의 목적

즉, 현대 사회가 요구하는 핵심역량은 그 사회 구성원으로서의 역할을 수행할 수 있는 자질을 함양시켜 개인적 측면에서는 자아실현을 가능하게 하고, 사회적 측면에서는 그 사회(확대하면 국가 또는 세계)의 유지와 발전에 기여할 수 있게 하는 능력이다. 이런 측면에서 보면 현대 사회가 요구하는 핵심역량은 곧 사회적 역할을 충실히 수행할 수 있는 능력을 의미하는 것이라고 볼 수 있다.

또한 이러한 핵심역량의 변화와 이를 규명하고 함양시키려는 노력은 교육과정 설계에 있어서 변화를 요구한다. 즉, 기존의 분절된 개념과 지식 위주의 교육과정이 아닌 사회를 살아갈 사회 구성원으로서 개인을 조망하여 통합으로 교육과정을 설계할 필요가 있다는 것이다. 아울러 이러한 교육과정 설계로의 변화가 능동적으로 이루어지기 위해서는 교사의 교육과정에 대한 관점의 변화 즉, 단절된 과목 및 교과의 울타리를 벗어나 과목 및 교과 내, 과목 및 교과 간 교육과정 재구성에 대한 능력도 신장되어야 함을 의미한다.

Ⅲ. 사회과 교육과정 개발의 새로운 대안
: 사회적 역할 중심 교육과정

이 장에서는 사회적 역할 중심 교육과정이 등장하게 된 배경 및 사회적 역할의 특징과 주요 내용에 대하여 살펴봄으로써 사회적 역할 중심 교육과정에 대한 이론적 배경을 제공하고자 한다.

1. 사회적 역할 중심의 등장 배경

그 동안 사회과 교육을 개혁하려는 다양한 시도들에는 신사회과 운동, 반성적 탐구, 의사결정능력을 육성하려는 노력, 가치교육에 대한 폭넓은 관심, 기본으로 돌아가자는 운동 등이 있었고 앞으로 도 계속될 것이다. 이런 다양한 시도들은 교과서를 변화시키고 발 전시켰다는 점, 교육과정이 사회 변화를 어느 정도 담아내고 있다 는 측면에서 어느 정도 긍정적인 영향을 미쳤으나, 기대한 만큼의 변화는 일어나지 않았다(Hertzberg, 1981). 이러한 기대 이하의 변 화는 사회과교육의 또 다른 변화의 움직임인 사회적 역할 중심 교 육을 등장시키게 하였다. 여기서는 사회과 교육의 제 측면을 크게 5가지 측면3) 즉, 학생의 학습, 교수 방법, 교육과정, 직업, 학교 문 화 등으로 나누어 각각의 측면에서 나타난 사회과교육의 문제점을 토대로 사회적 역할 중심이 등장하게 된 배경을 알아보고자 한다 (Morrissett, Sharry, & Superka; 1980a, 1980b).

가. 학생의 학습적 측면

학생의 학습 측면에 대한 사회과 교육의 문제점은 크게 두 가지 로 나눌 수 있다. 그것은 첫째, 학생들의 사회과 교육에 대한 부정 적 인식이며, 둘째는 학생들의 사회과 교육에 대한 성취 또는 수 행능력에 대한 문제이다.

---

3) 사회과교육의 제측면은 전반적인 교육 영역에서 발생하는 문제점을 토대로 학생 요소(학습), 교육내용(교육과정), 교사 요소(교수 방법, 직업), 환경 요소(학교 문화)로 나누어 제시한다.

첫째, 사회과 교육에 대한 인식에 있어서는 학생들은 사회과 교과목에 대한 선호도가 낮고, 사회과 교육을 암기과목으로 생각하고 있으며, 사회과 교육이 학생들의 생활에 중요하지 않다고 생각하는 등의 부정적인 측면이 있다. 여기에는 다양한 요인들이 작용하겠지만 그 중 하나는 사회과 교육이 영어나 수학보다 장래에 덜 중요하다고 생각하기 때문이다. 따라서 학생들의 흥미와 관심 부족은 사회과 교육을 가르치는 사람들에 의해서 반드시 해결해야 할 문제인 것이다.

둘째, 학생들은 사회과 교육에서 중요한 지식과 기능, 태도를 배우는데도 불구하고 현실에서 실천·적용하지 못하고 있는 실정이다. 다시 말해 대부분의 학생들은 정보의 원천을 파악하거나 간단한 그래프를 읽는 것과 같은 기초적인 기능은 알고 있지만, 좀 더 복잡한 표와 그래프를 해석하고 이러한 정보로부터 논리적인 추론을 만들거나 핵심적인 문제를 이끌어내지 못하고 있다.

이러한 학습자의 사회과 교과에 대한 부정적 인식과 낮은 성취 문제를 해결하는 데 사회적 역할 중심이 기여할 수 있는 것은 사회적 역할 자체가 학습자의 현재 그리고 미래 대부분의 생활과 직접적으로 관련된 것에 중점이 주어져있기 때문이다. 이러한 직접적 관련성은 학생들의 관심과 동기부여 그리고 참여를 자극하고 이끌어낼 수 있다. 학생들에게 미래의 개인적인 발달과 교과 내용을 연계하여 개발·지도하면 사회과 교육을 중요하게 생각하고 좀 더 열심히 노력할 것이기 때문이다. 결과적으로 사회적 역할 중심은 학생들에게 사회과 교육의 가치를 볼 수 있도록 도와주고 사회과 교육의 중요한 지식과 기능의 학습을 증가시키는 역할을 수행할 수 있다는 것이다.

나. 교수 방법적 측면

교사들은 사회과 수업에서 일반적으로 다양한 교수·학습 방법을 활용하지 않고 있다는 문제의식에서 출발하였다. 현재 사회과 교육에 있어 주된 교수·학습 방법은 교사 중심의 강의와 교과서를 바탕으로 한 해설 및 토론이다. 또한 교사들은 사회과 수업에서 다양한 교수·학습 자료들을 활용하거나, 학생들을 능동적이고 활동적인 경험에 참여시키지 못하고 있다. 아울러 사회과 교육에서 가장 흔하게 활용되는 평가 방법은 지필 평가이다(한면희, 2001: 487 - 492). 이러한 문제점을 해결하는 방안은 사회과 교사들이 다양한 교수 방법을 익히고 실제로 활용하려는 지속적인 노력과 학생들의 능력과 요구에 적합한 다양한 접근 방법들을 개발하는 것이다.

이러한 관점에서 사회적 역할 중심은 어떤 하나의 수업 전략에 의존하지 않으며, 실제로 다양한 방법들이 다양한 목적을 도달하는 데 효과적으로 기능할 수 있다는 장점이 있다. 최근 사회과 교육 교사들이 학생들에게 생활과 관련된 학습 자료들을 제공하고 통합적으로 지도해야 한다는 주장이 제기되고 있는데, 이러한 주장을 뒷받침할 수 있는 것이 바로 사회적 역할 중심이다.

다. 교육과정적 측면

현행 사회과 교육과정은 현재 및 미래 사회에서 학생들로 하여금 효과적으로 이해하고 참여하도록 도와주는 유용한 역할을 하지 못하고 있다는 것이 사회과 교육과정의 가장 근본적인 문제라고 볼 수 있다. 오늘날 초등학교 사회과 교육과정의 학습내용 조직의 주된 원리는 환경 확대 원리인데, 사회과 교육과정을 재구성하자는 수많은 요구에도 불구하고 초등학교 교육과정 구성 계획들은 거의 바뀌지 않고 있다. 이러한 결과로 학생들이 사회생활에서 효과적인 참여자가 될 수 있도록 도와주는, 개인적인 그리고 사회적인 목적들을 중심으로 교육과정이 조직되지 못하고 있다.

사회과 교육은 직접적으로 학생들의 관심 및 발달적인 필요와 관련되어야 하고, 실제 사회 현상을 다루어야 하며, 사회과학들로부터 유효한 개념과 일반화를 이끌어내고, 경험의 조직을 손쉽게 해야 한다. 이러한 측면에서 사회적 역할 중심은 사람들이 참여하는 다양한 역할들을 강조함으로써 이러한 문제를 완화시켜 준다.

사회적 역할은 사회과 교육의 목적인 지식, 기능, 가치 그리고 참여를 설명하고, 역사와 사회과학들로부터 지식을 통합하고 이해할 수 있는 틀을 제공할 수 있기 때문이다. 또한 사회적 역할 중심은 개인과 사회의 쟁점에 기초한 종합적인 사회과 교육과정을 개발할 수 있는 가능성을 가지고 있다. 더 나아가 사회과 교육에서 중요한 세 가지 관점들(교과, 학습자 그리고 사회)을 통합할 수 있는 교육과정의 중심을 제공할 수 있다. 과거 대부분의 사회과 교육 접근들은 다른 두 가지 관점들을 희생하여 하나의 관점에 강조점이 주어졌다. 그러나 사회적 역할 중심은 사회과 교육에서 세 가지 요인들을 균형있게 활용할 수 있다는 장점을 지니고 있다.

라. 사회과 교육과정 관련자 측면

사회적 역할 중심이 등장하게 된 배경을 사회과 교육과정 관련자[4] 측면에서 알아보면 다음과 같다. 사회과 교육을 가르치는 교사들은 적극적인 상호교류의 부족, 교사들의 자기 발전을 위한 기회 제한, 그리고 미래 세대를 위한 교육에서 사회과 교육의 역할 정립에의 어려움 호소 등이다. 교사들은 상급 관리자들이나 감독자들이 큰 도움이 되지 않는다고 생각하고 전문적인 학술 단체(학회나 교과연구회 등)에 가입하여 활동하고 있는 교사들은 소수에 불과하며, 교사 교육자들과 다른 대학 교수들의 관계도 상호교류 부족, 신뢰의 부족이라는 문제점을 가지고 있다.

한편 사회과 교육 교사들은 사회과 교육의 근본 목적이 무엇인지에 관해 혼란을 느끼고 있다. 현장 교사들은 학생들을 위한 사회과 교육의 유용성에 확신을 갖지 못하고, 사회과 교육의 정의에 대한 논쟁도 계속되고 있다(서재천, 2004: 26 - 28). 이러한 논쟁들이 지속되는 동안 새로운 주제 영역들이 계속적으로 사회과 교육을 더욱 더 혼돈으로 몰아가고 있다.

사회과 교육 교사들이 동료들과 새롭고 의미있는 대화와 교류의 장을 찾는 것이 무엇보다도 중요하다. 이는 교사들이 사회과 교육을 가르치는 핵심이고 중심에 서있기 때문에 그들의 능력을 키우는 데 노력해야 한다.

사회적 역할 중심은 사회과 교육 교사들에게 통일과 방향 감각

---

4) 여기서 사회과 교육과정 관련자란 사회과 교육을 연구하고 가르치는 것을 직업으로 하는 대학 및 연구 기관의 연구자, 초·중등 교사 및 사회과 교육에 관심 있는 사람 및 교사양성교육에서 사회과 교육과 관계있는 모든 사람을 뜻하는 넓은 의미로 사용한다.

을 제공할 수 있는 가능성을 지니고 있다. 사회과 교사들에게 또 하나의 주요한 문제는 사회과교육과 관련된 여러 학교급 교사간 상호작용이 낮다는 것인데, 사회적 역할 중심은 초등학교, 중학교, 고등학교 사회과 교육 교사들 사이의 상호작용을 장려한다. 또한 사회과교육 전문가와 다른 교과 영역 교사들 사이의 의사소통을 원활하게 하는 기초를 제공할 수 있다. 아울러 사회과교육이 실제 사회생활에서 행동하고 이해하는 데 도움을 주는 가치가 있는 것 이라는 긍정적 인식이 필요한데, 사회적 역할 중심은 이와 같은 점을 강조하고 있다.

마. 학교 문화적 측면

일반적으로 학교 문화의 측면은 지금까지 사회과 교육 실천에서 소홀히 다루어진 부분이다. 그러나 사회과 교육은 현실 생활을 떠 나서는 생각할 수 없기 때문에 학교 문화 측면은 중요하다.

학교 문화는 표현하기 어렵지만 사회과교육의 성패를 좌우하는 강력한 요소 중 하나이다. 사회과교육에서 학교 문화가 의미있는 역할을 수행하려면 사회과 교육과정의 학습내용에 대한 주제와 사 례는 가능하다면 학교 문화에서부터 이끌어내야 한다. 따라서 사회 과 교육은 반드시 다른 교과들과 연계해야 하고, 현재의 학교 문 화를 수정하기 위해 많은 노력을 기울여야 한다. 또한 현재의 학 교 문화는 반드시 사회과 교육에서 학생들의 학습과 교사들의 적 극적인 상호교류를 촉진하는 쪽으로 개선되어야 한다.

이러한 측면에서 사회적 역할 중심은 지배적인 학교 문화를 매우 강력한 요인으로 고려하며, 어떤 다른 접근들보다 오늘날 사회에서 학교의 입장과 복잡한 학교 문화를 반영한다. 예를 들면 능동적인 참여 민주주의를 강조하는 사회과 프로그램들은 항상 어려움에 직면한다. 왜냐하면 학교들은 민주적인 원칙에 따라 운영되고 있지 않기 때문이다. 현실 사회에서 민주주의를 위한 그리고 민주주의에 관한 실험실로서 학교는 매우 중요함에도 불구하고 그렇지 못하다. 사회적 역할 중심은 종종 이러한 가치들과 갈등하면서 학교와 사회가 복잡한 문화들을 가지고 있다는 사실을 인식하고 활용할 수 있는 큰 틀을 제공할 수 있다.

2. 사회적 역할의 특징과 내용

Superka & Hawke(1980: 3-14)는 대부분의 사람들은 사회생활을 통해 많은 역할들을 수행하게 되는데 크게 7가지의 역할 즉, 시민, 근로자, 소비자, 가족, 친구, 사회집단의 구성원, 자아로서의 역할로 구분할 수 있다고 주장하면서 그 주요 내용과 특징을 다음과 같이 밝히고 있다.

가. 시민으로서의 사회적 역할

시민적 자질 함양은 지금까지 사회과 교육의 중요한 목적으로 고려되었다. 그러나 시민적 자질에 대한 교육의 중요성에 대한 폭넓은 의견일치가 있음에도 시민적 자질의 의미, 시민 역할의 본질과 범위 또는 시민적 자질 교육의 주요 핵심에 대한 의견일치는

거의 없다. 지금까지 제안된 시민적 자질은 사회과학의 지식, 민주
시민으로서의 지식·능력·의무·자유 그리고 이상, 민주적 가치
에 대한 책임, 공공 문제들의 분석, 의사결정 능력, 도덕적 추론,
지구촌적 관점에 대한 이해, 자율 능력, 개인과 사회 집단 간의 공
정한 관계, 그리고 공공 정책 수립에 참여 등으로 요약할 수 있다.

비록 다른 교과 영역과 학교의 다른 측면들이 시민 교육에 대한
책임을 일부 공유하지만, 사회과 교육은 시민 역할의 모든 수준과
관련하여 다른 교과에 비하여 더 중요하게 기여해야 한다. 따라서
시민 역할의 교육이 무엇을 의미하는가에 대해 교사들은 시민 역
할과 관련된 주제나 개념을 명확히 하고 시민 역할에 가장 직접적
으로 관련되고 필수적인 것들이 무엇인지 결정해야 한다.

나. 근로자로서의 사회적 역할

대부분 학생들은 그들이 성인으로서 삶의 대부분을 봉급을 받는
피고용인으로 살 것이다. 그러므로 근로자 역할은 미래와 관련하여
초등학교와 중학교 학생들에게 직접적인 관련을 가지고 있다. 그렇
다면 무엇이 사회과 교육에서 근로자 역할에 대한 교수에 도움이
되는가? 사회과 교육 교사들은 학생들로 하여금 직업, 직업과 관련
된 기능들(구직, 이력서 작성, 직업 인터뷰, 기초적인 연산 작업,
의사소통 기능 등)을 습득할 수 있도록 도와주어야 한다. 또한 사
회과 교육 교사들은 학생들로 하여금 의사결정 기능과 일을 향한
적극적인 태도를 발전시키도록 도와주어야 한다. 이러한 공통된 책
임과 더불어 사회과 교육은 근로자의 역할과 관련하여 다음과 같
은 기능을 수행하여야 한다.

• 학생들에게 사회과학과 직접적으로 관련된 직업에 대한 인식을 제공하는 것
• 학생들이 직업과 관련된 경험들을 갖도록 도와주는 것
• 학생들에게 한국 사회와 전 세계에서 근로자의 역사적인 그리고 사회적 관점을 갖는 지식을 제공하는 것
• 학생들로 하여금 근로자 역할과 다른 사회적 역할들의 상호관계를 분석하고 토의할 수 있도록 도와주는 것

따라서 사회과 교육과 깊은 관련을 가진 경제학, 역사, 사회학 그리고 다른 사회 과학으로부터 유용한 지식들을 활용함으로써 사회과 교육이 근로자 역할과 관련된 교육에 중요한 기여를 할 수 있도록 이끌어야 한다.

다. 소비자로서의 사회적 역할

우리 사회의 모든 사람들은 소비자이다. 소비자의 역할은 간단하게 표현하면 근로자들로부터 생산된 재화와 용역을 사고 이용하는 것이다. 넓게 규정하면 재화와 서비스의 자연자원, 제조된 생산물들, 정보, 사업 서비스 그리고 사회적 서비스가 포함된다. 소비자 역할은 사려 깊은 계획자, 구매자, 재화와 서비스의 보호자 그리고 유능한 돈 관리자를 포함한다. 그러므로 복잡한 현대 사회에서 유능하고 현명한 소비자가 되는 것은 앞으로 더욱 더 중요하다. 과거 소비자 역할은 사람들이 단지 개인적인 이익을 고려하여 경제활동에 참가하는 사람으로 좁게 받아들여졌으나, 오늘날 에너지 사용과 다른 환경 자원과 관련된 문제들이 소비자의 역할과 관련

하여 중요하게 받아들여지고 있다.

따라서 사회과 교육에서 소비자 역할에 대한 이해는 학생들로 하여금 국내 경제, 정치 그리고 사회 체제의 맥락에서 역할을 이해하는 데 기여해야 한다. 이를 위해 사회과 교육과 다른 학문 영역과의 협력적 관계를 강화하여야 한다.

라. 가족 구성원으로서의 사회적 역할

인구학자들은 앞으로의 가정생활이 쉽고 안정된 시간이 되지 않을 것이라고 전망한다. 이혼율은 높고, 출생률은 감소하며, 많은 수의 어린이들은 편부모 밑에서 자라게 된다고 예언하고 있다. 이러한 변화는 가족 구성원으로서 역할에도 과거의 그것과 다른 변화가 있어야 함을 의미하고 있다.

사회과 교육은 학생들로 하여금 가족 구성원으로서 현재와 미래의 역할에 대한 이해와 기능 수행을 도와주는 데 중요한 역할을 수행해야 한다. 그러기 위해서 사회과 교육은 사회학, 심리학, 인류학 그리고 역사학의 지식을 이용하여 학생들로 하여금 부모 - 자녀 관계, 형제/자매 관계, 부모와 자녀들의 권리와 책임, 변화하는 가족 역할, 제도로서의 가정, 가족의 미래, 다양한 가족의 역할, 사회 제도로서 가족, 다양한 가족의 형태, 혼인 등에 대하여 더 나은 이해와 대응을 할 수 있도록 도와주어야 한다.

마. 친구로서의 사회적 역할

학생들에게 있어서 '친구'라는 존재는 매우 중요한 의미로 받아

들여진다. 물론 중, 고등학교 학생들이 초등학교 학생들에 비하여
그 중요성이 더 크다고 할 수 있으나, 초등학교 학생의 경우도 친
구 관계가 학생 자신의 삶에서 중요한 요소로 작용한다. 이러한
친구 관계의 중요성은 성인이 되어서도 결코 줄어들지 않는다. 아
울러 가족 관계가 긴장되고 공동체에서 자기소외 현상이 증가할수
록 믿음, 이해, 관심 그리고 인정의 근원으로서 친구의 중요성은
나이를 불문하고 증가한다. 그러나 인간 생활에서 우정(교우 관계)
이 중요한 것과는 대조적으로 사회과 교육에서는 친구에 대한 역
할이 다른 요소에 비하여 가장 적게 강조되고 있다.

따라서 사회과 교육에서 많은 학생들이 우정과 관련된 토론의
기회를 가질 수 있도록 해야 하며, 학생들에게 친구 역할을 교육
하는 데 제공할 중요한 지식과 기능을 가지고 있는 사회과학을 활
용할 필요가 있다. 이때 적절한 주제들은 우정, 우정과 관련된 책임
감과 기대, 좋은 친구의 자질, 친구를 만드는 과정, 사회적 이동, 동
성/이성 교우관계, 가족과 친구 간의 갈등, 동료 집단들, 이(異)문화
간의 교우관계 그리고 교우관계의 여러 형태가 포함될 수 있다.

바. 사회집단 구성원으로서의 사회적 역할

모든 인간은 사회 집단의 구성원이 되며, 그 구성원으로서의 역
할을 부여받는다. 따라서 구성원으로서 역할 수행을 위한 교육은
사회과 교육의 중요한 목표가 되어야 한다. 사회 집단은 사회의
구성 요소로 사회의 유지와 발전, 변화와 개혁의 중심이며 인간의
가장 기본적 욕구 중의 하나인 소속의 욕구를 충족시켜주는 기능

을 수행하기도 한다.

이를 위해 다양한 집단에 참여하는 개인의 결정, 집단의 기대 등에 대한 이해를 확대하는 데 사회과 교육이 역할을 다해야 한다. 또한 사회과 교육의 역할은 집단의 본질, 목적, 기능 그리고 효과에 대해 가르치고 학생들로 하여금 참여에 대한 사려 깊은 결정을 내리는 데 도움을 주어야 한다.

아울러 사회집단 구성원으로서의 역할과 다른 사회적 역할 사이의 상호 관계에 관심을 가질 필요가 있다. 왜냐하면 오늘날과 같은 다원주의 사회에서는 각각의 개인이 속해있는 사회 집단의 구성원으로서의 역할이 지나치게 강조되면 공동체 의식을 저해할 수 있기 때문이다(임성호, 1998)

사. 자아로서의 사회적 역할

자아는 자신에 대한 정체감 또는 자기 자신에 대한 의식으로 정의된다. 이러한 자아는 다른 모든 사회적 역할을 초월한다. 자아가 중요한 이유는 스스로로 하여금 그 자신이 누구인지 정의할 수 있도록 그리고 자아에 대한 긍정적인 생각을 발전시킬 수 있도록 도와주는 활동의 시작이기 때문이다. 따라서 스스로에 격려 받고, 자신의 독특함을 표현하고, 완전한 가능성을 발달시키는 원동력이 되는 자아는 앞의 다른 모든 사회적 역할 수행에 중요한 영향을 미친다.

이러한 자아의 중요성에 기인하여 사회과 교육에서도 자기완성과 자아실현을 위한 노력이 강조되고 있다. 즉, 자아 인식과 자기

존중감을 높이려는 목표들이 사회과 교육의 중요한 목표가 되고 있는 것이다. 따라서 학교와 사회의 모든 측면은 자아 역할에 관련된 교육과 발전에 책임을 가지고 있다.

사회과 교육에서는 학생들로 하여금 다른 사회적 역할이 어떤 것인지에 대한 이해를 돕는 학습경험, 자아 정체감과 자기 존중에 영향을 미치는 학습경험을 제공하는 것이 필요하다. 특히 다문화와 성역할의 지각에 초점이 맞추어진 활동들은 자아 정체감과 자기 존중의 발전에 기여할 수 있을 것이다. 아울러 사회과 교육은 학생들이 생각, 느낌, 믿음 그리고 가치를 지각하고 좋은 감정을 느낄 수 있도록 하는 데 도움이 되도록 구성되어야 하며, 학생들의 지적 자아를 향상시키고 학습을 즐겁고 만족스러운 것으로 인식될 수 있도록 설계되어야 한다.

Ⅳ. 사회적 역할 중심 교육과정 개발 방안 탐색

교육과정 개발은 실제적 과업(practical enterprise)이다. 이 때 그 체제는 다양한 사회적 구성 요소와 인적 자원으로 구성되며, 역동적 메커니즘 속에서 효과적으로 운영될 수 있도록 설계되어야 한다(한준상 외 역, 2001). 이러한 교육과정 개발의 정의에 비추어 사회적 역할 중심 교육과정 개발을 정의하면 미래 사회를 살아갈 사회 구성원으로서 가져야 하는 사회적 역할을 충실히 수행할 수 있도록 하는 교육목적을 달성하기 위하여 다양한 사회적·인적 자원을 동원하는 과업이라고 정의할 수 있다.

사실 사회적 역할 중심 교육과정 개발의 기원은 Bobbitt(1918)라고 보아야 한다. Bobbitt는 교육은 학생의 생활이 아닌 성인 생활의 준비를 위한 것이라고 본 후, 성인의 생활 활동을 분석하여 이를 학생들을 위한 교육과정 구성의 근간으로 삼고자 하였다. 또한 Charters(1923)는 직업 생활 분석을 통해서, Harap(1928)은 성인의 소비 생활 분석을 통해서 교육과정을 개발하였다. 이는 교육과정 개발에서 교과나 학습자보다는 사회에 무게를 둔 교육과정 개발이며, 좀 더 구체적으로 이야기하면 사회적 역할을 충실히 수행할 수 있는 사회 구성원을 길러내는 것을 교육과정 개발의 목적으로 삼았다고 볼 수 있다. 이러한 활동 분석법은 후에 Caswell과 Campbell(1935)이 주창한 사회기능법으로 발전하였다. 사회기능법은 교육과정 조직에서의 범위(scope)는 사회 기능(생활 영역) 중심으로, 계열(sequence)은 학습자 흥미를 중심으로 조직하였다. 또한 사회기능법은 학습자에게 사회의 생활 과정을 이해시키고 이 생활 과정에 학습자들이 적극적으로 참여하게 함으로써 인간의 바람직한 행동양식을 기대하는 교육과정 구성법이다. 이후에도 중핵 교육과정, 직업 준비 교육과정 등 사회적 요구에 부응하고 사회적 역할을 중시하는 교육과정 개발은 계속되었다(Schubert et al, 2002).

그러나 이러한 사회기능법은 아동들의 지식 기능을 소홀이 할 수 있다는 비판과 함께 생활사태를 통한 부분적 경험이 보편적인 인간을 육성하기에 부족하다는 비판을 받은 것도 사실이다.

또한 이러한 연장선상에서 사회적 역할 중심 교육과정도 환경확대법에 따른 학생들의 발달 단계를 고려하여 교육과정을 구성하기 어렵고, 학문중심 및 교과중심의 교육과정에서 주장한 학생들의 지력 개발에 소홀할 수 있다는 지적을 받고 있는 것이 사실이다. 특히 사회과에서 사회과학 분과에 따른 교육과정 구성을 주장하는 사람들은 이러한 사회적 역할 중심 교육과정에 대해 비판적이다.

그러나 앞에서 탐색한 것과 같이 사회적 역할 중심 교육과정은 사회과에 대한 학생들의 인식을 긍정적으로 변화시킬 수 있고, 학생들의 적극적인 참여를 유도해 낼 수 있다. 교사들이 무엇을 가르치고 또 어떻게 가르쳐야 하는지를 결정하는 데 유용한 틀로 활용될 수 있으며, 사회적 역할들은 학생 발달 단계와 연결되어 사회과 교육에서 교육과정 내용과 학습 활동을 조직하는 데 구체적인 기초들을 제공할 수 있다. 또한 사회과 교육과정에서 모든 사회과학의 효과적인 활용과 과학과 언어 영역과 같은 다른 학문 영역들이 사회과 교육에 중요한 기여를 할 수 있는 틀을 제공한다는 강점을 가지고 있다. 아울러 앞의 사회기능법이 가진 약점인 부분적 경험의 통합, 성인생활에 초점을 맞춘 교육과정 설계라는 비판을 극복할 수 있는 교육과정이다. 이는 비록 사회적 역할 중심 교육과정이 사회기능법에 기원을 두고 있으나, 인간의 전 생애를 통한 사회적 역할 추출과 사회과학의 제 학문 영역과 타 학문 영역에 대한 통합적 관점을 이끌고 있기 때문이다.

본 장에서는 여러 교육과정 개발 모형 중 대표적인 체계적 모형이며, 귀납적 모형인 Taba(1962)의 모형을 모체로 사회적 역할 중심 교육과정 개발을 위한 기본 절차와 고려 사항을 살펴봄으로써 사회적 역할 중심 교육과정 개발 전략을 탐색하고자 한다.

Taba의 귀납적 교육과정 개발 모형은 대표적인 교사 참여 교육과정 개발 모형으로 사회적 역할 중심 교육과정의 개발은 사회적 역할에 대한 사회적 합의가 가장 우선되어야 하나, 이러한 사회적 역할을 구체적으로 교수·학습을 통해서 실현해낼 수 있는 교사들의 역할을 강조하는 교육과정이기 때문에 Taba의 교육과정 개발 모형과 부합하는 면이 많다. 이러한 Taba의 교육과정 개발 모형에 입각하여 사회적 역할 중심 교육과정 개발의 절차와 고려사항을 제시하면 다음과 같다.

첫째, 요구분석(needs assessment)[5]이 필요하다. 요구분석은 앞에서 언급한 것과 같이 Tyler(1949), Taba(1962), Gagne(1979) Oliva(1992) 등의 교육과정 개발 절차에서 출발점이었다. Reynolds와 Skilbeck-(1976)은 학교 교육과정 개발에서 요구 분석을 상황 분석으로 보고 이러한 상황 분석에는 학교의 외적 요인과 내적 요인 등 다양한 요인들이 포함되어야 한다고 지적하였다. 따라서 사회적 역할 중심에 의한 교육과정 개발에서도 위에서 지적한 일곱 가지의 사회적 역할에 대한 요구 분석이 필요한 것이다. 즉, 일곱 가지 사회적 역할에 대해 가장 바람직한 상태(what should be)와 현재 상태(what is)의 차이를 분석하는 과정을 거쳐야 한다. 그러기 위해서는 교육계뿐만 아니라 사회 제영역의 구성원들에 대한 요구 분석을 실시하는 것이 교육과정 개발의 출발점이 될 것이다.

둘째, 다음 단계는 교육목적의 설정이다. 사실 교육목적은 그 추

---

5) 요구분석은 needs assessment(요구사정), needs analysis(요구분석), front-end analysis (선두분석), Discrepancy analysis(불일치 분석) 등 다양한 용어로 불리고 있다. 그러나 본 연구에서는 Sleeze(1992), Rodriguer(1988), 최정임(2002)의 견해를 바탕으로 요구 분석 (needs analysis)과 요구 사정(needs assessment)을 같은 의미로 이해하여 요구 분석이 라는 용어로 통칭한다.

상성으로 인하여 교육과정 개발에서 항상 논란의 대상이 되었다. 즉, 교육목적이 추상적이어서 교육목적 달성 여부를 파악하는 것이 불가능하다는 비판이 그것이다. 따라서 사회적 역할 중심 교육과정 개발에서는 국가 수준의 교육목적 또는 교육목표 외에 명시적인 사회과 교육의 목표를 설정하는 것이 바람직하다. 즉, 일곱 가지의 사회적 역할을 수행하기 위해 학습자가 성취해야 하는 교육목표를 세분하여 제시할 필요가 있다는 것이다.

셋째, 교육내용의 선정이다. 교육목표가 설정되면 그러한 교육목표를 달성하기 위한 교육내용의 선정이 중요하다. 따라서 일반적인 교육내용 선정의 준거에 비추어 사회적 역할 중심 교육과정 개발에서는 '교육과정 내용의 선정을 위해 선정된 내용이 사회적 역할 중심 교육과정의 목표를 달성하기에 타당한가?', '사회적으로 보편 타당한 것인가?', '사회의 공동의 선(common goods)에 부합하는가?', '사회적 역할 중심 교육의 목표를 달성하기에 다른 내용보다 중요한가?', '교사는 현실의 상황에서 이러한 내용을 가르칠 수 있는가?, 학습자는 선정된 내용을 학습할 가능성이 있는가?' 등에 대한 준거를 충족해야 한다.

넷째, 내용의 조직이다. 교사는 내용을 선정하는 것만 아니라, 그것을 학생들의 성숙과 그들의 학문적 성취와 흥미를 고려하면서 계열화해야 한다. 교육과정 내용 조직에서는 수직적 측면의 계열성과 계속성(continuity) 및 수평적 측면의 범위와 통합성(integration)을 고려해야 한다. 따라서 사회적 역할 중심의 교육과정 내용을 학년에 따라 어떠한 계열로 배열할 것인지, 어느 정도 반복해서 제시할 것인지, 제한된 시간, 제한된 공간 속에서 어떠한 범위로 조직하는 것이 효율적인지, 학습자에게 통합된 경험을 제공하기 위하여 어떻게 조직하는 것이 효과적인지에 대한 충분한 검토가 있어야 한다.

다섯째, 학습경험의 선정이다. Taba(1962)는 교육과정이 내용과 학생들의 학습내용에 대한 정신 작용인 학습경험으로 구성된다고 전제한 후, 실제의 학습 활동에서 두 요소가 부단히 상호작용하고 있지만, 학습경험이 없이는 내용 취급이 불가능하기 때문에 학습경험의 선정을 위해서 많은 숙고가 필요하다고 지적하고 있다. 따라서 학습경험을 선정할 때는 학습자를 참여시켜 내용을 고려하면서도 학습자의 흥미에 부합하는 수업 방법의 선정이 중요하다.

여섯째, 학습 활동의 조직이다. 학습내용이 계열화되고 조직화되듯이 학습 활동도 계열화되고 조직화되어야 한다. 학습활동의 계열은 학습내용에 따라 결정되는 것이 일반적이다. 그러나 이러한 내용 외에 교사는 자신이 가르치는 학생들의 준비도, 흥미도 등을 고려하여 조직할 필요가 있다.

일곱째, 평가의 내용과 방법의 결정이다. 교육과정 개발자는 목표가 성취되었는지를 평가할 필요가 있다. Taba(1962)는 교육과정은 본질적으로 학생의 학습을 조력하기 위한 계획이므로, 모든 평가는 궁극적으로 학습 효과의 준거로 사용된다고 보았다. 이러한 목적을 달성하기 위하여 사용할 수 있는 평가의 준거는 목적과의 일치, 포괄성, 충분한 진단검사, 타당성, 평가적 판단의 통합, 계속성 등이다. 이는 평가가 단순히 학습자의 학습 결과를 평가하는 것이 아닌 학습 계획이나 방법에 대한 평가도 포괄해야 함을 의미한다. 따라서 교육과정 개발자는 교육과정 개발부터 평가에 대한

체계적인 계획을 입안하고 있어야 하며, 최적의 평가 내용이 무엇
이며, 이러한 내용을 평가하기 위한 최적의 방법이 무엇인지에 대
한 고려가 있어야 한다.

V. 요약 및 결론

　사회과 교육의 목적이 학생들에게 필요한 시민적 자질을 길러주
는 것이라면 오늘날과 같이 급속한 사회 변화에서 과연 바람직한
자질은 무엇이며 어떻게 길러줄 것인가 하는 것은 사회과 교육의
기본적이고 핵심적인 과제라 할 수 있다. 또한 사회나 국가가 처
한 상황에 따라 그 사회에서 요구되는 시민적 자질을 규명하고 그
러한 자질을 함양시키기 위한 교육과정 설계는 비단 사회과만의
과제는 아닐 것이다.

　교육과정이란 '무엇을 가르치고 배울 것인가?'에 대한 물음에 진
지하게 대답해야 하는 영역이다. 따라서 사회과 교육과정은 시민적
자질 함양을 위해 교사는 무엇을 가르치고 학생은 무엇을 배워야
하는가에 대한 질문에 대답하는 것이다.

　본 연구는 사회과 교육의 목적인 시민적 자질에 대한 해석은 다
양할 수 있으나, 그 사회의 구성원으로서 충실한 역할 수행을 위
한 것이 되어야 한다는 전제하에 사회적 역할 중심 사회과 교육과
정 개발 전략을 탐색해보고자 시도되었다.

　이러한 목적을 달성하고자 이 글에서는 현대와 같은 지식기반사

회에서 필요한 지식, 그러한 지식에 따라 사회 구성원으로서 갖추
어야 할 핵심역량, 핵심역량 함양을 위한 사회과 교육과정으로서의
새로운 대안이라고 볼 수 있는 사회적 역할 중심 교육과정의 등장
배경과 주요 내용 및 특징, 그리고 사회적 역할 중심 사회과 교육
과정 개발의 절차와 고려 사항에 대하여 탐색하였다. 이러한 연구
내용을 요약하면 다음과 같다.

첫째, 현대와 같은 지식기반사회에서는 개인의 능동적인 삶과
유리된 책속의 지식이 아니라 개인의 삶을 풍요롭고 윤택하게 할
수 있는 실용적이고 살아있는 지식을 가르쳐야 한다. 이러한 지식
이 사회의 구성원으로서 개인에게 주어진 역할을 충실히 수행하면
서 동시에 자아실현을 이루는 데 필요한 지식이기 때문이다. 또한
이러한 지식관의 변화는 현대사회에 필요한 핵심역량을 규명하려
는 노력으로 이어졌는데, 각국은 현대 사회의 특성과 각국의 특성
을 반영하여 핵심 역량을 규명하고 이러한 핵심역량 함양을 위한
교육과정 설계를 꾀하고 있는 것으로 나타났다. 즉, 지식기반사회
에서는 과거와는 다른 새로운 지식을 요구하고, 이러한 지식은 과
거와 같은 특정 내용중심의 학교교육으로는 습득될 수 없다는 가
정은 학교교육과정에 대한 변화의 주장을 이끌게 되었다. 이러한
주장의 공통점은 학교교육이 그동안 내용중심에 치우쳐 있었으며,
이러한 교육으로는 지식기반사회에서 요구하는 능동적인 창조인을
육성하기에 부족하다는 것이다(한국직업능력개발원 역, 1999; 김성
재, 1999; Spender, 2001; Le, 2001; Wilson, 2001).

둘째, 지식기반사회에 대응하는 교육과정의 변화에 대한 움직임
은 사회과 교육에도 영향을 미쳐 사회과 교육과정 개발의 새로운

대안으로 사회적 역할 중심 교육과정을 태동시켰다. 사회적 역할 중심 교육과정은 대부분의 인간이 사회생활에서 겪게 되는 7가지의 사회적 역할 즉, 시민, 근로자, 소비자, 친구, 사회집단의 구성원, 그리고 자아로서의 사회적 역할 수행을 원만하게 수행하기 위한 교육과정 설계이다. 이러한 사회적 역할 중심 교육과정 설계 시도는 그 동안 사회과 교육의 변화라고 볼 수 있는 신사회과 운동, 반성적 탐구, 의사결정능력을 육성하려는 노력, 가치 교육의 강화, 기본 교육의 강화 등이 사회과 교육의 부분적 변화를 이끌어내기는 하였으나, 지식기반사회에서 시민적 자질 함양이라는 대전제를 충족시키기에는 부족하였다는 인식을 주었다. 이것은 시민적 자질이란 특정 영역 내지 내용을 신장시키는 것이 아닌 인간의 삶 전체를 조망하는 통합적 관점에서 이루어져야 한다는 반성에 기인한 것이다.

셋째, 사회적 역할 중심 교육과정 개발은 구체적 절차나 내용에 대한 선행연구가 부족한 편이다. 그러나 교육과정 개발의 여러 모형의 주요 절차나 내용을 종합하여 본 연구에서는 Taba(1962)의 귀납적 교육과정 개발 모형을 모체로 하여 교육과정 개발의 절차와 고려 사항을 탐색하였다. 이 글에서는 사회적 역할에 대한 요구분석(needs assesment), 교육목표의 설정, 교육 내용의 선정과 조직, 학습 경험의 선정, 학습 활동의 조직, 평가의 내용과 방법 결정이라는 절차 제시가 필요하며, 각각의 절차에 따라 폭넓은 고려가 필요함을 밝혔다.

사회적 역할 중심 교육과정은 그 필요성에도 불구하고 우리나라 현실에서는 상당히 접목시키기 어려운 부분이 있다. 그것은 우리나라 교육과정의 경우 필수교과로 지정된 교과가 과다하고, 교과간 통합적 교육과정 운영도 미비한 실정이기 때문이다. 그러나 분과적 성격의 교과라는 틀만으로 지식기반사회의 요구를 능동적으로 교육과정에 반영하기에는 한계가 있다. 이러한 인식으로 이미 영국 국가교육과정에서는 '핵심 기능(core skill)'이나 '범교육과정(cross - curriculum)'에 대한 논의가 있었고, 호주 연방수준에서는 일찍이 제시한 '핵심 학습 영역(KLA: Key Learning Areas)' 혹은 이것에서 더 나아가 일부 주에서 최근 시도하고 있는 '뉴베이직(new basics)'이나 '필수 학습 기준(essential learning standards)' 중심의 새로운 교육과정 설계는 이러한 관심사를 반영한다(소경희, 2006: 49). 따라서 사회과 교육과정 개발에서도 현대 사회를 살아가는 데 필요한 핵심역량과 이러한 핵심역량의 함양을 통한 사회적 역할 수행을 위한 교육과정 개발로의 전환이 필요하며, 그러기 위해서 다음과 같은 세 가지의 노력이 필요하다고 볼 수 있다.

첫째, 앞에서도 논의한 것과 같이 사회적 역할 수행을 위해 필요한 핵심역량은 그 국가가 처한 상황에 따라 다르기 때문에 모든 국가를 막론하고 공통적으로 필요한 역량과 그 국가가 독특하게 더 필요로 하는 역량을 규명할 필요가 있다. 따라서 세계화 시대에 필요한 국제적 기준(global standards)에 입각한 핵심역량 규명과 우리 사회의 특수성을 감안한 핵심역량을 규명하려는 노력이 선행되어야 한다.

둘째, 현행 사회과 교육의 분절적 교육과정 설계를 개선할 필요가 있다. 현행 사회과 교육과정은 통합 교육과정임에도 불구하고 그 설계나 내용 구성, 학년간 구성 요소 등에 있어서 통합 교육과정을 운영하는 데 어려움을 가질 수 밖에 없다. 따라서 사회과 교육과정이 통합적 교육과정으로 기능하게 하기 위한 교육과정 설계와 구성의 변화가 필요하며 사회과 교과 외에 다른 교과와의 통합적 설계 노력도 확대되어야 한다.

셋째, 교사의 교육과정 재구성에 대한 노력이 병행되어야 한다. 현재와 같이 국가수준의 교육과정과 그에 따른 교과용 도서를 금과옥조로 여기는 풍토에서는 교육과정의 다양성과 현장성 그리고 실용성을 기대하기 어렵다. 비록 우리나라의 경우 국가수준의 교육과정이 개발되어 보급되고 있지만, 교육과정 재구성에 대한 여지는 충분히 있다. 왜냐하면 국가수준의 교육과정은 본질적으로 교사가 반드시 가르쳐야 하는 내용을 규정한 것으로, 그 외의 내용은 사회의 요구, 학습자의 요구, 지역 사회의 특성, 학교의 여건 등을 고려하여 확대·강화하거나 축소·약화하는 등의 교육과정 재구성이 가능하기 때문이다.

우리나라의 경우 교육 내용 선정에 관하여 제한된 의미에서의 자율성을 허용하지만, 교과 교육과정의 운영, 즉 교과 내용 전개 상황에서의 재구성에 대해서는 보다 적극적인 자율성을 허용하고 있다(교육부, 1997). 따라서 현행의 교육과정 체제에서 사회적 역할 수행을 위한 사회과 교육과정이 되기 위해서는 교사의 교육과정 재구성에 대한 전문성을 신장시킬 필요가 있다.

[참고문헌]

교육부(1997). 초・중등학교교육과정 – 국민 공통 기본 교육 과정. 교육
　　부 고시 제1997 – 15[별책]. 대한교과서주식회사

김경모(1997). 학교경제교육의 범위(scope)와 계열(sequence)문제: 문제점
　　과 대안모색. 사회와 교육. 24. 119 – 135.

_____(2000). 사회적 역할 모형에 근거한 경제교육과정의 시안 연구.
　　경제교육. 9(2). 48 – 75.

_____(2004). 사회적 역할과 연계한 학교경제교육의 내용 선정과 조직
　　방안. 경제학연구. 52(4). 141 – 166.

김경모・전창완(2006), 사회적 역할 모형에 기초한 경제교육과정의 내
　　용 체계. 사회과교육연구. 13(2). 273 – 299.

김성재(1999). 교육개혁에 대한 발상의 대전환: 하나의 세계체제와 지식
　　기반사회의 도래. 21세기 지식기반사회를 대비한 국가 발전 전
　　략과 교육개혁. 대통령자문 새교육공동체. 교육개혁 대토론회.

박현주(2005). 교육과정 개발의 모형과 실제. 교육과학사.

서재천(2004). 초등 사회과교육. 유천.

소경희(2006). 학교지식의 변화요구에 따른 대안적 교육과정 설계방향
　　탐색. 교육과정연구. 24(3), 39 – 59.

소경희・이화진(2001). 지식기반사회에서의 학교교육과정 구성을 위한
　　기초 연구(Ⅱ). 연구보고 RRC 2001 – 12, 한국교육과정평가원.

이경섭(1999). 교육과정 쟁점 연구. 교육과학사.

이귀윤(1996). 교육과정 연구: 과제와 전망. 교육과학사.

임성호(1998). 다원주의 비판과 인간중심주의적 통치 원리. 오토피아,
　　13(1). 경희대학교 출판국.

최병모(1997), 사회과교육에서의 초・중・고등학교 경제교육 내용구성
　　을 위한 연구. 경제교육. 6(1). 20 – 54.

한국직업능력개발원 역(1999). 지식기반사회의 교육 – 독일 교육부의 델
　　파이 조사 보고서. 연구자료 99 – 3, 한국직업능력개발원.

한준상·김종량·김명희 역(2001). 교육과정 논쟁: 교육과정의 사회학. 집문당.

허경철·강창동·소경희(2000). 지식기반사회에서의 학교교육과정 구성을 위한 기초 연구(Ⅰ). 연구보고 RRC 2000 - 10, 한국교육과정평가원.

홍후조·백경선(2004). 교육과정학의 정체성 확립을 위한 탐구 영역의 규명과 그 정당화(Ⅱ): 교육과정 결정의 '세' 요인을 중심으로. 교육과정연구. 22(4), 27 - 48.

Apple, M. W.(1979). *Ideology and Curriculum*. London: Routledge and Kagan Paul.

Bobbitt, F.(1918). *The Curriculum*. Boston: Houghton Mifflin.

_____ (1926). *Curriculum Investigations*. Chicago: University of Chicago Press.

Brameld, T.(1955). *Philosophies of Education in cultural Perspective*. New York: Holt, Rinehart and Winston.

Caswell, H. L., & Campbell.(1935). *Curriculum Development*. New York: American Book Company.

Charters, W. W.(1923). *Curriculum Construction*. New York: Macmillan.

Counts, G. S.(1932). *Dare the School Build a New Social Order?*. New York: John Day.

Dewey, J.(1899). *The School and Society*. Chicago: University of Chicago Press.

_____ (1902). *The Child and the Curriculum*. Chicago: University of Chicago Press.

Freire, P.(1973). *Education for critical Consciousness*. New York: Seabury Press.

Gagne, R. M., &Briggs, L. J.(1979). *Principles of Instructional Design*. New York: Holt, Rinehart and winston.

Giroux, H. A.(1983). *Theory and Resistance in Education: A Pedagogy for the Opposition*. South Hadley, MA: Bergin and Garvey.

Harap, H.(1928). *The Technique of Curriculum Making*. New York:

Macmillan.

Hertzberg, Hazel W.(1981). *Social Studies Reform 1880 – 1980*. SSEC Publications.

Morrissett, I., Hawke, S., & Superka, D. P.(1980a), *Six Problems for Social Studies in the 1980s.* Social Education, November/December, 561 – 569.

_____(1980b), *Recommendations for Improving Social Studies in the 1980s.* Social Education, November/December, 570 – 576.

Le, T.(2001). "What kind of Curriculum for Our Young People?" Paper Presented in 2001 Curriculum Corporation 8th National Conference, Sydney.

Longstreet, W. S., & Shane, H. G.(1993). *Curriculum for the new Millennium.* Boston: Allyn & Bacon.

Mager, R. F.(1962). *Preparing instructional Objectives.* Palo Alto, CA: Fearon.

_____(1973). *Measuring Instructional Intent.* CA: Fearon Publishers.

New Zealand Ministry of Education(2006). *The New Zealand Curriculum Framework.* http://www.tki.org.nz/r/governance/nzcf/index_e.php.

OECD(2005). *Definition and Section of Key Competencies(Executive Summary).* http://www.oecd.org/dataoecd/47/61/35070367.pdf.

Oliva, P. F.(1992). *Developing the Curriculum(3rd ed).* New York: Harper Collins.

Reynolds, J., & Skilbeck, M.(1976). *Culture in the Classroom.* London: Open Books.

Rychen, D. S., & Salganik, L. H.(2000). *A Contribution of the OECD Program: Definition and Section of Key Competencies: Theoretical and Conceptual Foundations.* http://www.portal – stat.admin.ch/deseco/rychen – hersch.pdf

Schubert, W. H., Lopez Schubert,. L., Thomas, T. P, Carrooll, W. M.(2002). *Curriculum Books: The first Hundred Years.*(2nd ed). New

York: Peter Lang Publishing, Inc.

Schwab, J. J.(1969). The Practical: A Language for Curriculum. *School Review* 77, 1 – 23.

Spender, D.(2001). "What kind of Curriculum for Our Nation?" Paper Presented in 2001 Curriculum Corporation 8th National Conference, Sydney.

Stratemeyer, F. B., Forkner, H. L., & Mckim, M. G.(1947). *Developing a Curriculum For Modern Living.* New York: Bureau of Publication, Teachers College, Columbia University.

Superka. D. P. & Hawke. S.(1982). *Social role: A focus for Social studies in the 1980s.* Social Education. November/December.

Taba, H.(1962). *Curriculum Development: Theory and Practice.* New York: Harcourt, Brace & World, Inc.

Tyler, R. W.(1949). *Basic Principles of Curriculum and Instruction.* Chicago : University of Chicago Press.

Wilson, B.(2001). "Closing Remarks". Paper Presented in 2001 Curriculum Corporation 8th National Conference, Sydney.

제3장

제7차 교육과정에 의한 초등 사회과 교과용도서의
현장 타당도 분석·평가 연구

Ⅰ. 서론

1997년 12월 30일자로 제7차 교육과정이 고시된 이후 숱한 논의를 거치며 초등학교 전학년에 걸쳐 제7차 교육과정이 적용되어 시행되고 있다.

제7차 교육과정에 의한 교과용도서[1] 개발의 기본 방향은 학생의 자기 주도적 능력과 창의성 신장에 적합한 다양하고 질 높은 교과서를 편찬하는데 있다. 따라서 '자율과 창의에 바탕을 둔 학생 중심 교육과정'을 표방하는 제7차 교육과정에 의해 개발·보급되는 교과서는 금과옥조형의 교과서, 단편적 지식 중심의 교과서를 지양

이 장의 내용은 『사회과교육연구』제11권 1호(2004)에 실린 '제7차 교육과정에 의한 초등 사회과 교과용도서의 현장 타당도 분석·평가 연구'를 일부 수정한 것입니다.

1) 교과용도서란 교과용도서에 관한 규정에 교과서 및 지도서를 말한다. 교과서라 함은 학교에서 학생들의 교육을 위하여 사용되는 학생용의 서책·음반·영상 및 전자저작물 등을 말하며, 지도서라 함은 학교에서 학생들의 교육을 위하여 사용되는 교사용의 서책·음반·영상 및 전자저작물 등을 말한다.

하고 핵심적인 학습 자료로서의 교과서, 교육과정 중심의 학교 교육에 적합한 교과서, 창의력과 사고력을 중시하는 교과서로 교과서관을 전환할 것을 요구하고 있다. 또한 교사용 지도서 역시 과거의 교과서를 풀이하고 교수·학습 과정안을 획일적으로 담아내고 있던 교사용 지도서에서 교수·학습 방법을 탐구하고 활동적인 아이디어를 담고 있는 교사용 지도서로의 변환을 시도하였다.

교육과정이 전개되는 교실에서 교과용도서는 가장 핵심적인 교육과정 실현의 수단이다. 국정 도서가 주류를 이루는 초등학교의 현실에 비추어볼 때 교수·학습에서의 교과용도서의 위치는 다른 어떤 학습자료 보다 절대적인 위치에 있다고 할 것이다. 그 이유는 교과용도서가 의도된 교육과정을 전개하는 가장 중요한 매체로 인식되어 있기 때문이다. 그러나 이러한 교과용도서의 위치나 기능에 비해 제7차 교육과정에 기초하여 개발된 교과용도서가 교육과정 개발자와 교과용도서 집필자의 의도대로 현장에서 효율적으로 활용되지 못하고 있는 것이 사실이다.

그렇다면 현장 교사들이 교과용도서 개발자의 의도를 제대로 인식하지 못하여 교과용도서 활용이 바르게 전개되지 못하고 있는 것인지, 아니면 현장의 요구를 올바로 수용하여 교과용도서를 편찬하지 못했는지에 대한 의문이 생기는 것은 당연한 것일 것이다.

또한 제6차 교육과정까지는 교육과정이 한번 고시되면 교육과정이 개정되기 전까지는 어떠한 수정을 할 수 없는 체제였다.

그러나 제7차 교육과정은 수시 고시를 원칙으로 하고 있다. 따라서 교육 현장의 변화와 교육과정의 현장 타당도에 문제가 발생할 경우 언제든지 수정 고시가 가능하다. 따라서 이러한 교육과정에 기초한 교과용도서 역시 탄력적으로 변화할 수 있음을 의미한다.

본 연구는 탄력적 변화를 가능하게 한 제7차 교육과정에 의한 사회과 교과용도서의 현장 타당도 분석이 교육현장의 현실과 요구를 실질적으로 교과용도서의 개선과 수정에 도움을 줄 수 있다는 전제에서 출발하였다.

먼저 문헌연구를 통하여 교과서 관련 이론적 배경을 고찰하고, 제7차 교육과정에 의거한 초등학교 사회과 교과용도서의 현장 교사 만족도를 조사 · 분석하여 교과서 정책과 제7차 교육과정에 의해 개발된 교과용도서의 개선방안을 모색하고자 한다.

Ⅱ. 이론적 배경

1. 교과서의 개념과 성격

가. 교과서의 개념

법률에 따르면 교과서는 교과용도서로 일컬어지며 각 교과의 수업 중에 사용되는 도서를 의미한다. 현행 초 · 중등 교육법도 대학을 제외한 각 학교에서는 국가가 저작권을 가지고 있거나 교육인적자원부 장관이 검정 또는 인정한 교과용도서를 사용하여야한다. (제 29조 제 1항)라고 규정하고 있다. 또한 교과용도서에 관한 규정 제2조에서는 "교과용도서"란 교과서 · 지도서를 말한다. '교과

서'란 학교에서 학생들의 교육을 위하여 사용되는 학생용의 서
책·음반·영상 및 전자 저작물 등을 의미하며, '지도서'란 학교에
서 학생들의 교육을 위하여 사용되는 교사용의 서책·음반·영상
및 전자저작물 등으로 규정하고 있다.

　　오늘날 공교육 체제를 유지하는 대부분의 나라들은 교과서를 유
상 또는 무상으로 제공하고 있다. 교과서는 교육과정을 실현한 교
재임과 동시에 학습자의 학습자료로 사용된다. 물론, 각급 학교마
다 이수토록 하는 교과목의 운영에서 교과서의 사용이 반드시 필
요한 것은 아니다. 그러나 학생들이 수업의 상황에서 학습하기 위
한 조직된 내용이 있어야 한다면, 교과서는 어떤 형태로든 존재해
야 한다고 말할 수 있다(한국교육개발원, 1986).

　　그러므로 교과서에는 명시적 교육과정의 목적과 목표가 담겨 있
어야 한다(Brunswic et al, 1990). 즉 교과서는 학교에서 교사가 가
르치고 학생이 배워야 할 내용을 담은 책으로 공중에 의해 그 내
용의 가치가 인정되어야 한다. 여기에서 공중이란 공권력을 소유한
국가 기관이나 지방자치단체가 대행하며 사회의 통념과 상식 그리
고 대중의 여론에 의해 이루어질 수 있다(곽병선·이혜영, 1986).

나. 교과서의 성격

　　공중에 의해 내용상의 가치가 인정된 교과서는 피상적으로는 이
해될 수 있지만 공중의 협의가 쉽게 이루어지지는 않는다. 즉 가
르치고 배울 가치가 있는 내용의 기준이 무엇인가에 대해서는 시
대적·사회적 상황에 따라 변하므로 일정한 형태를 단정하기는 어

렵다. 교과서에 대한 성격은 다양하게 규정되는데 그 중 몇 가지를 살펴보면 다음과 같다.

- 교과서란 어느 한 사회나 국가의 이념이나 교육 목적을 달성하기 위해 교육과정의 기본 정신에 알맞게 편집된 학습자료로서 학생용 도서이다(한국교육개발원, 1979).
- 교과서란 각 교재가 지니는 지식과 경험의 체계를 쉽게 그리고 명확하고 간결하게 편집해서 학교의 학생들이 학습의 기본자료로 활용할 수 있도록 제작한 교재이다(교육학사전 편찬 위원회, 1972).
- 교과서는 교육과정의 정신과 내용을 구체화해 놓은 책으로 교육과정의 목표 및 내용을 학생의 발달수준에 알맞게 풀이하고 편집한 도서이다(김종서, 1980).

이상의 정의를 종합해 볼 때, 교과서는 교육과정[2]에 의거해 학생에게 알맞은 내용을 편집한 도서라고 할 수 있다.

2. 교과서의 기능

교과서는 교육과정의 목표를 달성하기 위해 학생 수준을 고려하여 편집해 놓은 하나의 도구로서 학생들에게 전해야 할 지식을 일정한 계열과 순서에 따라 제시해야 한다. 아울러 학습 효과를 보다 더 높이기 위해 그 내용들은 시간, 순서, 원인과 결과, 중요성,

---

[2] 국가 수준의 교육과정을 말하며, 국가 및 사회가 학생들에게 어떤 목적을 위해 무엇을 가르칠 것인지에 대한 일련의 의사 결정을 해 놓은 문서를 말한다(곽병선, 1985).

유사성과 차이점 등의 관계를 가지고 명확하게 설명해 놓아야 한다(조경자, 1999). 이는 교과서가 학생들이 배워야 할 내용을 선택하고 단순화하여 배우기 쉬운 형태로 제시해 줌으로써 교사의 교육활동을 도울 뿐 아니라, 학생이 교과서를 스스로 이해하고 문제를 푸는 활동을 통해서 자발적인 학습이 일어나도록 도와야 한다는 것이다.

교과서의 기능 역시 개념이나 성격처럼 합의된 정의가 존재하지는 않는다. 예를 들어 김용화(1990)는 교과서의 기능을 학습동기 유발의 기능, 학습의 기본요소 제시 기능, 탐구과정의 유도 기능, 자료의 제시 기능, 학습 및 학습자료의 제시 기능 등을 들고 있다.

이와 함께 김재복(1987)은 교과서의 기능으로 학습내용의 제시 기능, 탐구과정의 유도 기능, 학습자료의 제시 기능, 학습동기의 유발 기능, 연습문제 및 탐구과제의 제시 기능을 갖는다고 보았다. 이 외에 교과서를 개념형, 탐구형, 자료집형, 문제집형으로 구분하는 경우도 있으나 교과서는 이러한 모든 기능을 갖는다고 보는 것이 보다 합리적일 것이다.

김정호 등(1998)은 제7차 교과서 모형 개발 연구에서 교과서의 기능을 크게 두 가지, 즉 교수·학습 과정의 선도 기능과 세계 인식의 안내 기능으로 제시하였다. 그러나 김정호 등이 제시한 교과서의 기능은 지나치게 단순한 면이 없지 않다. 교과서가 단지 교수·학습을 선도하고 세계 인식을 안내한다면, 구태여 국가 수준의 교육과정과 교과서 개발의 필요가 없을 것이다. 김정호 등의 교과서 기능은 단지 교과서의 내용 측면에만 중점을 둔 것이고, 교과서가 지향해야 할 방법적인 측면에 대한 검토는 부족한 듯 보인다. 따라서 교과서의 기능을 논의할 때에는 내용적 측면과 함께 방법적 측면을 아우르는 범주가 필요하다. 즉 교육을 구성하는 실제 세계, 학문(교과), 교수자, 학습자를 고려하여 다음과 같은 교과서의 기능을 고려해야 할 것이다.

가. 실제 세계와의 연결 기능

교육은 현실을 학습자에게 전달하는 기능을 가지고 있다. 그 현실이 어떤 것인가에 대한 합의는 교육과정이라는 문서를 통해 나타나지만, 교육과정 자체도 현실을 반영하는 것이므로 학습자는 교과서를 통해 현실을 학습한다. 그러나 현실은 교과서에서 있는 그대로 제시되지 않는다. 현실에 있는 모든 현상이 교과서 속에 담길 필요도 없다. 현실의 현상을 학습자 수준에 맞게 재구성하고, 학습자가 이해하기에 쉬운 내용을 선별하여 구성해야 할 책무가 교과서 제작자에게는 있다. 현실을 반영하면서도 학습자를 위해 재구성하는 것은 결국 교과서가 책임져야 할 부분인 것이다.

학습자의 측면에서 교과서는 학습자가 살아갈 세상에 대한 인식의 바탕을 제공한다(The Texas Education Agency, 1987). 인식의 바탕이 되는 세계관은 현실에 대한 정확한 인식과 함께, 올바른 판단 방법에 의해 구성된다. 비록 교과서가 판단을 제시할 수는 없지만 근거는 제공할 수 있기 때문에, 교과서는 판단의 근거로 사용될 수 있는 현상을 학습자에게 제공해야 한다(Brunswic and Others, 1990). 결국 현상의 정확한 제시와 그에 근거한 판단 과정에 대한 학습을 위해 교과서는 현실을 반영해야 하는 것이다.

나. 학문 체제와의 연결 기능

각 학문영역은 탐구를 통해 현실을 분석하고 이해하며, 진리를 탐구한다. 이러한 과정에서 형성된 각 학문영역의 독특한 패러다임은 다른 학문과 구별되는 요소로 작용할 뿐만 아니라, 생각하고 판단하는 틀을 형성한다. 각 학문영역은 독특한 패러다임과 함께 독특한 탐구 방법을 가지고 있다. 학문이 형성되면서부터 지금까지 학문영역에 종사한 학자들에 의해 형성된 독특한 탐구방법은 학문마다 다르지만 궁극적 진리에의 통로가 된다. 학교에서 가르치는 교과는 이러한 학문영역의 패러다임과 탐구방법에 따라 구성된다.

각 학문이 가지는 영역은 현실의 단순한 반영이 아니다. 각 학문은 현실을 전체로서 포괄하지만 그 학문이 가지고 있는 관점에 의해 현실을 바라본다. 이러한 측면에서 본다면 관점에 대한 교육과 관점을 교육하는 것, 이 두 가지는 교과서가 담고 있어야 할 부분이다.

결국 학교에서 가르치는 교과는 각 학문영역이 제시하는 관점을 제공하는 것이며, 학문영역의 탐구방법을 제공하기도 한다. 이러한 측면에서 본다면 교과서는 학문의 체제와 연결되어야 하며, 그 수단으로서 학문적 내용과 학문적 방법을 함께 가지고 있어야 한다 (Koh, 1992).

다. 교수·방법과의 연결 기능

교사에 대한 관점은 교육이 어떤 것을 추구하는가에 따라 달라져왔다. 이를 교육관이라고 한다면, 전통적 교육관에서 교육은 사회체제의 전달과 유지 기능을 담당했다고 볼 수 있다. 즉 가르쳐 야할 필요가 있는 내용의 목록을 교사가 학습자에게 전달하는 것 이 교육이었다. 이러한 교육관에서 교사는 그 학문분야나 교과영역 의 전문가의 역할을 하면 교사로서의 임무를 완수한 것이었다. 즉 선별된 지식을 얼마나 잘 전수할 수 있는가가 교사로서의 자질이 되었으며, 교사에 대한 평가 역시 지식의 양과 전수 기능에 따라 달라졌다.

근래 들어 교사에 대한 관점이 바뀌고 있다. 즉 교수·학습의 주도자적 역할을 학습자가 담당하고, 교사는 안내자와 촉진자, 상 담자로서 기능해야 한다는 것이다. 이러한 교사의 기능 변화는 교 수 방법에서의 변화를 유발시켰다. 즉, 내용 요약이나 부연 설명의 기능이 전부였던 교사의 교수 방법에서 학습자가 학습해나가는 과 정을 도와주고 촉진하며, 과정상의 문제점에 대한 상담적 기능이 교사에게 필요해졌다.

이와 함께, 교육 환경에 대한 진지한 고려 역시 교육내용의 선 별에 영향을 끼친다. 제한된 물리적 환경은 모든 내용을 포괄하여 가르칠 수 없게 만드는 한가지 요인이다. 학교에서 교과목에 배당 된 시간과 사용할 수 있는 학습 자료, 그 밖에 교사의 능력 등은 아무리 실재를 잘 반영하고 학문적 가치가 높더라도 모든 내용을 담을 수 없다는 현실적 제한점으로 작용한다.

결국 교과서는 학교 교육이 '현실적으로' 가능해지도록 하는 주 된 수단이다(English, 1980). 이러한 현실적 수단으로서 교과서는 교사가 다른 교재에서는 도움받기 힘든 교수 방법상의 요소를 포 함하고 있어야 한다. 즉 교과서는 교수를 안내하고, 교육과정에 교수를 제한시키며, 학습 목표에 도달토록 하는 모든 수단을 가지고 있어야 한다(Tyson, 1990)는 것이다. 이런 관점에서 본다면 교과서는 흥미와 동기 유발 기능을 가지고 있어야 하며, 탐구 과정의 유도 기능, 자료의 제시 기능, 교수 학습 방법의 제안 기능을 가지고 있어야 한다.

라. 학습 방법과의 연결 기능

정보통신기술의 발달로 폭증하는 지식과 정보가 우리를 둘러싸고 있는 상황에서 학습자들이 장차 어떤 환경에서 살아갈 것인가 하는 질문에 답하기는 어렵다. 이와 함께 지식이 과연 전달에 의해 형성되는 것인지, Piajet의 의견처럼 인지발달의 단계에 따라 형성되는 것인지, 아니면 Bandura의 의견처럼 모방에 의해 형성되는 것인지, 또는 Vygotsky의 의견처럼 근접발달영역을 확장하면서 형성되는 것인지에 대한 논의도 완결되지 않았다.

이러한 시점에서 우리가 가장 납득할 만한 가정은 지식의 형성 방법은 개인에 따라, 달라질 수 있다는 구성주의적 가정이다. 구성주의적 가정에 따르면 학습자 또는 개인은 객관적인 현상을 주관적으로 인식하여 주관에 따라 재구성한다는 것이다. 이런 관점에서 전통적 교육관은 그 실효성에 의심을 받게 되었다. 즉 전달에 주안점을 두는 교육은 전달자-교사의 편의만을 위한 것이지, 학습자의 필요나 여건에는 관심이 없었다는 비판을 받게 되었다. 이러한 비판에서 벗어나기 위해서는 교수방법 역시 혁신이 필요하다. 즉 교수자를 위한 교수방법이 아니라 학습자를 위한 학습법이 필요한 것이다.

따라서 교과서는 학습자로 하여금 교육내용을 스스로 공부하게
할 수 있어야 하며, 연습문제나 탐구문제 등의 탐구적, 심화적 내
용이 담겨 있어야 한다.

3. 교과서관과 교과서 정책

가. 교과서관

교과서관이란 교과서가 학교 학습에서 차지하는 위치와 역할에
관한 인식이라고 볼 수 있으며, 교과서의 속성을 어떻게 인식하고
활용하는가를 말한다. 과거에는 교과서를 일종의 경전과 같이 유일
한 학습자료로 여기는 닫힌 교과서관이 지배적이었다. 교과서에 담
긴 내용은 오류가 없는 것이기 때문에 누구나 함부로 이리저리 변
경할 수 없고, 모든 학생은 반드시 그 내용을 숙달해야 되는 것으
로 믿고 있었던 것이다. 그러나 이러한 닫힌 교과서관은 시대가
변함에 따라 서서히 열린 교과서관으로 변화하고 있다. 열린 교과
서관은 지금까지 인간이 성취한 문제해결 사례 중에서 본보기가
되는 것만을 가려 뽑은 것이기 때문에 교과서 외의 문제해결 방법
도 받아들일 수 있다는 자세를 보이는 관점이다(곽병선, 이혜영,
1986). 그러나 닫힌 교과서관과 열린 교과서관은 교과서관의 이분
법적 구별이라기보다는 일련의 연속선상의 양극단이라 할 수 있다.
그러므로 '닫힌'과 '열린' 정도는 교과서관의 상대적인 관점인 것

이다. 선진국은 물론 우리 나라의 경우도 최근에는 열린 교과서관
에 근거한 교과서 정책을 실시하고 있다(김정호 외, 1998). 그러나
완전히 열린 교과서관에 의거한 교과서 정책은 먼저 사회적 합의
와 함께 법적, 제도적 장치 마련이 선행되어야 한다. 그러나 닫힌
교과서관에 의존한 교과서 정책은 아직 완전히 개선되지 않았고,
닫힌 교과서관을 해체해야 한다는 합의도 완전히 이루어지지 않았
다. 따라서 현재의 교과서는 닫힌 교과서관과 열린 교과서관의 연
속선상의 한 점에 위치하고 있다고 보는 것이 옳을 것이다.

나. 교과서 정책

교과서 정책이라 하면 한 나라의 교육제도에서 교과서가 실재할
수 있는 양식 즉, 교과서의 발행, 채택, 보급, 활용 및 개정 방식
등 교과서의 존립 양태에 관련된 제반 결정(조경자, 1999)을 말하
며, 교과서 제도란 누가 교과서를 발행할 수 있고, 무엇이 교과서
의 구성 요건이며, 어떻게 교과서가 공급되는가에 관하여 법률이나
관행으로 정한 절차와 요건을 가리킨다(이주연, 2000). 결국 교과
서 정책 및 제도는 교과서를 편찬·발행하는 주체가 누구냐에 따
라, 또는 국가의 관여, 간섭이 어느 정도인가에 따라 크게 자유 발
행제, 인정제, 검정제, 국정제 등으로 구분된다.

자유 발행제나 인정제는 국가의 관여·간섭 없이 민간 출판업자
가 자유롭게 발행한 교과서를 학교가 채택하여 사용하는 제도이며,
검정제는 교과서 편찬과 채택에 있어 교육당국의 인정을 받는 제
도를 말한다.

이에 비하여 국정제는 정부 또는 교육당국이 어떤 형태로든 주체가 되어 편찬·발행하는 제도이다. 따라서 국정제에서 교과서는 국가 혹은 지역정부가 주체가 되어 직접 제작·발행하며, 사용도 의무사항이 되기 때문에 국가 발행제라고 불린다.

다. 교과서관과 교과서 정책의 관계

교과서관은 교과서의 사용에만 관련된 문제가 아니라 교과서의 제작과 정책 모두와 관련된 문제이다. 먼저 교과서 정책과 관련하여 생각해보면 닫힌 교과서관을 우위에 두고 전개되는 교과서 정책은 국정제와 관련하여 생각해볼 수 있다(이주연, 2000). 국정제에서 교과서는 국가 주도로 편찬되며, 다른 교재가 교과서로 사용되는 것은 법률에 의해 엄격히 규제된다.

반대로 열린 교과서관을 우위에 두고 전개되는 교과서 정책은 자유 발행제와 관련하여 생각해 볼 수 있다. 자유 발행제에서 교과서는 누구나 제작할 수 있으며, 교사는 자신의 교육관과 교수방법에 의해 적당하다고 판단되는 교재를 교과서로 활용할 수 있다. 국정제와 자유 발행제의 중간에는 검인정제가 있다. 일반 출판업자가 제작한 교재를 학교에서 사용할 것인지의 여부를 국가의 교과서 당국이 결정하므로 이러한 검인정제는 국정제보다는 자유롭지만 국가 수준에서 합의된 교육과정이 그 핵심 내용을 결정한다는 점에서 자유 발행제보다는 한결 부자유하다. 이러한 교과서관과 교과서 정책간의 관련성에 대해 곽병선·이혜영(1986)은 아래 그림처럼 그 모습을 제시하고 있다.

<교과서관에 따른 교과서 정책 결정 모형>

결정의 수준 ＼ 정책 방법	자유 발행제 ← 검인정제 → 국정제
거시적 ↑ ↓ 미시적	(닫힌 교과서관) · 주어지는 교과서 · 기존의 교과 내용 중시 · 틀에 박힌 인간 (열린 교과서관) · 선택되는 교과서 · 학습 경험 중시 · 창의로운 인간

라. 우리 나라의 교과서 정책과 교육과정

우리 나라의 교과서 정책은 국정제(1종 도서)와 검정제(2종 도서)를 근간으로 하며, 부분적으로 인정 도서의 길을 열어 놓고 있다. '국정도서'인 1종 도서는 교육인적자원부가 편찬한다. 다만, 교육인적자원부장관이 필요하다고 인정하는 국정도서는 연구기관 또는 대학 등에 위탁하여 편찬할 수 있으며(교과용도서에관한규정 제2장 제5조), '검정도서'인 2종 도서는 교육인적자원부장관의 검정을 받은 교과용도서로 학교장에 의해 선정된다.(교과용도서에 관한 규정 제1장 제2조와 제3조). 한편 국정도서·검정도서가 없는 경우 또는 이를 사용하기 곤란하거나 보충할 필요가 있는 경우에 사용하기 위하여 교육인적자원부장관의 인정을 받은 인정도서 제도가 있다(교과용도서에 관한 규정 제1장 제2조). 2001년까지 우리 나라에서는 영어를 제외한 초등학교의 전과목과 중·고등학교의 국어, 도덕 교과에서 국정 도서를 채택하였으나 현재는 영어까지 국정 도서로 채택되었다. 국정 도서 이외의 모든 교과서는 검정 도서를 사용하고 있다. 이렇듯 국정 도서와 검정 도서가 우리 나라 교과서의 주류를 이루고 있는 것은 우리 나라 교과서 정책이 발행 및 심의에 관한 사항을 교육인적자원부가 일률적으로 관장하는 국가주도형의 폐쇄적인 성격을 가지고 있다는 것을 보여준다.

곧 교과서는 교육과정에서 제시한 교육 목표를 실현하기 위한 도구인 것이다(Tulley, 1985). 그러나 교육 현장에서 대부분의 교사들은 교과서를 교육과정과 동일시하여 교육과정에 대한 고려없이 교과서의 교육 내용만을 가르치는 경우가 많다. 결국 교육과정에 유용하고 가치있는 교육 내용을 규정해도 교과서의 교육 내용에 함몰되어 의도된 교육과 실현된 교육 사이에 커다란 간격을 만들고 있는 것이다(Duttweiler, 1988).

4. 각국의 교과서 정책

각국의 교과서 정책은 그 나라가 처한 역사적 맥락을 배경으로 설정된다. 즉 그 나라의 정치체제, 경제사정, 산업발달을 반영하는 포괄적인 교육정책의 틀 속에서 찾아볼 수 있으며, 법 체계 속에 포함되는 경우도 있다. 그러므로 교과서 정책은 고정된 것이 아니라 교육정책의 변동에 따라 변화한다.

각국의 교과서 제도를 살펴보면, 각각 그 나라의 전통과 사회적, 교육적 여건에 따라 자기 나라에 알맞은 한 가지 방식 또는 몇 가지 방식을 병행하면서 교과서를 발행하고 있다. 대체로 유럽이나 미국 등에서는 자유 발행제나 인정제를 실시하는 예가 많고, 중앙집권화가 강한 나라에서는 국정제나 검정제, 또는 양자를 병행하는 경우가 많다(노기호, 1998; 홍웅선 외, 1990; 박도순 외, 2001; English, 1980; Kawakami, 1984; Ruddock, 1992). 간단하게 표로 제시하면 다음과 같다.

<외국의 교과서 정책 비교3)>

정책 국가	저작 · 편집	교과서 심의	채택	공급
일본	규제없음	문부대신이 교과용도서 검정 조사 심의회의 답신을 얻어 민간에서 저작 · 편집된 도서를 검정한다.	공립학교는 소관 교육 위원회에서, 국립이나 사립학교는 학교장이 채택을 결정한다.	의무 교육 단계에서는 문부성이 구입하여 개인에게 무상으로 지급한다.
미국	규제없음	주 또는 지역 교육구가 교과서 선정 위원회의 추천에 의해 선정한다.	합격된 목록 중 교과서 채택 위원회(교사, 학부모, 학생 등이 참여)에서 채택을 결정한다.	교육청 교부 예산으로 학교에서 구입하여 관리하고 학생에게 무상 대여 사용 후 반납하며 오용 파손이 있으면 변상한다.
영국	규제없음	규제 없음	법적으로는 지방교육당국의 권한이지만, 실제로는 학교장에게 위임되어 있다.	공립 초 · 중등학교는 무상으로 대여하며, 사립학교에서는 일괄 구입한다.
프랑스	규제없음	공립 소학교에 있어서는 각 주의 교과서 선정 위원회가 교과서 선정 리스트를 작성하며, 헌법 등에 위반하는 경우는 교육부 장관이 교과서로서의 사용을 금지시킨다.	초등학교는 학구 교과서 선정 위원회가 인정한 교과서 선정 목록 중에서 담임 교사가 채택하고 중등학교에서는 교과별 교육 위원회에서 채택한다.	의무 교육제 학교는 무상으로 대여하며, 단 중학교의 경우 7과목에 한정한다.
독일	규제없음	출판사의 심의 신청 후 주 교육부의 심의 위원 임명과 업무 위임을 하고, 심의 후에는 주 교육부의 최종 판정이 내려진다.	교육부 승인을 얻은 추천 목록에서 교과별 교원들로 구성된 교과서 채택 위원회가 교과서를 채택한다.	당해 학교에 학년 및 교육청 교부 예산으로 학교에서 구입하여 관리하고 학생에게 무상 대여 사용 후 반납한다. 오용 파손은 변상한다.

5. 제7차 교육과정에 의한 교과서 개발

교과서는 아직도 현장에서 교육과정을 실현하는 중요한 역할을 수행하고 있는 것이 현실이다. 학교의 교수 · 학습에서 교과서가

---

3) 본 비교틀은 곽병선 · 이혜영(1986)의 p.67과 박도순 등(2001), 홍웅선(1990)의 비교 연구 내용을 참고하여, 재구성하였다.

차지하는 비중이 아직도 크다는 것은 이러한 사실을 뒷받침하고 있다. 이러한 이유로 교육과정에서 추구하는 바가 학교에서 정착되고 성공적으로 실현되기 위해서는 교육과정 정신을 잘 반영하고 있는 교과서의 개발이 뒤따라야한다. 제7차 교육과정의 도입으로 인하여 새로운 교과서가 개발되었으며, 현재 각급학교에서 제7차 교육과정에 의하여 개발된 교과서를 사용하고 있다. 제7차 교육과정에 따른 교과서의 개발 배경과 목적, 그리고 바람직한 사회과 교과서의 모습을 살펴보고자 한다.

가. 교과서 개발 배경과 목적

교과서 개발의 배경에는 제7차 교육과정의 배경 정신과 맥을 같이하여 과거 산업 사회에서는 획일적·지식주입식 교육에 적합한 교과서가 실용성이 있었으나, 세계화·정보화 사회로 대변되는 지식 기반 사회에서는 이러한 특성을 반영한 자기 주도적 능력과 창의성 신장에 적합한 교과서의 개발이 요구되었기 때문이다. 따라서 제 7차 교육과정에 따라 새 교육과정에서 추구하는 인간상과 교육 목표 달성에 적합한 질 높은 교과서를 편찬하는데 그 목적을 두고 있다.

나. 교과서 내용 구성의 원리

앞의 교과서 편찬의 배경과 목표 및 편찬의 기본 방향을 바탕으로 교육과정 개정 연구 위원회에서 연구한 「교과서 체제 개선 연구」에서 제시한 교과서 내용 구성의 세부 원리를 발췌하여 요약하면 다음과 같다(교육과정 개정 연구 위원회, 교과서 체제 개선 연구, 1996).

1) 자기 주도적 학습 능력의 신장을 위한 교과서 구성의 세부
   원리

○ 있는 그대로 내면화하기를 요구하는 최종 산물의 형태로 제
   시하기보다는 그러한 깨달음에 이를 수 있는 과정을 처방하
   고 안내하는 역할을 하는 내용으로 구성한다.

○ 학습자로 하여금 인지 갈등과 호기심, 불일치 등을 느끼도록
   유발하는 내용을 적극적으로 활용한다

○ 각종 활동, 읽기 자료, 토의 주제, 학습 과제, 생각해 볼 문
   제, 퀴즈, 퍼즐, 화보 제시 등 다양한 유형을 활용한다.

○ 구체적으로 주어진 문제를 해결하도록 하는 방식 이외에 특
   정한 상황에 대해 학습자 스스로 의미 있는 문제를 제기하
   며, 탐구, 해결할 수 있도록 하는 유형의 평가 코너를 적극
   활용한다.

2) 교과 통합적 학습 경험의 촉진을 위한 교과서 구성의 원리

○ 여러 교과의 안목을 통합적으로 경험할 수 있는 내용을 기
   획, 제시하되, 통합의 소재는 각 교과에 단지 '연관'될 뿐 아
   니라 각 교과에 있어서 '중핵적'인 개념이나 주제일 필요가
   있다.

○ 여러 교과의 안목을 통합적으로 경험할 수 있는 내용을 기
   획, 제시하되, 통합의 소재는 범위(혹은 깊이)가 지나치게 좁
   거나 지나치게 일반적이지 않은 수준의 것일 필요가 있다.

○ 여러 교과의 안목을 통합적으로 경험할 수 있는 내용을 기
   획, 제시하되, 학습자 각자로 하여금 능동적이고 주도적으로

교과의 논리와 관점을 선택, 해석하고 통합시켜 적용해보도
록 하는 학습자 중심, 탐구 중심의 과정이 되도록 구성한다.

○ 한 교과 내에서도 여러 단원의 내용을 함께 응용할 수 있는
내용을 많이 제공함으로써 기능의 고착이나 기계적인 적용을
지양하도록 한다.

3) 학습자의 경험 세계와 연계를 지니는 교과서

○ 구체적이고 실제적인 학습 소재를 활용한다.

○ 학습자의 문제 의식과 학습자의 시각을 통해 제기될 수 있는
문제를 탐구하는 기회를 부여한다.

4) 학습자의 인지 구조 및 수준의 차이를 고려한 교과서

○ 학습자의 수준에 따라 선택적인 학습을 가능하게 하는 코너
를 제공한다.

○ 비판적인 사고의 기회를 부여하는 학습 소재를 제공한다.

다. 제 6차 교과서와 제 7차 교과서의 비교

앞에서는 제7차 교과서의 편찬 배경과 목적 및 내용 구성의 원
리를 살펴보았다. 아래 표는 제7차 교과서와 제6차 교과서를 비교
함으로써 제7차 교과서의 이해에 명확함을 주고자 한다. 제6차 교
과서와 제7차 교과서를 비교하면 다음과 같다.

<제 6 · 7차 교과서 비교>

구 분	제 6차 교육과정	제 7차 교육과정
학습 내용	○ 내용이 어렵다는 지적이 많았음.	○ 쉽고 재미있는 내용 엄선, 수준과 학습량의 조정
학습 방법	○ 구체적 제시 미약 - 제한된 교수 · 학습 방법	○ 다양한 학습 모형 제시 - 멀티미디어 활용 유도 ○ 자기 주도적 학습 강화 - 구체적 학습전략 제시
학습 활동	○ 학습활동 유형화 미흡	○ 열린 발문, 상상을 통한 사고력 신장 ○ 생활 경험, 구체적 조작의 중시 ○ 놀이 · 활동을 통한 즐거운 학습 유도
학습량	○ 학습량 과다	○ 학습량을 탄력적으로 조정할 수 있도록 구성 ○ 중복되는 학습 내용의 삭제
평가 방법	○ 지도서에서만 안내 - 형성 · 진단 평가 문항 제시 미흡	○ 스스로 평가해 볼 수 있는 기회 부여 - 자기 평가, 상호 평가 자료 제시
수준별 학 습	○ 수준을 고려하지 못함.	○ 교과 특성에 따른 수준별 학습내용 제시 - 발전 단계를 고려한 학습 내용 제시 - 심화 · 보충 학습 내용 제시
삽화 · 편집	○ 문장의 내용을 해설하는 단순한 삽화 기법 사용	○ 채색 기법 및 형식의 다양성 추구 - 사실적, 회화적, 추상적 기법 도입 ○ 학습자의 흥미를 고려한 편집 체제 도입 - 만화, 사진, 그래픽, 날개형 지면 구성 등
탄력적 운 영	○ 운영방법 제시 미약	○ 성전이 아닌 주된 학습 자료로서의 기능 강화 - 탄력적 운영 방법을 제시(지도서)

Ⅲ. 초등학교 사회과 교과용도서 현장 타당도 조사연구

1. 조사대상 및 조사내용

본 연구에서 추구하는 제7차 교육과정에 의거한 사회과 교과용 도서의 개선방안을 제시하기 위한 기초 자료를 얻고자 전국의 초등학교 교사를 대상으로 사회과 교과용도서에 대한 교사들의 만족도를 조사 · 분석하기 위하여 다음과같이 조사대상 및 측정도구, 분석 방법을 사용하였다.

가. 조사대상

제7차 사회과 교과용도서 현장 타당도 분석을 위한 조사대상은 전국 초등학교에 근무하는 교사를 대상으로 하였다. 조사대상의 표집은 경력별, 성별, 근무지역별, 담임 학년별, 가장 관심있는 과목별, 제7차 교육과정 담당 횟수별 등을 고려하여 선정한다.

나. 조사내용

본 연구의 조사내용은 제7차 교육과정으로 개편된 사회과 교과용도서(교과서, 사회과 탐구와 지도서)의 현장 타당도에 관련된 15문항으로 구성하였다. 응답은 Likert식 4간 척도로서 '매우 그렇다'를 4점으로 '매우 그렇지 않다'를 1점으로 반응하도록 하였으며, 4간 척도를 사용한 이유는 중앙집중화 현상을 피하기 위해서였다. 교과용도서 설문지 분석을 위한 문항 번호는 다음과 같다.

<교과용도서 설문지 준거틀 문항 번호>

구 분	7차 교육과정		설문문항번호
학습 내용	• 쉽고 재미있는 내용의 엄선 • 학년별 내용의 위계성	• 내용 수준과 학습량의 조정 • 학생들의 실생활과 관련성 여부	1, 3, 7, 14
학습 방법	• 다양한 학습 모형 제시 • 자기 주도적 학습 강화	• 멀티미디어 활용 유도 • 구체적 학습 전략 제시	4, 5, 9, 10, 11, 15
평가 방법	• 수행 평가의 적용 가능성	• 자기 평가, 상호 평가 자료 제시	6
수준별 학습	• 교과 특성에 따른 수준별 학습 내용 제시 • 발전 단계를 고려한 학습 내용 제시	• 심화·보충 학습 내용 제시	2
교과서 체재 및 디자인, 삽화	• 채색 기법 및 형식의 다양성 추구 • 학습자의 흥미를 고려한 편집 체제(만화, 사진, 디자인 등)	• 사실적, 회화적, 추상적 기법 도입	8
교사용 지도서	• 교과 특성에 알맞은 교수 • 탄력적 운영 방법 제시	• 학습 전략 제시 여부 • 다양한 교수 학습 자료 제시	12, 13

2. 측정 도구 및 통계처리

가. 측정도구

본 연구에 사용된 측정도구는 제7차 교육과정 개발 참여자, 교과용도서 집필가, 현장 전문가 등이 참여, 선행연구를 참고하여 제작하였다. 측정도구의 신뢰도를 측정한 전체 문항의 문항내적합치도를 계산한 결과는 Cronbach $\alpha=.9508$ 이었으며 각 하위 영역의 문항구성은 다음과 같다.

<측정도구의 문항 구성>

문항 하위요인	문항수	신뢰도 (cronbach α)
사회과 교과용도서 만족도	15	.8433

나. 통계 처리

본 연구에서는 전술한 질문지를 연구대상자에게 반응하여 얻은 자료를 근거로 빈도분석과 경력별, 담임 학년별, 가장 관심있는 과목별, 제7차 교육과정 담당 횟수별로 제7차 교육과정에 의한 교과용도서의 현장 타당도를 분석·비교하기 위하여 일원분산분석(One-Way ANOVA)을 하고 사후검증으로 Tukey 검증을 하였다. 이 모든 통계처리는 SPSS/pc+(Version 10.0) 프로그램을 이용하였다.

Ⅳ. 초등학교 사회과 교과용도서의 현장 타당도 분석 결과

1. 자기 주도적 학습 능력 신장 및 창의성 신장에의 적합성 여부 분석

자기 주도적 학습 능력 신장 및 창의성 신장에의 적합성 여부에 대한 현장 교사들의 인식은 〈 표 Ⅳ - 1 〉과 같다.

〈 표 Ⅳ - 1 〉 자기 주도적 학습 능력 신장 및 창의성 신장에의 적합성 여부   N=349(%)

응답 내용 설문 내용	전혀 아니다	그렇지 않다	대체로 그렇다	매우 그렇다
학습 내용이 학생들의 자기 주도적 학습 능력과 창의성 신장에 적합하도록 구성되어 있다.	17 (4.9)	103 (29.5)	219 (62.8)	10 (2.9)

제7차 사회과 교과서의 학습 내용이 학생들의 자기 주도적 학습 능력과 창의성 신장에 적합하도록 구성되어 있는가에 대한 교사의 의견은 전혀 아니다 4.9%, 그렇지 않다 29.5%, 대체로 그렇다 62.8%, 매우 그렇다 2.9%로 '대체로 그렇다'가 가장 높게 나타났다. 따라서 교사들은 사회과 교과서가 비교적 자기 주도적 학습 능력과 창의성 신장에 도움을 줄 수 있도록 체계적으로 내용이 구성되어 있다고 생각하고 있다.

2. 수준별 학습 내용 구성 여부 분석

사회과 심화·보충형 수준별 학습 내용 구성 여부에 대한 현장 교사들의 인식은 〈 표 Ⅳ - 2 〉와 같다.

〈 표 Ⅳ - 2 〉수준별 학습 내용 구성 여부　　　　　　　N=349(%)

설문 내용 \ 응답 내용	전혀 아니다	그렇지 않다	대체로 그렇다	매우 그렇다
심화·보충 학습이 가능하도록 수준별로 학습 내용이 구성되어 있다.	10 (2.9)	130 (37.2)	195 (55.9)	14 (4.0)

학생들의 능력, 적성, 개인차를 고려한 심화·보충 학습이 가능하도록 수준별로 교과서 내용이 구성되어 있는가에 대한 교사의 의견은 전혀 아니다 2.9%, 그렇지 않다 37.2%, 대체로 그렇다 55.9%, 매우 그렇다 4.0%로 '대체로 그렇다'가 가장 높게 나타났다. 그러나 사회과 학습 내용이 수준별로 구성되어 있지 않다는 의견도 40%나 제시되고 있다. 그러므로 사회과 교과서의 주제선택학습이나 단원정리학습 활동에서 심화·보충 학습이 가능하도록 학습 내용이 좀 더 구체적이고 심도있게 구성되어 져야 한다.

3. 교육과정 지역화 구현 가능성 여부 분석

사회과 교육과정 지역화 구현 가능성 여부에 대한 현장 교사들의 인식은 〈 표 Ⅳ - 3 〉과 같다.

〈 표 Ⅳ-3 〉 교육과정 지역화 구현 가능성 여부   N=349(%)

설문 내용＼응답 내용	전혀 아니다	그렇지 않다	대체로 그렇다	매우 그렇다
교육과정의 지역화를 구현할 수 있도록 구성되어 있다.	6 (1.7)	77 (22.1)	251 (71.9)	15 (4.3)

 교과의 특성상 학교와 지역 실정에 알맞게 교재를 지역화하여 다루어야 하는 사회과 교과서의 지역화 구현 가능성에 대한 교사의 의견은 전혀 아니다 1.7%, 그렇지 않다 22.1%, 대체로 그렇다 71.9%, 매우 그렇다 4.3%로 '대체로 그렇다' 가장 높게 나타났다. 따라서 교사들은 사회과 교과서가 교육과정의 목표와 내용을 근간으로 교재의 지역화가 비교적 잘 구현되어 있다고 생각하고 있는 것으로 보여진다.

4. 교사 재량 범위 확대 여부 분석

 사회과를 지도함에 있어서 교사 재량 범위 확대 여부에 대한 현장 교사들의 인식은 〈 표 Ⅳ-4〉와 같다.

〈 표 Ⅳ-4 〉 교사 재량 범위 확대 여부   N=349(%)

설문 내용＼응답 내용	전혀 아니다	그렇지 않다	대체로 그렇다	매우 그렇다
지역화를 위한 교사의 재량 범위가 확대되었다.	5 (1.4)	88 (25.2)	234 (67.0)	22 (6.3)

지역화를 위한 교사의 재량 범위 확대 여부에 대한 교사의 의견
은 전혀 아니다 1.4%, 그렇지 않다 25.2%, 대체로 그렇다 67.0%,
매우 그렇다 6.3%로 '대체로 그렇다'가 가장 높게 나타났다. 사회
과에서 지역화에 역점을 두어 교과서를 편찬하고 지역 사회 자료
를 활용한 탐구활동이 결국 교사의 재량권을 확대하고 있는 것으
로 인식하고 있다.

5. 주제·문제 중심의 통합적 접근 여부 분석

사회과 주제·문제중심의 통합적 접근 여부에 대한 현장 교사들
의 인식은 〈 표 IV - 5 〉과 같다.

〈 표 IV - 5 〉 주제·문제 중심의 통합적 접근 여부   N=349(%)

응답 내용 설문 내용	전혀 아니다	그렇지 않다	대체로 그렇다	매우 그렇다
주제·문제 중심의 통합적 접근 이 가능하도록 구성되어 있다.	7 (2.0)	59 (16.9)	258 (73.9)	25 (7.2)

사회과 교과서가 학습자의 경험, 생활과 관련이 깊고 학생 자신
의 의미를 구성하는데 도움이 될 수 있는 주제, 문제 중심의 통합
적 접근이 가능하도록 되어 있는가에 대한 교사의 의견은 전혀 아
니다 2.0%, 그렇지 않다 16.9%, 대체로 그렇다 73.9%, 매우 그렇
다 7.2%로 '대체로 그렇다'가 가장 높게 나타났다.

교사들의 80.9%가 사회과 교과서 내용 구성이 비교적 관련이
높은 주제·문제 중심의 통합적 접근이 가능하도록 되어 있다고

인식하고 있는 것으로 나타났다.

6. 다양한 교수·자료와의 연계성 여부 분석

사회과의 학습자료는 다양하다. 다양한 교수·자료와의 연계성 여부에 대한 현장 교사들의 인식은 〈 표 Ⅳ-6 〉과 같다.

〈 표 Ⅳ-6 〉 다양한 교수·자료와의 연계성 여부   N=349(%)

응답 내용 설문 내용	전혀 아니다	그렇지 않다	대체로 그렇다	매우 그렇다
교과서 외의 다양한 교수·학습 자료와 연계될 수 있도록 구성되어 있다.	2 (0.6)	80 (22.9)	243 (69.6)	24 (6.9)

사회과 교육은 시대의 변화에 부응하여 시사적 자료를 적절히 활용해야 하는 만큼, 사회과 교과서가 교과서 외의 다양한 교수·학습 자료와 연계될 수 있도록 구성되어 있는가에 대한 교사의 의견은 전혀 아니다 0.6%, 그렇지 않다 22.9%, 대체로 그렇다 69.6%, 매우 그렇다 6.9%로 '대체로 그렇다'가 가장 높게 나타났다.

사회과가 정보화, 세계화 사회의 시대적 요청을 반영해야 하는 만큼 학습 활동에서 실제적으로 교사 스스로가 학생들이 다양한 자원처를 활용할 수 있도록 지도하고 있는 것으로 보인다.

7. 교과서 자료의 참신성 여부 분석

사회과 교과서 자료의 참신성 여부에 대한 현장 교사들의 인식은 〈 표 Ⅳ - 7 〉과 같다.

〈 표 Ⅳ - 7 〉 교과서 자료의 참신성 여부   N=349(%)

응답 내용 설문 내용	전혀 아니다	그렇지 않다	대체로 그렇다	매우 그렇다
교과서 및 사회과 탐구에 실린 자료는 최신 자료로 구성되어 있다.	2 (0.6)	56 (16.0)	269 (77.1)	22 (6.3)

사회 교과서 및 사회과 탐구에 실린 자료는 최신 자료로 구성되어 있는가에 대한 교사의 의견은 전혀 아니다 0.6%, 그렇지 않다 16.0%, 대체로 그렇다 77.1%, 매우 그렇다 6.3%로 '대체로 그렇다'가 가장 높게 나타났다.

따라서 사회 교과서 및 사회과 탐구는 사회 변화와 미래 세계에 대한 준비를 위한 시대적 요구를 비교적 잘 반영하고 있는 것으로 보여진다.

8. 편집과 디자인의 다양성 여부 분석

사회과 교과용도서의 편집과 디자인의 다양성 여부에 대한 현장 교사들의 인식은 〈 표 Ⅳ - 8 〉과 같다.

〈 표 IV - 8 〉 편집과 디자인의 다양성 여부　　　　N=349(%)

응답 내용 설문 내용	전혀 아니다	그렇지 않다	대체로 그렇다	매우 그렇다
교과서의 편집과 디자인이 세련 되고 다양하게 구성되어 있다.	2 (0.6)	60 (17.2)	255 (73.1)	32 (9.2)

　학습자의 흥미를 고려하여 교과서의 편집과 디자인이 세련되고 다양하게 구성되어 있는가에 대한 교사의 의견은 전혀 아니다 0.6%, 그렇지 않다 17.2%, 대체로 그렇다 73.1%, 매우 그렇다 9.2%로 '대체로 그렇다'가 가장 높게 나타났다.

　따라서 교사들은 사회 교과서 내용 구성이나 형식이 다양성을 추구하고 있어 학습자들의 흥미 유발에 도움을 된다는 인식을 하고 있는 것으로 보여진다.

9. 시대적 요구에의 적합성 여부 분석

　정보화, 세계화의 시대적 요구에의 적합성 여부에 대한 현장 교사들의 인식은 〈 표 IV - 9 〉와 같다.

〈 표 IV - 9 〉 시대적 요구에의 적합성 여부　　　　N=349(%)

응답 내용 설문 내용	전혀 아니다	그렇지 않다	대체로 그렇다	매우 그렇다
정보화, 세계화의 시대적 요청에 적합하게 교과서가 편찬되었다.	2 (0.6)	83 (23.8)	237 (67.9)	27 (7.7)

　정보화, 세계화의 시대적 요청에 적합하게 교과서가 편찬되었는가에 대한 교사의 의견은 전혀 아니다 0.6%, 그렇지 않다 23.8%,

대체로 그렇다 67.9%, 매우 그렇다 7.7%로 '대체로 그렇다'가 가
장 높게 나타났다.

따라서 교사들은 사회 교과서 내용이 비교적 사회 변화에 학생
들이 능동적으로 대처할 수 있는 능력을 신장할 수 있도록 구성되
어 있다는 긍정적인 견해를 가지고 있는 것으로 보여진다.

10. 사회과 탐구의 보조 교과서로서의 적합성 여부 분석

사회과 탐구의 보조 교과서로서의 적합성 여부에 대한 현장 교
사들의 인식은 〈 표 Ⅳ - 10 〉과 같다.

〈 표 Ⅳ - 10 〉 사회과 탐구의 보조 교과서로서의 적합성 여부   N=349(%)

응답 내용 설문 내용	전혀 아니다	그렇지 않다	대체로 그렇다	매우 그렇다
'사회과 탐구'가 '사회' 교과서를 학습하는데 기본적으로 활용되는 보조 교과서의 역할을 할 수 있도록 구성되어 있다.	3 (0.9)	57 (16.3)	253 (72.5)	36 (10.3)

'사회과 탐구'가 '사회' 교과서를 학습하는 데 기본적으로 활용
되는 보조 교과서의 역할을 할 수 있도록 구성되어 있는가에 대한
교사의 의견은 전혀 아니다 0.9%, 그렇지 않다 16.3%, 대체로 그
렇다 72.5%, 매우 그렇다 10.3%로 '대체로 그렇다'가 가장 높게
나타났다.

따라서 대다수의 교사들이 사회과 탐구가 사회 교과서를 학습하
는데 활용할 수 있는 보조 교과서로서의 역할을 충실히 할 수 있

도록 구성되어 있다는 인식을 가지고 있는 것으로 보여진다.

11. 사회과 부도의 학습에의 효용성 여부 분석

사회과 부도의 학습에의 효용성 여부에 대한 현장 교사들의 인식은 〈 표 IV - 11 〉과 같다.

〈 표 IV - 11 〉 사회과 부도의 학습에의 효용성 여부   N=349(%)

설문 내용 \ 응답 내용	전혀 아니다	그렇지 않다	대체로 그렇다	매우 그렇다
사회과 부도에 실린 자료가 사회과 학습의 효과를 높일 수 있도록 창의적으로 구성되어 있다.	8 (2.3)	84 (24.1)	243 (69.6)	14 (4.0)

사회과 부도에 실린 자료가 사회과 학습의 효과를 높일 수 있도록 창의적으로 구성되어 있는가에 대한 교사의 의견은 전혀 아니다 2.3%, 그렇지 않다 24.1%, 대체로 그렇다 69.6%, 매우 그렇다 4.0%로 '대체로 그렇다'가 가장 높게 나타났다. 사회과 부도가 사회과 학습의 효과를 높일 수 있는 중요한 학습 자료 중의 하나라고 인식하고 있다.

12. 교사용 지도서에 있는 다양한 아이디어의 효용성 여부 분석

교사용 지도서에 있는 다양한 아이디어의 효용성 여부에 대한 현장 교사들의 인식은 〈 표 IV - 12 〉과 같다.

〈 표 Ⅳ - 12 〉 교사용 지도서에 있는 다양한 아이디어의 효용성 여부   N=349(%)

응답 내용 설문 내용	전혀 아니다	그렇지 않다	대체로 그렇다	매우 그렇다
교사용 지도서에 제시한 다양한 교수·학습 아이디어가 교수·학습시 도움을 준다.	19 (5.4)	96 (27.5)	218 (62.5)	16 (4.6)

교사용 지도서에 제시한 다양한 교수·학습 아이디어가 교수·
학습시 도움을 주는가에 대한 교사의 의견은 전혀 아니다 5.4%,
그렇지 않다 27.5%, 대체로 그렇다 62.5%, 매우 그렇다 4.6%로
'대체로 그렇다'가 가장 높게 나타났다. 따라서 교사용 지도서에
제시된 다양한 교수·학습 아이디어가 사회과 교수·학습에 어느
정도 도움이 된다고 생각하고 있지만, 좀 더 많은 자료가 제시되
어야겠다.

13. 교사용 지도서 학습 과정안의 효용성 여부 분석

사회과 교사용 지도서 학습 과정안의 효용성 여부에 대한 현장
교사들의 인식은 〈 표 Ⅳ - 13 〉과 같다.

<표 Ⅳ - 13 〉 교사용 지도서 학습 과정안의 효용성 여부   N=349(%)

응답 내용 설문 내용	전혀 아니다	그렇지 않다	대체로 그렇다	매우 그렇다
교사용 지도서에 제시된 예시 학습 과정안은 교수·학습 활동에 도움을 준다.	18 (5.2)	120 (34.4)	200 (57.3)	11 (3.2)

교사용 지도서에 제시된 예시 학습 과정안은 교수·학습 활동에
도움을 주는가에 대한 교사의 의견은 전혀 아니다 5.2%, 그렇지

않다 34.4%, 대체로 그렇다 57.3%, 매우 그렇다 3.2%로 '대체로 그렇다'가 가장 높게 나타났다.

교사들의 설문 결과 긍정적 견해가 60.5%, 부정적 견해가 39.6%로 나타난 것으로 보아 교사용 지도서에 다양한 학습 과정안의 예시를 요구하고 있는 것으로 분석되어진다. 2~3차시씩 묶여있는 교사용 지도서에 제시되어 있는 과정안은 교실 수업에는 큰 도움이 되지 않는 것으로 보인다.

14. 실생활과의 관련성 여부 분석

사회과의 학습 내용의 실생활 관련성 여부에 대한 현장 교사들의 인식은 〈 표 Ⅳ - 14 〉와 같다.

〈 표 Ⅳ - 14 〉 실생활과의 관련성 여부   N=349(%)

응답 내용 설문 내용	전혀 아니다	그렇지 않다	대체로 그렇다	매우 그렇다
사회과의 학습 내용이 학생들의 실생활과 밀접하게 연계되어 있다.	5 (1.4)	102 (29.2)	224 (64.2)	18 (5.2)

사회과의 학습 내용이 학생들의 실생활과의 연계성 여부에 대한 교사의 의견은 전혀 아니다 1.4%, 그렇지 않다 29.2%, 대체로 그렇다 64.2%, 매우 그렇다 5.2%로 '대체로 그렇다'가 가장 높게 나타났다. 따라서 사회 교과서에 제시되어 있는 다양한 학습 내용이 비교적 실생활에 적용할 수 있는 기회를 많이 제공해 주고 있다고 생각하는 견해가 높은 것으로 보여진다.

15. 학생 발달 수준과 제시된 용어나 개념의 적절성 여부 분석

학생 발달 수준과 제시된 용어나 개념의 적절성 여부에 대한 현장 교사들의 인식은 〈 표 Ⅳ - 15 〉과 같다.

〈 표 Ⅳ - 15 〉 학생 발달 수준과 제시된 용어나 개념의 적절성 여부   N=349(%)

설문 내용 \ 응답 내용	전혀 아니다	그렇지 않다	대체로 그렇다	매우 그렇다
사회과 교과서에 사용된 용어나 개념이 학생들의 발달 수준에 맞게 제시되어 있다.	15 (4.3)	101 (28.9)	223 (63.9)	10 (2.9)

사회과 교과서에 사용된 용어나 개념이 학생들의 발달 수준에 맞게 제시되어 있는가에 대한 교사의 의견은 전혀 아니다 4.3%, 그렇지 않다 28.9%, 대체로 그렇다 63.9%, 매우 그렇다 2.9%로 '대체로 그렇다'가 가장 높게 나타났다. 따라서 사회과 교과서에 사용된 용어나 개념은 좀 더 학생들의 발달 수준을 고려하여 재정리해야 할 필요성이 있는 것으로 보여진다.

16. 경력별, 담임학년별, 제7차 교육과정 적용학년 담당횟수별 분산 분석결과

가. 경력별 분산 분석 결과

경력에 따른 제7차 교육과정에 의거한 교과서 만족도의 차이를 검증하기 위하여 일원분산분석(One-Way ANOVA)을 실시하였다. 먼저 경력에 따른 사회과 교과용 도서 만족도의 평균과 표준편차는 <표 Ⅳ-16>과 같다.

<표 Ⅳ-16> 경력별 교과용 사회과 도서 만족도 검사의 평균과 표준 편차

하위 요인	집단	N	M	SD
사회과 교과용 도서	경력 10년 미만	106	2.7164	.3294
	경력 10-19년	110	2.7673	.3339
	경력 20-29년	108	2.7963	.3056
	경력 30년 이상	25	2.7947	.2873

다음으로 경력에 따른 교과용 도서에 대한 만족도의 차이를 검증하기 위하여 집단의 평균 점수의 차이를 분석한 분산 분석 결과는 <표 Ⅳ-17>와 같다.

<표 Ⅳ-17> 경력별 사회과 교과용 도서 만족도 분산 분석 결과

하위 요인	분산원	SS	df	MS	F	Sig
사회과 교과용 도서	집단간	.377	3	.126	1.222	.302
	집단내	35.516	345	.103		
	전 체	35.894	348			

경력별 제7차 교육과정에 의거한 사회과 교과용 도서 만족도 분산 분석 결과에서 통계적으로 $p > .05$ 수준에서 유의미한 차이를 보이지 않았다.

나. 담임 학년별 분산 분석 결과

담임 학년에 따른 제7차 교육과정에 의거한 교과서 만족도의 차이를 검증하기 위하여 일원분산분석(One-Way ANOVA)을 실시하였고, 사후검증으로 Tukey 검증을 하였다. 먼저 담임 학년에 따른 사회과 교과용 도서 만족도의 평균과 표준편차는 <표 Ⅳ-18>과 같다.

<표 Ⅳ-18> 담임 학년별 사회과 교과용 도서 만족도 검사의 평균과 표준 편차

하위 요인	집단	N	M	SD
사회과 교과용 도서	1학년 담임	59	2.8124	.2854
	2학년 담임	44	2.7273	.2798
	3학년 담임	67	2.8338	.3058
	4학년 담임	60	2.7722	.3303
	5학년 담임	65	2.7610	.3753
	6학년 담임	54	2.6407	.3019

다음으로 학년 담임에 따른 사회과 교과용 도서에 대한 만족도의 차이를 검증하기 위하여 집단의 평균 점수의 차이를 분석한 분산 분석 결과는 <표 Ⅳ-19>와 같다.

<표 Ⅳ-19> 담임 학년별 사회과 교과용 도서 만족도 분산 분석 결과

하위 요인	분산원	SS	df	MS	F	Sig
사회과 교과용 도서	집단간	1.349	5	.270	2.679	.022*
	집단내	34.545	343	.101		
	전 체	35.894	348			

*p< .05

담임 학년별 제7차 교육과정에 의거한 교과용 도서 만족도 분산 분석 결과 사회과 교과용 도서의 만족도 결과 p.< .05 수준에서 통계적으로 유의미한 차이를 보여 만족도에 차이가 있는 것으로 조사되었다. 집단간 통계적으로 유의미한 차이를 보인 사회과 교과용 도서 만족도의 집단간 개별 비교를 위해 사후검증으로 Tukey 검증을 하였다. 사회과 교과용 도서에 대한 Tukey 검증한 결과는 <표 Ⅳ-20>과 같다.

<표 Ⅳ-20> 담임 학년별 사회과 교과용 도서 만족도 Tukey 검증 결과

집 단		M	E1	E2	E3	E4	E5	6(E6)
1학년 담임	(E1)	2.8124						*
2학년 담임	(E2)	2.7273						
3학년 담임	(E3)	2.8338						*
4학년 담임	(E4)	2.7722						
5학년 담임	(E5)	2.7610						
6학년 담임	(E6)	2.6407	*		*			

*p< .05.

담임 학년별 사회과 교과용 도서에 대한 만족도 Tukey 검증 결과 6학년 담임 교사는 1학년 담임 교사와 3학년 담임 교사간에 통계적으로 유의미한 차이를 보이고 있다(p< .05). 즉 6학년 담임 교사 집단이 1학년 교사 집단과 3학년 교사 집단에 비하여 사회과 교과용 도서에 있어서 만족도가 낮은 것으로 나타났다. 기타 다른 집단 사이에는 평균에 있어서 약간의 차이는 있었으나 통계적으로는 유의미한 차이를 보이지 않았다.

다. 제7차 교육과정 적용 학년 담당 횟수별 분산 분석 결과

제7차 교육과정 적용 담당 학년 횟수에 따른 제7차 교육과정에 의거한 교과서 만족도의 차이를 검증하기 위하여 일원분산분석(One-Way ANOVA)을 실시하였다. 먼저 제7차 교육과정 적용 담당 학년 횟수에 따른 사회과 교과용 도서 만족도의 평균과 표준편차는 <표 Ⅳ-21>와 같다.

<표 Ⅳ-21> 제7차 교육과정 적용 학년 담당 횟수별 분산 분석 결과

하위 요인	집단	N	M	SD
사회과 교과용 도서	1년	122	2.7967	.3500
	2년	156	2.7573	.3035
	3년	71	2.7628	.3046

다음으로 제7차 교육과정 적용 학년 담당 횟수에 따른 사회과 교과용 도서에 대한 만족도의 차이를 검증하기 위하여 집단의 평균 점수의 차이를 분석한 분산 분석 결과는 <표 Ⅳ-22>과 같다.

<표 Ⅳ-22> 경력별 사회과 교과용 도서 만족도 분산 분석 결과

하위 요인	분산원	SS	df	MS	F	Sig
사회과 교과용 도서	집단간	.298	2	.149	1.447	.237
	집단내	35.596	246	.103		
	전 체	35.894	348			

제7차 교육과정 적용 학년 담당 횟수에 따른 교과용 도서 만족도 분산 분석 결과 사회과 교과용 도서에서 통계적으로 $p.> .05$ 수준에서 유의미한 차이를 보이지 않았다.

Ⅴ. 요약 및 제언

1. 요약

본 연구는 탄력적 변화를 가능하게 한 제7차 교육과정에 의한 사회과 교과용도서의 현장 타당도 분석은 교육 현장의 현실과 요구를 실질적으로 교과용도서의 개선과 수정에 도움을 줄 수 있다는 전제에서 출발하였다. 따라서 본 연구의 목적은 제7차 교육과정에 의한 사회과 교과용도서의 현장 타당도를 분석·평가하여 사회과 교과용 도서 개정 및 개발의 기초 자료를 제공하는데 두었다.

본 연구를 통하여 나타난 결과는 요약하면 다음과 같다.

교과서는 실제 세계와의 연결 기능, 학문 체제와의 연결 기능, 교수 방법과의 연결 기능, 학습 방법과의 연결 기능을 가진다. 또한 교과서관도 시대의 변화와 교육과정의 변화에 따라 변화하였음을 제시하였다.

각 국의 교과서 정책을 살펴본 결과 각 나라의 특수성에 따라 다양하게 교과서 정책을 달리하고 있지만 우리나라처럼 국정제를 택하고 있는 나라는 거의 없는 것으로 나타났다.

제7차 교육과정에 의거하여 개발된 각 교과용 도서에 대한 현장 타당도를 분석·평가하기 위한 설문 조사 결과 제7차 교육과정의 정신을 반영하는 세계화·정보화 사회로 대변되는 지식기반 사회에 학생들이 탄력적으로 적응할 수 있도록 자기 주도적 능력과 창의성 신장에 적합한 교과서 구성이 되어 있는 비교적 긍정적인 견해를 가지고 있는 것으로 파악되었다.

제7차 교육과정에 의거한 사회과 교과용 도서에 요구되어졌던 쉽고, 재미있고, 친절하며, 활용하기에 편리한 교과서 편찬이라는 명분에 걸맞게 각 교과용도서가 자기 주도적 학습 활동에 도움을 줄 수 있는 내용으로 구성되어 있으며, 학생의 학습 발달 단계에 적합한 흥미와 동기 유발, 학습자의 정서를 고려한 다양한 편집 체제 및 디자인 기법의 도입이 학습 효과 상승에 영향을 주는 것으로 많은 교사들이 공감하고 있음을 설문 조사 결과 알 수 있었다.

　이러한 전체적인 공감에도 불구하고 사회과 교과용 도서에 제시된 학습의 위계성 문제, 교사용 지도서의 효율성 문제 등은 좀 더 보완해야 할 것으로 지적되었다.

2. 제언

　본 장에서는 앞의 논의를 바탕으로　제7차 교육과정에 의한 사회과 교과용도서 개선 방안을 학습 내용, 학습 방법, 평가 방법, 수준별 학습, 교과서 체제 및 디자인 삽화, 교사용 지도서로 나누어 살펴보고자 한다.

가. 사회과 교과용도서의 학습 내용

　제7차 교육과정에 의한 사회과 교과용도서의 학습 내용을 분석한 결과 대체적으로 과거의 교과서에 비하여 현 교과용도서는 학습 내용이 쉽고 재미있는 내용으로 구성되어 있으며, 학생들의 실생활, 사례, 경험을 중심으로 구성되어 있다고 현장 교사들은 인식하고 있다.

　그러나 제7차 교육과정 개정의 기본 방향 중 학생의 자기 주도적 학습 능력의 신장과 교과별 학습량의 최적화와 수준의 조정면에서 현장 교사들은 부정적인 인식을 갖고 있는 것으로 나타났다.

　실제로 자기 주도적 학습 능력은 학생이 중심이 되어 학습의 계획부터 결과 및 평가까지 이루어지는 학습이라고 할 수 있다. 그리고 이런 자기 주도적 학습 능력을 신장시키기 위해서는 환경 조성의 열쇠를 가지고 있는 교사와 부모, 그리고 모든 정책 결정자들이 자기 주도적 학습을 촉진시키는 환경을 조성해야만 한다. 그러나 실질적으로 현장 교사들은 다인수 학급에서 과다한 학습량을 주어진 시간에 소화시켜야 한다는 관념 속에 있다보니 교과용도서가 자기 주도적 학습에 도움을 주기에 어렵다고 인식하고 있는 것 같다.

그러므로 사회과 교과용도서가 제7차 교육과정에서 추구하는 자기 주도적 학습에 도움이 되기 위해서는 먼저 현장 교사들이 자기 주도적 학습에 대한 인식의 제고가 요구되며 또한 교육 당국에서는 끊임없이 자기 주도적 학습의 핵심과 그것을 해결할 수 있는 교수·학습 방안에 대한 교사의 재교육이 요구된다고 볼 수 있다.

둘째 교과별 학습량의 최적화와 수준의 조정면에서 교육과정에서는 교사와 학생의 교수·학습 부담 경감을 위해 학습 내용을 30% 감축해서 제시한다고 했지만 현장 교사들은 교과서의 내용이 실제적으로는 크게 감축되었다고 생각하지 않는 것으로 나타났다. 실제로 제7차 교육과정에서 추구하는 수준별 교육을 하기 위해서는 학습 부담의 경감은 필수적인 요소이다. 그럼에도 불구하고 이 부분에 대한 교사들의 부정적 경향은 전 학생이 기본으로 학습해야 할 부분과 수준에 따라 학습할 부분이 나뉘어져 있는 현행 교과서 체제에서 대부분의 교사들은 전과 같이 교과서에 있는 모든 내용을 가르쳐야 한다는 강박 관념에 쫓기다 보니 가르치지 않아도 될 부분까지 가르침으로써 상대적으로 학습 분량이 많아져 주어진 수업 시수에서 감당하기 힘든 것으로 보여진다. 그러므로 제7차 교육과정의 정신을 살리기 위해서는 먼저 현장의 교사들이 수준별 학습 내용에 대한 충분한 이해가 동반되어야 한다. 또한 교육 당국은 국가 수준의 교육과정의 현장 전달 체계를 좀 더 구체화시킬 필요가 있는 것으로 보인다.

나. 사회과 교과용 도서의 학습 방법

제7차 교육과정의 사회과 교과용도서의 학습 방법을 분석한 결과 대체적으로 현행 교과용도서는 다양한 학습 모형을 제시하고 있고 멀티미디어 활용을 유도하며 구체적 학습 전략을 제시한 것으로 나타났다.

그러나 교과용도서의 학습 지도 계획 작성의 용이성 여부에 대한 현장 교사들의 인식은 대체로 부정적인 것으로 나타났다. 현장 교사들이 실제 학습 지도를 하는데 어려움을 겪고 있는 것으로 나타났다. 그 이유는 현 교과서가 활동 중심형, 자료 제시형 등 열린 교과서관을 도입함으로써 이전에 교사들이 교과서 내용만을 가르쳤던 오랫동안 수업 방식에 익숙해 있기 때문으로 볼 수 있다. 즉, 학생들의 활동을 조장하거나 자료를 제시하여 조사, 탐구하게 하는 수업 방식에는 교사 자신이 익숙하지 않고, 지식 전달 방식으로 가르치기에는 교과서가 적합하지 않은 상황에서 교사들은 학습 지도 계획의 수립에 어려움을 겪는 것으로 보인다. 또한 수준별 교육과정이 교사들이 학습 지도 계획을 수립하는데 어려움을 주고 있는 것으로 보인다. 실제로 현 교육과정에서는 수준별 교육과정을 할 것을 주장하지만 다인수 학급이 대부분인 학교 현장에서는 정상적인 수준별 학습을 하기가 쉽지 않은 것이 사실이다. 특히 전과목을 가르치는 초등학교에서는 교사의 부족으로 수업 시수가 많아져 매 수업 시간마다 그 차시에 가장 알맞은 수업 방법을 연구해서 적용하는 것을 어렵게 하고 있다고 볼 수 있다.

따라서 이런 문제를 해결하기 위해서는 교사들이 구체적인 학습 지도 계획을 작성할 수 있도록 먼저 외적 환경 요인인 다인수 학급의 축소와 교과 담당 교사의 수를 늘임으로써 교사들이 수업 시수에 대한 부담을 줄일 수 있도록 해야하며 한편으로는 학습 자료를 데이터베이스화하여 자료를 풍부히 제공해 주어야 한다. 또한 내적 환경 요인으로는 교사들의 재교육을 통해 열린 교과서관에 의해 학습을 가르치는 방법들을 연수할 필요성이 있다.

다. 사회과 교과용 도서의 평가 방법

교과서별로 수행 평가의 적용 가능성 및 평가 자료 제시에 대해서 현장 교사들은 긍정적인 생각을 하고 있으나, 사회과 교과용도서가 학교 교육과정 편성·운영에 도움을 줄 수 있는 풍부한 자료를 제시하고 있는가에 대해서는 부정적인 생각을 갖고 있는 것으로 나타났다.

열린 교과서관에서 교과서는 단지 자료를 제시하는 자료집의 성격을 갖고 있다. 그러나 실제로 많은 교사들은 교과용도서가 학교 교육과정 편성·운영에 도움을 줄 수 있는 자료가 풍부하지 않다고 생각하고 있는데, 이것은 결국 교과서를 배우는 수업이 아니라 교과서를 이용하여 배우게 하려는 수업을 실현시키는데 많은 장애를 줄 것으로 보인다. 물론 여기에는 우리나라의 교과서 개발 정책에 따른 정책적인 문제도 하나의 원인으로 작용하고 있다.

즉, 우리 교과용도서의 심의 체제는 국정제이며 가격은 정부의 통제하에 놓여있고, 교과서의 크기, 교과서 삽화의 색도, 디자인 등도 일정한 한계를 가지고 있기 때문에 학교에서 사용하기에 충분한 정도의 다양한 자료를 제공하기는 힘들다.

따라서 사회과 교과용도서가 풍부한 자료를 가질 수 있기 위해서는 먼저 교과용도서의 개발 정책에 대하여 과감히 국가가 가진 모든 권한을 버리고 외국처럼 인정제를 활성화시킴으로써 학교 현장의 교사들과 학생들이 교과서를 선택할 수 있도록 함으로써 교과용도서에 풍부한 자료를 실을 수 있도록 해야한다.

라. 사회과 교과용 도서의 수준별 학습

제7차 교육과정의 특징 중 하나인 수준별 학습에 대한 교과용도서의 설문 결과 교사들은 학생의 발달 단계에 알맞게 학습 내용의 수준이 구성되어 있다고 보고 있다. 그러나 사회과 교과용도서의 학생의 수준차를 고려한 편찬 여부에 대해서는 40%이상의 교사들이 부정적인 인식을 갖고 있는 것으로 나타났다. 또한 사회 교과에서 많은 교사들이 교과서가 수준별 학습이 가능하지 않게 구성되어 있다고 인식하고 있다.

수준별 교육은 제7차 교육과정 핵심 요소 중의 하나이며 이를 위한 교과서의 개발은 수업 지도를 위한 기본 요건이다. 그러나 많은 교사들이 과중한 수업 부담과 전문성이 부족한 교과까지 가르치면서 교과서가 학생의 능력, 적성, 개인차를 고려한 수준별 교과서로 편찬되어 있지 않다면 수준별 학습에 도달한다는 것은 매우 힘들 것이다. 따라서 교사들이 수준별 구성에 문제가 있다고 생각하는 교과를 분석하여 교사들이 쉽게 수준별 학습을 가능하도록 다시 교과서를 재조정할 필요성이 요구된다.

마. 사회과 교과용 도서의 교과서 체재 및 디자인, 삽화

전반적으로 제7차 교육과정에 의해 편찬된 교과용도서의 체재 및 디자인, 삽화는 과거의 교과용 도서에 비해 채색 기법 및 형식의 다양성을 추구하였고, 사실적, 회화적 기법을 도입하였으며 특히 학습자의 흥미를 고려한 편집 체제를 활용하여 만화, 사진 등을 풍부히 실은 것으로 보인다.

그러나 한가지 고려할 것은 교과서 체재 및 디자인이 너무 다양하고 산만해서 매 차시의 교재에 대한 접근이 어렵다면 다양성이 오히려 학습의 능률을 높이지 못할 가능성이 있으므로 이에 대한 주의가 요구된다.

바. 사회과 교과용 도서의 교사용 지도서

교사용 지도서는 교사들의 수업을 도와주는 가장 직접적인 도구이다. 따라서 설문 조사에서도 많은 교사들은 교사용 지도서의 지도 내용과 교과서 학습 내용의 관련성이 높은 것으로 인식하고 있다. 그러나 교사용 지도서의 다양한 아이디어 제시 여부에 대해서는 많은 교사들이 부정적인 인식을 갖고 있는 것으로 나타났다. 또한 사회 교사용 지도서에서는 지도서에 제시된 예시 학습 과정안이 교수·학습 활동에 큰 도움을 주지 못한 것으로 인식하고 있다.

제7차 교육과정의 학습 주제 구성은 주로 활동 중심의 학습 활동이 많아 교사들은 다양한 학습 상황에서 유용하게 활용할 수 있는 더 많은 아이디어를 요구하고 있다. 특히 심화·보충 학습을 실시하는 사회 과목에 대해서 교사들은 교사용 지도서에서 더 많은 학습 자료와 학습 과정안 및 학습 전략 제시를 요구하고 있다. 특히 사회 교사용 지도서는 제6차에 비하여 학습 과정안이 간략하게 제시되어 있어 교사들이 실제로 교사용 지도서를 가지고 수업을 진행하기에 많은 어려움을 겪고 있는 것으로 나타났다. 따라서 교사용 지도서가 교사들의 학습 활동을 도와주기 위해 있는 교과용 도서이므로 교사들이 바라는 내용 즉, 교수·학습 전략과 교수·학습 자료 및 수업 과정안을 좀 더 많이 제시할 필요성이 있다. 아울러 사회과 교사용 지도서는 교사들이 수준별 수업을 좀 더 쉽게 할 수 있도록 내용 구성면에 있어서 다시 한번 재검토를 할 필요성을 요구하고 있다.

사. 제7차 교육과정에 의해 개발된 교과서의 부분적 개선이 필요하다.

제7차 교육과정에 의하여 개발된 교과서에 대한 현장 교사들의 대체적인 만족에도 불구하고 각 교과용도서의 학년별 학습 내용의 위계성에 대한 현장 교사들의 인식은 부정적인 견해가 많다. 학습자의 인지 및 수준의 차이를 고려한 교과서 내용 구성을 통해 학습자의 수준에 따라 선택적인 학습을 가능하게 하고자 한 점은 찾아볼 수 있으나, 교과서의 수준별 내용구성에 있어서 명확한 준거가 없는 경우도 있어, 현장 교사들이 수준별로 구성되어진 교과서 내용을 수업 상황에 그대로 접목시키기에 어려운 점이 많아 수준별 학습을 효과적으로 하지 못하고 있는 것으로 나타났다.

즉, 심화・보충형 사회 교과의 경우 수준의 명쾌한 준거가 없거나 심화・보충형의 수준에 타당성이 부족한 학습 활동이 많아 혼돈스럽게 생각하여 회피하거나 거부하게 되는 것이 현장의 있는 그대로의 모습인 것이다.

제7차 교육과정에서 학생의 능력, 흥미, 적성, 진로에 따른 개인차를 존중하는 기본 정신을 바탕으로 기초・기본 교육을 충실히 하고 자기 주도적 학습 능력을 제고하여 교육의 수월성을 높이고자 도입한 수준별 교육과정의 본질적인 목표를 교과서에서 제대로 구현하지 못함으로써 현장과 괴리되어 실천이 미약하다는 것을 어쩔 수 없이 인정해야 할 것이다. 따라서 제7차 교육과정의 정신을 반영하는 교과용도서 편찬의 기본 방향에 제시되어 있는 학생 발달 단계를 고려한 내용 수준과 학습량의 적정화에 좀 더 근접할 수 있는 교과서의 부분적 개선에 착수하여야 할 것이다.

교사들은 각종 활동, 읽기 자료, 토의 주제, 학습 과제, 생각해 볼 문제, 퀴즈, 퍼즐, 화보 제시 등 다양한 유형을 활용하여 학습자로 하여금 인지 갈등과 호기심, 불일치 등을 느끼도록 유도하는 내용을 필요로 하고 있다. 물론 교사들이 교수・학습 활동에 필요한 정보의 다양한 제공처를 찾으려고 노력해야겠지만, 교수・학습 활동에 손쉽게 활용하게 되는 자료 중의 하나가 각 교과의 교사용 지도서이다.

교사용 지도서에 있는 학습 과정안의 효용성 여부에 대한 교사의 의견은 긍정적 견해가 60.5%, 부정적 견해가 39.6%로 나타난 것으로 보아 교사용 지도서를 구성하고 있는 내용들이 다양한 교수·학습 활동 및 동기 유발 자료를 필요로 하고 있는 교사들의 요구에 미치지 못한 것으로 보인다.

제7차 교육과정에 의거해 각 교과별로 구성된 교과용도서에 대해 현장 교사들은 비교적 긍정적인 사고로 접근하며 실천적 자세를 가지려 노력하고 있는 것은 사실이지만, 제7차 교육 과정에서 표방하고 있는 학습자 중심의 수준별 교육과정의 실천을 위한 교과서의 부분적 개선이 요구되며, 교사용 지도서의 경우 교사들이 교수·학습 활동에 효과적으로 활용할 수 있는 다양한 자료들을 제공할 수 있도록 개선하여 교사용 지도서의 효용성을 증진시켜야 할 것이다.

[참고문헌]

'98년도 1종 도서 편찬 세부 계획서(국어, 수학, 사회, 과학, 영어)

강우철(1975), 교과서 평가 기준, 교과서 구조 개선에 관한 연구, 서울: 한국교육개발원

교육과정개정연구위원회(1996), 교과서 체제 개선 연구 – 제7차 교육과정에 따른 교과서 내용 구성 방식을 중심으로

교육 과정 특별 위원회(1996). "초·중등학교 교육 과정 개혁 방안 연구" 교육부 위탁 연구 보고.

교육부 교육과정 담당관실(1991), "제 6차 교육과정 개정의 기본 방향", 교과서연구, 한국 2종 교과서협회.

교육부(1995) 편수업무편람.

교육부(1999), 1999년도 초·중·고등학교 1종 도서 편찬추진 계획.

교육학사전 편찬 위원회(1972), 교육학 대사전, 서울: 교육과학사

곽병선(1985), 한국의 교육과정, 서울: 한국교육개발원

곽병선·이혜영(1986), 교과서와 교과서 정책, 서울: 한국교육개발원

김송득(1993), 교육권에 비추어 본 현행 교과서 제도의 분석, 서울대학교 대학원 석사학위논문.

김재복(1987), "교과서: 무엇이 문제인가?", 교육개발 49호

김재복 외(1997), 교과서 체제 개선 연구 : 제7차 교육과정에 따른 교과서 내용 구성 방법을 중심으로, 서울: 한국교육과정연구회 교육과정개정 연구 위원회

김정호 외(1998), 교과서 모형 개발 연구, 연구 보고서 RR98 – 8, 교육과정평가원.

김용화(1990), 우리 나라 교과서 제도 변천에 관한 연구, 숙명여자대학교 교육대학원 석사학위논문

김종서(1980), 교과서 제도에 관한 외국 제도와 우리 제도의 비교 연구, 서울: 한국교육개발원

노기호(1998), 교원의 교육관에 대한 연구, 한양대학교 대학원 박사학위

논문

대통령 자문 교육 개혁 위원회(1995) "세계화·정보화 시대를 주도하는 신교육체제 수립을 위한 교육개혁 방안" 제 2차 대통령 보고서.

박도순 외(2001), 교과서 심의 국제 비교 연구-한국, 미국, 독일, 프랑스, 일본을 중심으로-, 서울: 한국교과서재단

박순경, 소경희, 차우규(1998). 초등학교 재량 활동 활성화 방안 연구, 한국교육과정평가원.

배재의(1992), 한국의 교과서 정책 변천에 관한 연구, 한국교원대학교 대학원 석사학위논문

유봉호(1991), "한국의 교과서 변천사", 새교육, 한국교육신문사

이규호(1966), 교과서 편찬 체제의 시대별 비교, 한국교원대학교 대학원 석사학위논문

이경환(2001), "교과서관의 변화에 대한 기대", 교과서연구 제 36호, 한국교과서연구재단.

이근철(1996). "자기주도적 학습의 이론과 실제", 교육연구(1996. 11.).

이대의(1988), "검인정 교과서의 변천사", 교과서 연구, 제 1호(서울: 한국 2종 교과서 협회)

이영덕 외(1985), 교과서 체제개선연구, 연구 보고서 RR85-33, 한국교육개발원

이용숙 외(1995) 교과서 정책과 내용구성 방식 국제 비교 연구, 한국교육개발원

이주연(2000), 교과서에 대한 교사의 인식과 활용 실태 분석, 이화여자대학교 대학원 석사학위논문

조경자(1999), 교과서 정책의 비교와 변화에 관한 연구, 원광대 교육대학원 석사학위논문

조연주·조미헌·권형규 공역(1997). 구성주의와 교육, 학지사.

최석진 외(1997), 제7차 교육과정에 의거한 교과용도서 개발 지침 연구, 한국교육개발원 교육과정 개정 연구 위원회

허종렬(1993), 교육에 관한 국가의 권한과 그 한계, 성균관대학교 대학원 박사학위논문.

한국교육개발원(1979), 교과서 구조 개선에 관한 연구, 서울: 한국교육

개발원
한국교육개발원(1986), "2000년대 한국교과서의 미래상", 교과서 개선
    연구 세미나보고서, 서울: 한국 2종 교과서 협회
한국교육개발원(1995), 교과서 정책과 내용 구성 방식 국제 비교 연구,
    서울: 한국교육개발원
한국교육개발원(1996), 신교육과정 총론(안) 공청회 자료. 서울: 한국교
    육개발원
한국초등교육과정연구회(2001), 제7차 교육과정에 의한 초등학교 교과
    서 활용 방법 개선 연구, 교육인적자원부 위탁 연구과제
허강(1999), 우리나라와 제 외국의 교과서 외형 체제 및 편집 디자인의
    현상 비교 연구, 서울: 한국교과서연구원
홍웅선(1990), "현행 교과서 제도의 문제점과 개선 방안", 교과서연구,
    한국 2종 교과서 협회.
홍웅선 외(1990), 교과서 제도 개선 연구, 서울: 문교부

Brunswic, E. et al.(1990). "The Development of School Textbooks and
    Teaching Materials". Report of an IIEP Seminar (Paris, France,
    November 27 - 30.
Clark, L.H.(1970). Teaching social studies in secondary schools, New
    York: Macmillian Publishing Co,
Currey, V.(1988). The Politics of Textbook Adoption, PS; v21 n1 Win
    1988.
Duttweiler, P. C.(1988). "Reviewing the Effectiveness of "Top - Down"
    Reform", Insights on Educational Policy and Practice; n2 .
English, R.(1980). The Politics of Textbook Adoption, Phi Delta Kappan.
Farr, R. & Tulley, M.A.(1985). "Do adoption committees perpetuate
    mediocre textbooks?". Phi Delta Kappan.
Guba, E. G. & Lincoln, Y. S(1989). fourth generation Evaluation.
    London : Sage Publications..84.
Kawakami, Y.(1984). The School Textbook System in Japan(ERIC_NO:
    ED247218).

Koh, L.(1992). "From Base to Action: Bridging the Gap between Language and Communication Textbooks and the Professional World". Paper presented at the Annual Eastern Michigan University Conference on Languages and Communication for World Business and the Professions (11th, Ypsilanti, MI).

Newmann, P. H.(1989). "Publishing for schools in France, the Federal Republic of Germany, the United Kingdom, and the United States", in J. P. Farrel and S. P. Heyneman(eds.). Textbook in the Developing World, New York:The World Bank.

Ruddock, J.(1992). : "Research and the Secondary School Curriculum", Paper presented at

the European Educational Research Workshop (Valleta, Malta, October 6 - 9, 1992).

Skilbeck, M.(1998). "School - based Curriculum Development", in A. Hargreaves et al(eds.). International Handbook of Educational Change. UK: Kluwer Academic publisher.

The Texas Education Agency (1987), New Textbook Adoptions: A Guide for Selecting Textbooks, Texas; Texas Education Agency.

Tulley, M.(1985). "A Descriptive Study of the State - Level Textbook Adoption Processes", Educational Evaluation and Policy Analysis.

Tyson, H.(1990). Three Portraits: TextBook Adoption Policy Changes in North Carolina, Texas, California. An Occasional Paper(ERIC_NO: ED337890).

Winograd, P. & Osborn, J.(1986). "Textbook Adoption in Kentucky". Reading Education Report No. 64.

Venditti, M.(1996). A Textbook Approach Versus an Integrated Approach in Social Studies, Master of Arts degree requirement, Kean College of New Jersey.

• 부록 : 사회과 교과용도서의 현장 타당도 조사에 관한 설문지

※ 다음은 제7차 교육과정의 사회 교과서, 사회과 탐구와 지도서에 대한 내용
입니다. 물음을 잘 읽고 응답해 주십시오.

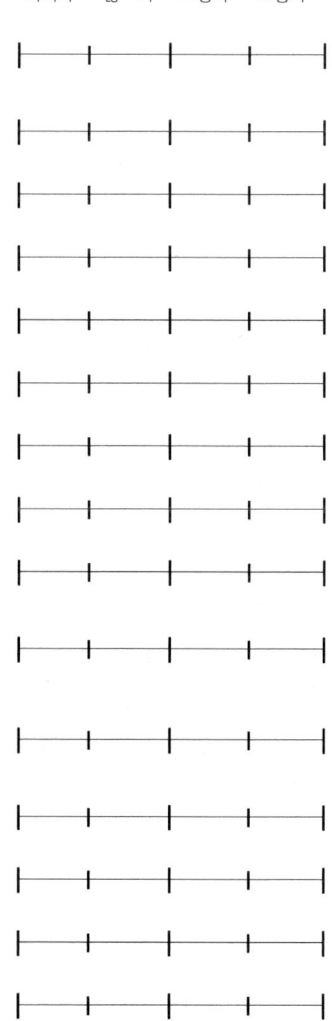

		전 혀 아니다	그렇지 않 다	대체로 그렇다	매 우 그렇다
1.	학습 내용이 학생들의 자기 주도적 학습 능력과 창의성 신장에 적합하도록 구성되어 있다.				
2.	심화·보충 학습이 가능하도록 수준별로 학습 내용이 구성되어 있다.				
3.	교육과정의 지역화를 구현할 수 있도록 구성되어 있다.				
4.	지역화를 위한 교사의 재량 범위가 확대되었다.				
5.	주제·문제 중심의 통합적 접근이 가능하도록 구성되어 있다.				
6.	교과서 외의 다양한 교수·학습 자료와 연계될 수 있도록 구성되어 있다.				
7.	교과서 및 사회과 탐구에 실린 자료는 최신 자료로 구성되어 있다.				
8.	교과서의 편집과 디자인이 세련되고 다양하게 구성되어 있다.				
9.	정보화, 세계화의 시대적 요청에 적합하게 교과서가 편찬되었다.				
10.	'사회과 탐구'가 '사회' 교과서를 학습하는 데 기본적으로 활용되는 보조 교과서의 역할을 할 수 있도록 구성되어 있다.				
11.	사회과 부도에 실린 자료가 사회과 학습의 효과를 높일 수 있도록 창의적으로 구성되어 있다.				
12.	교사용 지도서에 제시한 다양한 교수·학습 아이디어가 교수·학습시 도움을 준다.				
13.	교사용 지도서에 제시된 예시 학습 과정안은 교수·학습 활동에 도움을 준다.				
14.	사회과의 학습 내용이 학생들의 실생활과 밀접하게 연계되어 있다.				
15.	사회과 교과서에 사용된 용어나 개념이 학생들의 발달 수준에 맞게 제시되어 있다.				

제4장

사회과에 효율적인 ICT활용 방안

I. 들어가는 말

현대사회는 지식과 정보가 개인 및 국가 경쟁력의 핵심요소이자 가치 창출의 근원인 정보화사회 또는 지식기반사회이다. 정보화사회에서는 정보의 수집, 처리, 활용 능력에 의해 삶의 질과 빈부가 결정되기 때문에 세계 각국에서는 유용한 정보를 생산·수집·가공할 수 있는 첨단 정보통신기술 개발에 온 힘을 기울이고 있다. 시대가 바뀌면 경쟁력의 개념이 바뀌고 요구되는 인재상도 달라진다. 정보화시대에 필요한 인재는 소위 디지털리터러시[1]를 갖춘 인

이 장의 내용은 『학습자중심교과교육연구』제6권(2003)에 실린 '사회과에서 효율적인 ICT활용 방안'을 일부 수정한 것입니다.

1) 디지털리터러시란 디지털화된 정보의 신뢰성을 평가·판단하고 필요한 정보를 검색·조합하여 새로운 지식으로 창출할 수 있는 능력으로, 단순히 컴퓨터나 인터넷 활용 능력 수준을 초월하여 디지털 정보를 지식으로 전환하여 실제 문제해결에 활용할 수 있는 능력을 의미한다. 디지털리터러시는 크게 3가지로 구별되는 데, 디지털 기술을 활용할 수 있는 기술적 활용 가능성(technical usability), 디지털화된 정보를 학습활동을 통해 지식으로 전환하여 문제해결에 활용할 수 있는 능력인 비트 리터러시(bit literacy), 마지막으로 학습한 결과 창출한 자신의 지식을 남과 함께 공유하면서 더불어 살아가는 디지털 라이프에 기여할 수 있는 기반능력인 비추얼 리터러시(virtual literacy)가 있다.

재가 요구된다.

이러한 최근의 환경변화의 흐름에 대응하기 위해 초등학교 교수·학습도 새로운 학습방식이 요구되어 정보통신기술(Information Communication Technology: 이하 ICT로 略함)을 활용한 교수·학습으로 변화되어가고 있다.

사회과는 사회 현상을 올바르게 인식하고, 사회 지식 습득과 사회생활에 필요한 기능을 익히며, 민주 사회 구성원에게 요청되는 가치와 태도를 지님으로써 민주 시민으로서의 자질을 육성하는 교과이다(교육부, 1998). 사회과의 궁극적인 목표가 민주시민으로서의 올바른 자질을 길러주는 데 있으므로 정보화 사회로의 변화와 특징에 주목하지 않을 수 없다.

첨단 정보화사회에서의 사회과 교육은 전통적인 강의 중심의 교육이나 교사 주도적인 교육, 암기 및 회상 위주의 교육, 수동적 지식 습득의 교육만으로는 새로운 패러다임의 요구에 부응할 수 없다. 이러한 교육환경의 변화는 사회과를 통해서 길러야 할 민주시민의 자질 면에서도 많은 변화를 요구하고 있다. 즉, 시민으로서의 책임과 권리, 합리적 사고, 사회참여능력뿐만 아니라 정보의 수집·처리·활용 기능과 자기주도적인 학습능력, 창의적 능력 등이 시민적 자질로 부각되고 있다. 새로운 시대에 요구되는 시민적 자질을 기르기 위해서는 단순히 지식을 전달하는 전통적 수업방식에서 벗어나 학생들로 하여금 ICT를 활용할 수 있는 능력을 길러 주고, 이를 바탕으로 창조적인 문제해결능력과 자기주도적 학습능력을 길러주는 교육으로의 전환이 요구된다.

그러나 지금보다 더 중요한 것은 ICT활용교육이 사회과의 목표

와 내용 및 특성을 충분히 고려하였는가의 여부이다. 그것이 사회
과의 교육목표를 달성하는 데 정말로 효과적인가 하는 방향에서
접근해야 할 것이다.

사회과 ICT활용의 핵심은 학생들로 하여금 생각하도록 하고, 그
들의 이성적 잠재력을 이끌어내도록 하며, 사회 현상에서 일어나는
문제들을 효과적으로 수행할 수 있도록 가르치는 데 있다.

이에 본 연구에서는 사회과에서 ICT활용교육의 효과와 지금까지
논의된 ICT활용교육의 연구 동향을 분석하고, 구체적으로 사회과
수업에서 활용 가능한 ICT활용교육 방법을 살펴보고자 한다.

Ⅱ. 사회과에서 ICT 활용의 효과와 연구동향

사회과에서 ICT를 활용하는 근본 목적은 효과적으로 교수·학
습목표를 달성하기 위해서이다. 사회과에서 ICT를 활용함으로써
얻을 수 있는 교육적 효과와 연구 동향을 살펴보면 다음과 같다.

1. ICT활용교육[2)]의 효과

사회과에서 ICT활용교육은 정보통신기술의 기능을 익히는 것부
터 여러 가지 정보통신기술 도구들의 장점을 활용하여 주어진 문
제를 해결하고, 새로운 정보를 창출하여 교류하며 공유하는 보다
더 적극적인 의미의 교육을 뜻한다(한면희, 2001). 사회과에서 길

러야 할 바람직한 민주 시민의 자질을 기르기 위해서는 여러 가지 기능과 가치·태도 및 탐구 방법을 획득해야 한다. 그러므로 사회과 수업은 학생들에게 지적인 이해도 중요하지만 정보화시대를 살아나갈 사회의 바람직한 가치나 합리적인 사회생활을 위한 여러 가지 기능들을 고루 갖추어야 한다. 특히 사회과에서 강조되어야 할 의사소통기능, 사고기능, 사회참여기능, 가치탐구기능은 ICT 활용 수업에서 효율적으로 도입하여 신장시킬 수 있다.

사회과에서의 ICT활용교육은 단순히 최신 정보통신 및 과학기술의 개념이나 그것을 조작하는 방법을 습득한다는 단순한 목적은 물론, 이를 활용하는 과정에서 얻는 지식 및 경험, 정보 등을 통하여 정보화 사회에서 절실히 요구되는 의사결정, 문제 해결, 사회참여에 있어서 올바른 판단력을 갖춘 시민으로서의 자질을 함양한다는 복합적인 의미를 가지고 있다.

ICT를 사회과 수업에 활용함으로써 얻을 수 있는 교육적 효과는

---

2) ICT(Information & Communication Technology)는 정보기술(Information Technology)과 통신기술(Communication Technology)의 합성어로 하드웨어와 소프트웨어를 이용하여 정보를 수집, 생산, 가공, 보존, 전달, 활용하는 모든 방법을 의미한다. 정보를 취급하기 위한 하드웨어, 소프트웨어, 통신 등의 도구와 이러한 도구들을 활용하는 기술 혹은 기법을 포함하며, 도구활용기술을 이용한 정보의 수집, 분석, 처리 등의 정보활용방법까지를 ICT의 범위로 보고 있다. ICT활용교육의 개념에 대해서 다양한 해석이 있다. 다양한 교육매체 중 하나로 생각하는 견해도 있고, 컴퓨터와 인터넷을 활용한 교육으로 정보의 쓰임새를 한정하여 해석하려는 견해도 있다. ICT활용교육은 학생들이 정보통신기술에 관한 인지적 측면, 행동적 측면 및 정의적 측면의 제요소들을 균형 있게 함양할 수 있도록 하는 것을 목표로 하며, 교육부(2000)에서 제시하고 있는 총괄목표는 '정보통신기술을 이용한 정보의 생성, 처리, 분석, 검색 등에 관한 기초적인 정보소양능력을 기르고, 학습 및 일상 생활의 문제 해결에 정보통신기술을 적극적으로 활용한다'라고 명시하고 있다. 따라서 정보통신기술 교육은 크게 두 가지 측면에서 다루고 있다. 하나는 ICT소양교육으로 정보통신기술 그 자체를 가르치는 것으로 교육의 주된 요소는 기술과 기능의 숙달이다. 다른 하나는 ICT활용교육으로 정보통신기술의 활용 능력을 기르는 일이다. ICT활용능력의 신장을 위해서는 숙달된 기능을 활용할 수 있는 학습기회를 제공하는 방법과 기능 자체를 활용하여 학습시키는 방법이 적용될 수 있다. 물론 두 가지 방식은 적절하게 이용될 때 정보통신기술교육이 가장 효과적으로 이루어질 수 있다.

다음과 같다(임순환, 2002).

첫째, 지식 정보화 사회를 살아가는 데 필요한 정보통신윤리에 대한 교육이 체계적이고 효과적으로 이루어질 수 있다. 사회과는 주요 학습내용이 사회의 변화와 사회문제에 대한 이해와 밀접한 관련을 가진다. 따라서 사회과를 통하여 정보화사회에 대한 인식과 그 사회가 가져오는 많은 순기능과 역기능에 대한 이해를 체계적으로 실시할 수 있다. 즉, 사회과에서는 건전한 정보의 공유와 같은 정보통신윤리 영역과 결합하여 지적 · 정의적 영역을 통합한 수업이 가능하다.

둘째, ICT를 활용한 사회과 수업은 통합교과적인 접근이 용이하다. 사회과는 본질적으로 통합된 교과이다. 사회과에서 정보통신기술을 활용하여 일상 사례를 탐구 · 분석하는 활동을 통해 지리, 역사 및 제 사회과학의 기본 개념과 원리를 발견하고, 사회문제를 해결하는 과정을 통해 통합적인 접근이 용이하다.

셋째, 학습자의 학습활동 영역을 확대시켜 준다. 사회과에서의 정보통신기술의 활용은 다양한 정보 수집 뿐만 아니라 수집한 정보를 토대로 여러 가지 사회현상 및 사회문제의 분석 · 적용을 통해 실제 사회현상의 적극적인 이해로 당면한 사회문제 해결에 대한 합리적 의사 결정을 내리고, 현실 참여를 가능하게 하는 행동에까지 이를 수 있다.

넷째, 다양한 문화를 이해할 수 있는 풍부한 기회가 제공된다. 문화적인 배경이 다른 학습자들을 이해하고 인터넷을 통하여 시 · 공간의 제한을 초월할 수 있다. 서로 다른 환경에서 성장한 학습자들과 펜팔을 하거나 아이디어를 교환하고 상호작용할 기회가 증진된다. 즉, 의사소통의 기회가 늘어나면서 문화적인 차이를 이해하고 인정할 기회를 갖게 된다. 따라서 우리의 전통문화는 물론이고 다른 나라의 사회문화에 관한 정보를 빠르고 다양하게 수집할수 있으며 동시에 비교할 수 있고, 보다 심도있게 이해할 수 있으므로 전통문화에 대한 교육과 국제이해교육을 동시에 할 수 있다.

다섯째, 다양한 의사소통 경로를 통해 폭넓게 사고할 수 있다. 사회과에서의 ICT 활용[3]은 학습자가 다양한 의사소통경로를 통해 자신의 의견을 타인에게 제공하고, 다른 사람의 의견을 폭넓게 경험할 수 있기 때문에 민주시민교육을 체험중심으로 진행할 수 있게 한다.

여섯째, 다양한 자료와 정보의 수집과 분석 및 적용을 통한 학습이 이루어질 수 있다. 자료나 정보가 활용되지 않는 사회과 수업은 공허하며 전이되지 못하고 자신의 생활문제 해결에 단편적이거나 획일적인 접근과 해결이 될 우려가 있다. ICT활용 수업에서는 사회과에 필요한 풍부한 교수·학습 자료를 제공하고, 수많은 정보를 통해 지도, 도표, 통계, 연감, 사진, 신문, 방송, 유물, 기록물, 여행기, 탐험기 등의 다양한 교수·학습 자료를 획득할 수 있다.

위와 같이 ICT를 활용한 사회과 수업은 사회 변화에 따른 제반 사회문제를 비판적 시각으로 바라보는 동시에, 창의적 능력을 발휘하여 당면 문제를 해결하는 사고력 중심의 교육으로 이루어져야 하며, 인간의 존엄성과 자아실현의 중요성이 더욱 강조되어야 할 것이다.

---

3) 일반적으로 ICT를 활용할 때 나타난 장점은 학습자의 자율과 특성을 존중하고 유연한 학습 활동과 자기주도적인 학습 능력을 신장시킬 수 있다. 또 다양한 교수·학습 활동을 촉진시키고, ICT를 활용한 정보 검색 및 수집, 분석, 종합 등 새로운 정보 창출 과정에 직접 참여함으로써 창의력과 문제 해결력을 신장시킨다(한국교육학술정보원, 2000).

2. ICT활용교육의 연구 동향

가. 인터넷을 활용한 사회과 수업 연구

이미란(2000)은 고등학생을 대상으로 한 연구에서 인터넷 자원 중심수업은 교사 위주의 설명식 수업보다 전체적으로 효과적이며 구체적으로 흥미도, 책임감, 선호도, 수업 참여의 성실성에 있어서 통계적으로 유의하게 높은 효과를 보였으나, 수업의 집중도에 있어서는 설명식 수업이 인터넷 자원중심수업보다 효과적이라고 하였다. 특히 인터넷을 활용한 자원중심수업의 효과에 유의미한 영향을 주는 학습자 특성을 자기 주도성이라고 하였다. 권부경(2000)은 인터넷을 활용한 인구 학습을 실시하여 인터넷 활용 수업이 강의식 수업에 비해 지식, 기능 영역에서 특히 효과적이라는 것과 가치·태도 영역에서는 장기간 연구를 수행하여 효과를 분석할 필요가 있음을 확인하였다. 윤은석(2002)은 인터넷을 활용한 사회과 수업의 방향을 제시하고, 학업성취도 향상과 사회과에 대한 인식 및 학습 태도 변화를 비교·분석하였다. 인터넷을 활용한 수업은 사회과에 대한 동기유발과 지적인 호기심을 증가시켜 학업성취도가 향상되었고, 특히 하위그룹 학생의 학습성취도와 고장의 유물, 유적, 고장의 문화 행사와 같은 특정지역에 한정된 내용의 학습성취도 향상에 많은 영향을 미친다고 하였다. 이상훈(2002)은 초등학교 5학년 사회과 '살기 좋은 우리 국토'를 학습 단원으로 선정하여 인터넷 활용 프로젝트 학습을 실시하고 자기주도적 학습 능력과 학업성취도에 미치는 영향을 연구하였다. 그 결과, 인터넷 활용 프로젝트 학습이 전통적 방법으로 학습할 때 보다 아동들의 자기주도적 학습 능력 향상에 효과적임을 검증하였다. 즉, 인터넷 활용 프로젝트 학습은 아동들이 문제를 파악하고 적합한 정보를 검색하여 편집하는 능력을 향상시킴으로써 정보 활용 능력 향상에 긍정적인 기여를 한다는 것이다. 전기훈(2002)은 초등학교 4학년 사회과 '박물관 견학과 문화재 답사'의 학습에 인터넷 활용 문제 중심 학습 방법을 적용하였다. 그 결과, 정보화 능력 성취에 있어서 인터넷 활용 문제 중심 학습 방법은 전통적인 학습 방법에 비해 높은 효과를 가져왔고, 학업성취 수준에 상관없이 정보화 능력 성취 면에서 효과가 있는 것으로 밝혀졌다. 또한 학습 내용 파지에 있어서 인터넷 활용 문제 중심 학습 방법은 전통적인 학습 방법에 비해 높은 효과를 가져왔고, 학업 성취 수준에 상관없이 학습 내용 파지 면에서 효과가 있다고 하였다.

나. 멀티미디어를 활용한 사회과 수업 연구

이상원(2001)의 연구에서는 정보통신기술활용 교수·학습을 상위그룹과 하위 그룹에 적절히 적용함으로써 학습자들의 학습 흥미도 및 자기주도적 학습능력을 신장시킬 수 있으며, 특히 하위 그룹 학습자들에게 적절히 적용함으로써 학업 성취도를 신장시킬 수 있다고 하였다. 즉, 정보통신기술활용 교수·학습은 상위그룹의 학습자보다는 하위그룹의 학습자에게 더 크게 영향을 미친다는 것이다. 민병서(2000)는 전통적인 방식의 학습보다 웹기반 코스웨어를 수업에 활용하는 것이 학습자의 성취도 향상에 도움이 된다고 하였다. 이재학(2001)은 멀티미디어를 이용한 초등 세계 학습은 많은 자료를 적절히 제시할 수 있어 아동들의 흥미유발과 학습에 도움이 되며 교사들의 교수학습자료로서도 매우 효과적이라고 하였다. 저작도구는 새빛(Ver, 1.5a)을 사용하였고 설문조사 결과 아동들의 반응에서 멀티미디어 학습은 아동들에게 많은 흥미 유발이 되나 일부 아동들은 프로그램이 반복됨으로써 지루함을 느낀다고 하였다. 아동들은 멀티미디어의 여러 요소들 중 생생한 그림과 사진, 동영상이 학습에 도움이 되고, 특히 세계 여러 나라의 동영상을 가장 인상깊게 학습하였으며 우리나라와 다른 나라와의 비교학습에도 많은 흥미를 느꼈다고 하였다. 배진숙(2002)의 연구에서는 정보통신기술매체를 활용한 세계지리 학습 효과를 알아보기 위하여 초등학교 6학년 '변화하는 세계 여러 나라' 단원을 중심으로 정보통신기술매체를 활용하는 전자학습지도안을 개발하여 수업에 적용한 후, 상·중·하 집단별 학업성취도(지식이해도), 학습태도, 정보활용능력 등에 대한 효과를 알아보았는데, 정보통신기술매체를 활용한 교수·학습 방법은 세계지리학습에서 전통적 교수·학습에 비해 학업성취도와 학습태도, 정보활용능력에 긍정적인 효과가 있었다는 연구 결과를 맺고 있다. 최정민(2003)은 초등학교 5학년 사회과 경제 영역에서 ICT활용교육이 아동들의 경제에 대한 지식·이해, 기능, 가치·태도 영역의 학업성취도를 비교 분석하였다. ICT를 활용한 경제 수업을 5주간 적용하였을 때 종합적인 학업성취도와 학업성취도의 하위 영역 중 지식·이해 영역과 기능 영역에서 긍정적인 효과가 있는 것으로 규명되었으나 가치·태도 영역의 학업성취도 검사에서는 긍정적인 효과가 없는 것으로 나타났다.

다. 기타

송성섭(1998)은 4학년 지역화 교재 단원을 가지고 지역화 학습이 사회과 정보처리기능 신장에 미치는 영향에 관한 연구 결과에서 지역에 산재한 다양한 지역화 자료들은 학습 동기 유발과 발전적 지식과 사고를 계발하는 기초를 마련해 주며, 지역화 자료를 활용하는 과정 속에서 다양한 사고와 자료를 동원하게 함으로써 사회과에서 요구되는 필수기능인 정보처리기능 신장에 효과적이라고 하였다. 그러나 지역화에 관한 자료들이 주로 성인들을 대상으로 되어있어 학생들이 학습 내용을 이해하는 데 어려움을 느끼는 것으로 나타났다. 최주진(2003)은 일상적인 초등 사회과에서 ICT활용 수업이 어떻게 이루어지고 있으며, 그 과정에서 나타나는 수업 유형의 차이는 무엇인가를 참여 관찰과 심층 면접을 사용하여 연구한 결과, 전공교사(대학원에서 사회과교육을 전공한 교사)의 경우 ICT활용 수업이 전개단계에 중점적으로 학생 중심의 정보 생산과 표현활동으로 이루어지며 학습문제 해결을 위한 교수 기법으로 사용하였다. 비전공교사는 수업의 전 단계에서 고르게 교사 중심의 매체활용이 주를 이루었으며 내용 전달을 위한 효율적인 매체로 ICT활용 수업이 이루어짐으로써 교사와 학생간의 상호작용이 중점적으로 나타났다고 보고하고 있다.

이상의 선행 연구들을 종합해 볼 때 사회과에서의 ICT 활용 수업이 전통적인 수업보다 학업성취도, 흥미 및 학습 습관, 가치 태도에 긍정적인 영향을 미친다는 것을 알 수 있다. 그러나 ICT를 활용한 사회과 수업에 관한 대부분의 연구가 어쩌면 이미 결과가 나와 있는 것(사회과에서 ICT를 활용한 수업을 전개했더니 학업 성취도, 흥미 및 기능, 가치·태도에서 긍정적인 효과가 있다)을 증명하는 느낌을 지울 수 없다.

대부분의 연구가 사회과에서 ICT를 활용한 수업과 전통적인 방식으로 하는 수업을 비교·분석하고 있다. 그러나 전통적인 방식으로 하는 사회과 수업 모두가 ICT를 활용한 수업보다 효과가 없는 것일까 하는 의심이 든다.[4] 교사 중심의 전통적인 사회과 수업도 수업의 전문가인 교사가 다양하고 철저한 수업 전략을 세우고 여기에 여러 가지 교육매체들을 사용하여 수업을 전개하면 ICT를 활용한 수업보다 훨씬 더 효과적인 수업이 될 것이다. ICT를 활용한 수업만이 사회과 수업의 만능은 아니다.

ICT를 활용한 수업은 자칫 잘못하면 교사들의 탈숙련화를 가속시킬 수 있다. 탈숙련화(deskilling)란 전문가들의 전문 지식과 능력이 서서히 소멸된다는 뜻이다. 즉, 교사들의 교수·학습에 대한 능력이 점차 줄어든다는 것이다. ICT를 활용하면서 교사들은 수업을 '계획하는 일'에 참여하지 않고 '실행'만 하게 된다. 소위 'Click Teacher'가 되어가고 있지는 않는지 고민해야 한다.

---

4) 교육부에서 정의하는 ICT의 개념은 너무 범위가 좁다. 영국의 교사연수기관(TTA)에서는 ICT를 "현재 이용 가능한 도구들이며 교사가 수업할 때 사용하는 도구들이다."라고 정의하고 있다. 즉, ICT의 구체적인 도구로는 컴퓨터관련 ICT(CD - ROM, 소프트웨어, 인터넷, 하드웨어 등 컴퓨터와 관련된 매체)와 전통적인 ICT(비디오, 텔레비전, 라디오, 사진기, OHP 등)으로 구분하여 제시하고 있다. 즉, 영국에서의 ICT는 교사들이 사용할 수 있는 모든 종류의 매체를 의미한다. 그러나 우리나라 ICT정의는 컴퓨터관련 ICT만을 강조하고 있다. 전통적인 사회과 수업에 활용된 비디오, 텔레비전, 라디오, 사진기, OHP 등 전통적인 ICT의 효과를 무시하고 있다. 따라서 우리나라에서도 ICT에 관한 개념을컴퓨터 관련 ICT만을 강조할 것이 아니라 전통적인 ICT 개념도 포괄하여 정의해야 한다. 그렇게 함으로써 ICT의 개념이 명확해지고 ICT활용의 기본 방향이 제시되어 일선 교사들이 교수·학습에서 ICT를 활용하는 데 도움이 될 것이다.

수업에서 ICT를 활용하는 목적은 교수·학습 목표의 극대화를 이루기 위해서이다(학술정보원, 2001). 다시 말하면 수업은 교사가 학생들을 가르치면서 교수·학습 목표를 최대한으로 달성하게 하는 것이 목적이며, ICT활용하는 것 또한 수업 목표 달성을 위한 하나의 수단이다. 그러나 정부의 지나친 간섭과 통제로 목적과 수단이 전도되는 웃지 못할 일들이 벌어지고, 결과적으로 교사들의 수업능력을 떨어뜨리는 결과를 가져오고 있다. 정부에서는 2001년부터 초등학교 수업에서 ICT를 국민공통기본교과에서 10%이상 활용하도록 제시하고 있으며, 2005년까지 활용 비율을 20%이상으로 확대 실시할 예정이다[5](교육부, 2001a). 이처럼 정부에서 ICT의 반영비율을 지정하고 우리나라와 같은 중앙집권체제에서는 거의 강제 조항으로 바뀌어 교실에서의 ICT를 활용하는 목적과 수단이 혼동되거나 뒤바뀌게 된다. 교사들이 ICT를 사용하는 본래 목적인 교수·학습 목표의 달성은 망각되고 ICT의 활용비율이라는 수단에만 관심을 기울이게 될 우려가 있다.

따라서 사회과 수업에서 ICT를 활용할 때는 본시 수업목표를 달성하는 데 어떤 교육매체가 가장 효과적인가를 먼저 생각하고 활용해야 할 것이다.

---

5) 제7차교육과정의 중요한 특징의 하나로 재량활동의 신설 및 확대이다. 재량활동은 단위 학교의 독특한 교육적인 문화풍토에 알맞게 창의적인 교육활동을 다양하고 특색있게 운영하는 것이다. 이런 취지에 따른 재량활동이 현장에 뿌리도 채 내리기 전에 어느날 갑자기 정보통신교육을 1년에 34시간이상 의무적으로 실시하라고 했다. 이런 정부의 정책혼선으로 인하여 준비되지 않는 ICT소양교육이 실시되고, 일선 현장은 혼란의 소용돌이에 휘말리게 되었다.

Ⅲ. 사회과에서 권장되는 ICT활용교육 방법

어떤 형태의 사회과 수업이든 다양한 ICT를 활용할 수 있다. 그럼에도 불구하고 특히 최근에 우리의 교실 현장을 고려하여 사회과에 사용되기를 권장하는 사회과 ICT활용교육 방법을 살펴보면 다음과 같다(한면희 외, 2002).

1. 멀티미디어 자료를 수업에 활용하기

최근 교육부와 한국교육학술정보원에서 주관한 멀티미디어자료 공동 개발사업에서 프로그램화된 자료가 아니라 교사가 자신이 수업을 진행하면서 적절한 시기에 쉽게 활용할 수 있는 이미지, 소리, 모듈, 간단한 동영상 위주의 멀티미디어를 개발하여 웹상에서 제공하고 있다. 특히 사회과에서 많이 활용해야 할 것은 보기 힘든, 듣기 힘든, 구하기 힘든 자료들을 멀티미디어화해서 실제에 가깝게 단순한 학습자료로서 수업에 활용하는 것이다. 이 방법의 장점은 별도의 준비 없이도 사회과의 구체적인 자료들을 쉽게 얻어서 수업에 활용할 수 있다는 점이다.

2. 사회과 수준별 수업[6]에 활용하기

사회과에서 심화·보충형 수준별 교육과정으로 아동의 능력뿐만 아니라 아동의 흥미도 고려하는 수준별 수업을 전개해야 한다.

ICT를 활용하여 사회과 수준별 수업을 전개할 때 학생들의 흥미나 관심도에 따라 스스로 선택하고 조사하고 발표할 수 있다.

예를 들면, 3학년 2학기 '우리 생활을 돕는 고장의 여러 기관'을 알아볼 때 우체국, 경찰서, 소방서, 보건소 등의 여러 기관들 중에서 한 기관을 선택하여 자기가 맡은 기관을 깊이있게 조사하도록 발표할 수 있게 유도할 수 있다.

3. 시사자료 수업에 활용하기

NIE수업을 비롯한 시사자료 활용수업을 이용할 수 있다. 최근 유행하고 있는 시사자료 활용수업인 NIE수업에서 각 언론사가 제공하는 전자신문을 활용하여 보다 실제적인 시사수업을 할 수 있다. 아울러 각 방송사에서 제공하는 동영상 기록물도 수업에 활용할 수 있다.

예를 들면, 웹사이트들을 통해서 제공되는 정보들을 교사가 취사선택하여 수업에 활용할 수 있다. 그러나 시사자료를 활용할 때 유의할 점은 대부분의 웹사이트를 통해서 제공되는 정보는 일반인을 대상으로 제공된다는 것이다. 그러므로 반드시 교사가 학생들의 눈높이에 맞추어 재구성을 해서 제시해야만 소기의 목표를 달성할 수 있다.

---

6) 교과별 국가 수준의 구체화된 ICT활용 지침과 더불어 관심있는 교과전문가나 교사들에 의해 개발된 혹은 앞으로 개발될 교과별 ICT활용 수업자료를 모든 교사들과 학생들이 공유할 수 있도록 국가 수준의 체계적인 수업자료 공유 시스템을 개발해야 한다. 요즈음 시·도별로 교수·학습 지원센타를 설립하여 전국적으로 펼쳐지는 교육자료 공유운동은 지속적으로 전개되어야 한다.

70대 할머니 평생모은 재산 5억원 쾌척

70대 할머니가 날품팔이 등을 하며 평생 동안 모은 재산 5억 원을 대학에 기탁해 화제가 되고 있다. 주인공은 경북 상주시 낙양동에서 농사를 짓고 사는 박일분(朴一粉.73) 할머니. 박 할머니는 평생 모은 재산인 밭 66평과 논 480평, 28평짜리 주택 등 시가 5억 원 상당의 부동산을 가정형편이 어려운 학생들과 우수한 인재양성을 위한 장학금으로 써 달라며 최근 상주대학교에 쾌척했다.

상주가 고향인 박 할머니는 젊은 시절에 생계를 위해 일본으로 건너간 남편과 소식이 끊어진 뒤 한국전쟁 때 설상가상으로 두 아들을 모두 잃고 25살의 나이에 혈혈단신으로 홀로 남게됐다. 이후 박 할머니는 생활을 위해 혼자 몸으로 보부상과 날품팔이 등으로 나서 매서운 세파에 부딪히며 갖은 고생을 했으나 평소 근면하고 검소한 생활로 지금의 재산을 일궜다.

박 할머니는 "생전에 이웃을 도울 수 있는 보람 있는 일을 하기 위해 대학에 장학금을 기탁키로 마음먹었다"면서 "적은 돈이지만 경제적인 어려움을 겪고 있는 지역의 우수한 학생들에게 조금이라고 도움이 될 수 있으면 좋겠다"고 말했다.

상주대학교는 박 할머니의 뜻을 기리기 위해 오는 24일 개교 80주년 행사로 장학금 기증식 및 현판 제막식, 장학후원동산 개장식 등을 개최하고 앞으로 매학기 우수 학생을 선발해 장학금을 지급할 계획이다.

---

4. 온라인 시뮬레이션 활용하기

시뮬레이션을 제공하는 사이트를 수업에 이용할 수도 있고, 홈페이지를 이용한 시뮬레이션도 할 수 있다. 사회과 수업은 가능한 실제 사회와 비슷한 환경을 경험하는 것이 권장된다. 특히 경제적인 현상이나 개념들을 지도할 때 사용하면 더욱 효과적이다.

5. 웹사이트를 이용한 의견 조사 및 토의수업

사회과에서 토의수업은 논쟁모형, 법리모형, 가치명료화모형, 대립토의수업, 가치판단력 수업, 패널 수업 등 다양한 형태가 있다. 그러므로 교사가 웹사이트를 만들어 하는 웹 토의수업은 현행 토의 수업의 한계를 극복할 수 있는 좋은 대안이 될 수 있다. 예를 들면, 다음과 같이 활용할 수 있다.

토론 주제: 범죄 예방을 위한 CCTV 활용, 어떻게 생각하세요?

불법 주·정차 단속이나 강력 범죄를 막기 위해 폐쇄회로 TV(CCTV)를 거리에 설치해 24시간 단속하려는 계획이 논란을 빚고 있습니다. 서울종로구청과 경찰은 강력 범죄 예방에 도움이 된다는 입장인 반면, 대한변호사협회는 "개인의 동의를 받지 않은 개인정보 수집이며 법적 근거도 없는 사생활 침해"라는 의견을 내놓았습니다.

변호사협회는 서울 종로구가 인터넷 홈페이지를 통해 인사동 길을 동영상으로 방송하고 있는 것에 대해서도 "개인 초상권과 사생활에 대한 중대한 침해"라는 의견입니다. 종로구는 구청 홈페이지를 통해 인사동 사거리 등 인사동 거리 곳곳의 모습을 24시간 CCTV로 촬영, 실시간으로 방송하고 있습니다. 불법 주·정차 단속이나 범죄 예방 등을 위해 거리에서 CCTV를 활용하자는 의견에 대해 어떻게 생각하십니까?

1. 인권침해이므로 CCTV 활용을 중단해야 한다. 　28.54% (276명)
2. CCTV를 활용해서 범죄를 예방해야 한다. 　71.46% (691명)

총 투표 참여인원 967명

Ⅳ. 맺는말

사회과에서 ICT를 활용한 수업에서 가장 중요한 것은 ICT활용 교육이 사회과의 목표와 내용 및 특성을 충분히 고려하여 사회과의 교육목표를 달성하는 데 정말로 효과적인가 하는 방향에서 접근해야 할 것이다. 21세기 정보화사회의 교육적인 패러다임의 변화와 공학적인 발전을 활용하여 교육개혁을 실현하고자 했던 많은 시도들이 '열광 – 과학적 지지 – 실망 – 비난'의 순환을 거듭했다는 것은 성공적인 ICT활용교육을 위해서도 주지해야 할 사실이다.

'교육매체는 교수를 전달하는 수단에 불과하며, 학생들의 학업

성취에 영향을 주지 않는다.'는 주장과 함께, 학업에 영향을 주는 것은 교육매체에 담겨진 교과 내용과 교수·학습 전략이다. 실증적인 연구 결과나 이론에 바탕을 둔 철저한 처방 없이 단순히 첨단기술의 고효율, 빠름과 다기능, 정교함 등에 미혹되어 ICT활용교육을 무비판적으로 수용하는 것은 지양되어야 한다. 무비판적인 활용에만 관심을 가질 경우 인간과 인간의 만남을 통해서 이루어지는 교육 본연의 모습이 상실되는 전도된 모습을 보일 수 있다.

　사회과에서 ICT활용교육은 학습자가 정보를 단순히 기억하고 저장하는 활동에서 탈피하여 정보를 창출하여 전달하는 지식의 구성 및 창출 활동까지 이루어져야 한다. ICT활용교육이 정부의 일방적이고 반강제적인 하향 전달식의 '보여주기식'의 정책이 아니라, 일선 교육의 현장에서 가슴으로 고뇌하고 머리로써 자신의 경험을 부단히 정리하고 있는 교사들의 살아있는 생생한 경험을 바탕으로 체계적이고 유기적인 시각으로 접근할 때 해결의 대안을 찾을 수 있을 것이다. ICT활용교육이 모든 교육문제를 해결해 주는 유토피아적 장치가 아니라 특정 부분에서만 교육적 장점이 있다는 것을 인식할 필요가 있다. 아울러 ICT활용교육으로 인한 정보 접근성의 차이에서 발생하는 정보소외현상과 아동들의 인지발달단계[7]를 고려하여 활용하는 지혜가 요구된다.

---

7) 정부에서는 ICT활용교육을 교사뿐만 아니라 초등학교 1학년부터 실시하도록 의무화하고 있다. 이러한 발상은 어린 학생들 특히 초등학교 학생들의 인지발달단계를 무시한 발상이다. Piaget의 인지발달이론에 의하면 초등학생들은 6세부터 11세까지 전조작기(2~6세)의 후기나 구체적 조작기(7~11세)에 해당된다. 이미자(2001)는 ICT활용교육이 초등학교 1~2학년들에게 미치는 위험성을 6가지 측면(직접적인 체험과 경험교육기회의 감소, 내면적 학습동기 유발미흡, 학습능력발달 저해, 학습장애 유발, 상상력과 창의력 발달 저해, 인간관계 발달 저해)에서 지적하고 있다.

〈참고문헌〉

강신천(2002). '초등학교 ICT활용교육의 실태와 방향'. 『한국의 초, 중
  등ICT 활용 교육의 실태와 전망』.한국교육과정평가원.
강운선(2000). '사회과에서 웹 기반 문제중심학습 모형의 구안'. 『社會
  科敎育』제31호. 한국사회과교육연구학회.
강창동(2002). '한국의 초, 중등 ICT활용 교육의 실태와 전망'. 『敎育廣場』
  제5권 제4호. 한국교육과정평가원.
교육부(1998). 『초등학교 교육과정 해설(Ⅰ)Ⅱ』. 서울: 대한교과서주식회사.
교육부(1998). 『초등학교 교육과정 해설(Ⅱ)』. 서울: 대한교과서주식회사.
교육부(2000). 『초·중등학교 정보통신기술교육 운영지침』.
교육부(2000). 『초·중등학교 정보통신기술교육 운영지침 해설서』. 서
  울: 대한교과서(주)
교육부(2001). 『초등학교 정보통신기술 활용자료』.
교육부(2001). 『정보통신기술 활용 지도자료』. 서울: 대한교과서(주).
권부경(2000). '인터넷을 활용한 인구학습 모형개발 및 효과 분석'. 석
  사학위논문. 한국교원대학교.
권형규(2002). 『인터넷@교육』. 서울: 푸른솔.
김영도(2001). '초등학교 ICT활용 사회과 교수·학습 모형설계 및 적
  용'. 석사학위논문. 울산대학교.
김재춘(2002). 'ICT를 활용한 교육과정 구성의 실태와 방향'. 『한국의
  초, 중등ICT 활용 교육의 실태와 전망』.한국교육과정평가원.
김정주 외(2002). 'ICT활용교육의 실제와 문제점 분석'. 『敎育論叢』제4
  집. 부산외국어대학교 교육대학원.
김종건 외(2002). '한·일 정보통신기술 교육과정 비교'. 『敎育科學研
  究』제6권. 한국교원대학교.
김종훈(1997). '사회과 교수·학습 활용에서의 인터넷 활용 방안'. 『社
  會科敎育』제31호. 한국사회과교육연구학회.
김종훈(1998). '사회과교육에서 웹기반 교수-학습의 활용 가능성에 대

한 고찰'. 『社會科敎育』제31호. 한국사회과교육연구학회.

박찬웅(1998). '지구촌화 시대의 사회과교육의 교수-학습 자료 개발의 최근 동향: 인터넷을 활용한 국제이해교육'. 『社會科敎育』제31호. 한국사회과교육연구학회.

배진숙(2002). '정보통신(ICT)매체를 활용한 세계지리 학습효과'. 석사학위논문. 청주교육대학교.

백영균 외(1998). 『인터넷과 교육』. 서울:양서원.

백영균(1999). 『웹 기반 학습의 설계』. 서울:양서원.

백영균(2002). 'ICT활용교육 정책의 실태와 방향'. 『한국의 초, 중등ICT 활용 교육의 실태와 전망』. 한국교육과정평가원

서순식(2002). '지식정보화 사회에서의 ICT활용교육'. 『교육연구정보』제41호. 강원도교육과학연구원.

서울교육대학교부설초등학교(2001). 『정보통신기술을 활용한 제7차교육과정운영사례』.

설양환(2002). '제7차교육과정에서의 ICT 활용에 대한 비판적 고찰: 초등학교를 중심으로'. 『公州敎大論叢』제39집1호. 공주교육대학교.

소경희(2001). '제7차교육과정에서의 ICT활용의 문제와 활성화 방안 탐색.' 『敎育學硏究』제39권 1호. 한국교육학회.

송성섭(1998). '지역화학습이 사회과 정보처리기능 신장에 미치는 영향에 관한 연구'. 석사학위논문. 청주교육대학교.

유인환 외(2001). '제7차교육과정에서 ICT 교육 관련 교과분석 및 목표 탐색'. 『敎員敎育』제17권. 한국교원대학교 교육연구원.

유인환(2002). '지식정보화사회를 대비한 교육대학교 ICT 교육과정 모형'. 『初等敎育硏究論叢』제18권 2호. 대구교육대학교.

이동엽(2002). '사회과 ICT활용교육의 실태와 방향'. 『한국의 초, 중등 ICT 활용 교육의 실태와 전망』. 한국교육과정평가원.

이미자 외(2002). '초등학교 ICT활용교육과 교육대학교 교육과정 연계성 및 개선방안 연구'. 『初等敎育硏究』제15집 제1호. 한국초등교육학회.

이상원(2001). '사회과 수업에서 정보통신기술 활용의 효과 분석'. 석사학위논문. 공주대학교 교육정보대학원.

이성흠 외(2002). '지식기반 정보사회에서 효과적인 정보통신기술 활용을 위한 교사의 핵심역량 개발'. 『春季學術大會』. 한국교육공학회.

이인표(1998). '사회과에서 신매체 활용: 함의와 과제'. 『社會科敎育』제31호. 한국사회과교육연구학회.

이진희(2001). '인터넷을 활용한 경제 수업의 효과'. 석사학위논문. 한국교원대학교.

이태욱(1997). 『인터넷 활용 학습법』. 프레빌.

임순환(2002). '사회과 교수·학습 개선을 위한 효율적인 ICT 활용방안'. 석사학위논문. 광주교육대학교.

임정훈 외(2003). '초등학교에서 ICT 활용수업이 학습 및 정보활용능력에 미치는 효과'. 『初等敎育硏究』제16권2호. 한국초등교육학회.

임종철(2000). '지리 수업에서 인터넷을 이용한 소집단 협동학습에 관한 연구. 석사학위논문'. 한국교원대학교.

정문성(2001). 『사회과 수행 중심평가』. 서울: 학문출판(주).

정문성(2002). '웹 기반 사회과 토의 수업의 의의'. 『社會科敎育』제31호. 한국사회과교육연구학회.

정성무(2002). 'ICT활용 교수학습 전략'. 『서울교육』제44권 제3호. 서울시교육과학연구원.

조병철(2003). 『사회과교육의 이해』. 대구: 문창사.

조영달 외(1992). 『사회과 교육에서의 컴퓨터 활용』. 서울: 교육과학사.

최연주(2002). 'ICT활용교육, 다시 보기'. 『서울교육』제44권 제3호. 서울시교육과학연구원.

최정민(2003). 'ICT를 활용한 초등 사회과 경제수업이 학업성취도에 미치는 영향'. 석사학위논문. 경인교육대학교.

최주진(2003). '초등 사회과에서 ICT 활용 수업 사례연구'. 석사학위논문. 한국교원대학교.

한면희(2001). 『사회과교육』. 서울: 교육과학사.

한면희 외(2002). 『사회과교육의 지평』. 시당한면희교육정년기념논총집.

한찬수(2001). 'ICT를 활용한 초등 과학과 수업이 학업성취도, 실험능력 및 과학태도에 미치는 영향'. 석사학위논문. 서울교육대학교.

제5장

초등학교 경제교육의 내실화 방안 탐색

I. 들어가는 말

우리의 일상생활은 늘 경제와 밀접하게 관련되어 있다. '국제 유가 90달러 돌파', '한·미 자유무역 협정 체결' 등 거의 모든 생활에서 경제는 중요한 부분을 차지하고 있다. 비단 일상적인 의식주의 해결 뿐만 아니라 모든 생활에서 재화와 용역을 생산하고 소비한다. 이러한 행위는 일정한 사회조직과 질서 아래에서 영위되는데 크고 작은 여러 가지 경제문제에 부딪치게 된다. 경제문제에 부딪칠 때마다 자기 나름대로의 생각에 따라 의사결정을 내린다. 민주국가의 시민이면 누구나 경제생활에 필요한 경제적 소양을 쌓음으로써 일상생활에서 부딪치는 경제문제를 합리적으로 해결하고자 한다.

사회과는 '사회 현상을 올바르게 인식하고, 사회지식 습득과 사회생활에 필요한 기능을 익히며, 민주사회 구성원에게 요청되는 가

이 장의 내용은 『사회과교육연구』제14권 4호(2007)에 실린 '초등학교 경제교육의 내실화 방안 탐색'을 일부 수정한 것입니다.

치와 태도를 지님으로써 민주 시민의 자질을 육성하는 교과'이다.
즉, 사회과의 궁극적인 목표는 민주시민의 자질을 육성하는 것이
다. 경제교육은 사회과 교육의 일환으로써 복잡한 경제 현상 속에
서 삶의 질을 추구하는 개인에게 필요한 경제적 사고방식을 습득
시켜 합리적인 경제문제의 해결과 의사결정 능력을 육성하는 것이
다. 그러므로 현대 경제의 복잡성과 범위를 고려할 때 경제교육은
중·고등학교나 대학교까지 미룰 수 없는 그리고 미루어서도 안
되는 교육의 핵심 영역이다. Boulding(1969)은 경제교육의 중요성
을 다음과 같이 주장한다(한진수. 2003:9 - 10에서 재인용).

> 일반적으로 사회 시스템, 특히 경제 시스템에 대한 정확하고 활용 가능한 개
> 념은 갈수록 인간 생존을 위한 필수 요인이 되고 있다. 만약 사회 시스템에
> 대한 개념이 비현실적이거나 부정확하다면, 이에 기초한 의사결정들은 재앙을
> 불러일으킬 수 있다. 따라서 경제교육은 인간의 생존을 위해 가장 중요한 열
> 쇠 가운데 하나이다. 지금과 같은 복잡한 세상에서 무지는 행복이 될 수 없으
> 며, 환상이나 미신에 기초한 의사결정들이 이루어지는 사회는 결국 소멸되고
> 만다.

그러므로 어린이들에게 어릴 때부터 올바르고 체계적이며 지속
적인 경제교육을 실시하는 것은 어쩌면 생존에 필요한 전략일지
모른다.

여기서는 학교 경제교육과 관련된 연구 결과를 토대로 초등학교
경제교육의 정의와 목표, 제7차 사회과 교육과정과 교과서에 나타
난 경제교육의 현황을 파악하고, 초등학교 경제교육의 내실화 방안
을 살펴보고자 한다.

Ⅱ. 학교 경제교육의 정의와 목표

1. 학교 경제교육1)의 정의

학교 경제교육의 정의는 학자들마다 다르기 때문에 한마디로 정의하기는 어렵다. 먼저 국내 학자들의 학교 경제교육에 관한 정의를 살펴보면 다음과 같다. 이태근(1992:10)은 학교 경제교육은 사회과 교육의 테두리 안에서 이루어지되 경제의 기본 원리에 입각한 논리적 사고력을 배양하고 일상생활과 관련된 문제를 통해서 스스로 현실을 인식하고 합리적 경제행위를 하도록 하는 것이라고 하였다. 또한 조도근(1987:78)은 학교 경제교육을 경제학교육 및 국민경제교육과 구별하여 학습사태 속에서 일상의 경제생활을 통해 효과적인 의사결정을 하게 함으로써 책임 있는 민주시민으로서의 역할을 다하게 하는 것이라고 하였고, 정정도(1987:74)는 학교 경제교육의 목적을 시장경제체제 하에 고도 산업사회에서 생활하는 시민의 논리적 사고력을 신장하는 것이라고 하였다. 또한 임천순(1988:11)은 학생을 대상으로 경제이해력을 배양케 하고, 경제현상의 이해를 도와 경제문제를 합리적으로 해결해 줄 수 있는 능력

---

1) 경제교육 정의와 관련하여 자주 등장하는 용어를 정리하면 다음과 같다. 금융교육(financial education)은 기본 경제개념들에 대한 이해를 바탕으로 해서 수입, 지출, 저축, 대출, 금리, 자산관리, 신용카드, 개인파산, 통화정책 등과 같은 금융관련 내용에 초점을 두고 가르침으로써 돈에 대한 이해력을 높이기 위한 교육이며, 투자교육은 주식이나 채권처럼 투자관련 상품에 대한 지식이나 투자이론을 가르치기 위한 교육이다. 또, 소비자교육은 일상생활에서 현명한 소비자가 되기 위한 교육으로 의사결정, 자원관리, 시민 참가 등 다양한 내용을 포함하며 일부 내용이 경제교육 또는 금융교육과 중복된다. 경제교육은 이들 모든 교육의 기초가 되며, 가장 포괄적인 개념이라고 할 수 있다.

의 배양을 도모하는 교수·학습활동이라고 하였다.

미국 경제교육협의회(NCEE)에서 내린 정의에 의하면 '경제교육이란 국민들에게 주변의 경제세계를 이해하도록 도움을 주는 것으로서, 경제체계의 기능과 관련된 제도·정책·경제의 기본적 개념에 대한 이해·분석·해석 등의 능력을 높이기 위한 것'이라고 하였다(최선정, 2002 재인용).

이러한 여러 가지 정의를 종합하여 보면 학교 경제교육이란 학생들에게 일상생활에서 접하는 경제현상에 대한 이해력을 높이고, 경제문제에 대한 합리적인 의사결정을 내릴 수 있도록 돕는 교육이다. 즉, 경제교육의 궁극적인 목표는 학생들이 올바르게 선택할 수 있는 방법을 가르치고 학생들이 개인 또는 사회의 경제문제를 올바르게 이해하고 분석할 수 있도록 가르치는 것이다.

2. 학교 경제교육의 목표

위와 같은 학교 경제교육의 정의를 토대로 하여 경제교육의 목표를 살펴보면, P. Saunders(1984: 7)는 학교 경제교육은 학생들을 보다 유능한 의사결정, 책임 있는 시민으로 성장하도록 돕는 일이라고 했으며, 최병모(1996:195)는 초등학교에서 경제교육은 학문 자체를 익히고 배우는 데 근본 목적이 있는 것이 아니라, 경제현상에 대한 가장 기본적인 원리와 그 상호 관련성을 깨닫고, 그 위에서 유능한 민주시민의 자질을 양성하여 사회발전에 이바지할 수 있는 능력을 육성하는 데 있으며, 크게 지식, 기능, 가치·태도 면에서 경제교육의 목표를 아래와 같이 제시하고 있다.

첫째, 지식면으로 경제현상을 지배하는 기본원리와 경제현상간의 상호 관련성을 이해하는 것이다. 경제교육의 중요한 내용의 바탕인 경제학의 내용 중 학생의 장래에 이용할 수 있는 것을 전제로 앞으로 어떤 지식이 계속 유용하며 필요한 지식이 어떤 지식인가를 고찰해야 한다.

둘째, 기능면에서 일상생활에서 경제문제의 합리적인 의사결정 능력을 배양하는 것이다. 끊임없이 변화하는 새로운 사태에 당면하여 그 문제를 해결할 수 있는 적절한 방법을 선택하고, 합리적인 사고방식과 분석적인 도구로서 문제를 해결할 수 있는 방법을 모색해야 한다. 경제적 사고방식을 통해 학생들의 능력과 기능을 길러줌으로써 올바르게 문제를 발견하고 해결할 수 있도록 함이 중요하다.

셋째, 가치·태도면으로 경제발전에 참여하고 협력하여 복지사회 건설에 기여하는 태도를 함양하는 것이다. 교육은 인간 행동의 계획적인 변화로 경제교육의 목표는 우리의 경제체제에 대한 긍정적 태도를 배양하고 국가경제발전에 적극적으로 기여할 수 있는 민주 시민의 육성에 목표를 두어야 한다.

한편 정정도(1982:38)는 경제교육의 목표를 진실로 자기 책임을 다할 수 있는 시민이 되는 데 필요한 경제적 이해력을 길러주는 것이라고 했다. 다시 말해서 경제교육의 궁극적인 목표를 합리적 경제생활 능력의 제고에 두고서 이를 가능하게 하는 하위목표로서 경제 기본원리의 이해력 제고, 경제문제의 해결능력 제고, 경제상황의 판단능력 및 의사결정능력의 제고를 염두에 두었으며, 이러한 하위목표를 묶어서 논리적 사고라는 개념으로 파악하고 있다. 조영달(1991:4)은 경제교육의 목표로 경제적 이해능력 및 적응능력 이외에 경제생활과 관련된 문제해결의 중시, 경제적인 지식과 함께 경제학적 사고방식과 사고과정의 중시 그리고 민주시민의 역할과 관련하여 경제 윤리적 측면을 강조하였다. 이와 함께 경제교육의 목표는 매우 상식적인 수준에서 소비자와 생산자 그리고 공민으로서의 경제문제 해결능력의 함양을 강조하였다.

이상과 같이 경제교육의 목표는 합리적인 의사결정, 경제문제의 해결능력, 경제적 탐구과정, 경제적 이해능력의 함양에 중점을 두고 있다. 결국 경제교육의 목표는 경제적 사고력의 배양과 합리적 의사결정능력의 함양을 통한 경제적 시민성을 육성하는 것이다.

제7차 교육과정에서 경제교육은 시장경제체제의 시민성 함양을 기본방향으로 삼고 먼저 경제교육의 성격을 '체계적인 경제지식과 사고력 및 가치관을 토대로 하여 소비자, 생산자로서 책임 있는 민주시민의 구실을 수행할 수 있는 인간을 기르기 위한 과목'으로 정의하고, 그 시민성을 시장경제의 경쟁원리에 적응하여 효율성과 공정성을 바탕으로 이윤을 추구하면서 국민경제의 발전에 기여할 수 있는 합리적이고 윤리적인 경제인으로 보았다(교육부, 1997). 이러한 경제인을 기르기 위하여 경제영역의 개편은 학생의 실생활과 관련성을 높이고 추상적 이론에 대한 '교사의 설명 → 학습자의 암기' 방법을 벗어날 수 있도록 하는 데 중점을 두었다. 특히 경제적 사고를 통한 문제해결, 의사결정 및 미래사회 예측 등 학습자 주도적 경제학습을 지향하고 있다.

Ⅲ. 제7차 사회과 교육과정에 나타난 경제교육 내용

1. 초등학교 경제교육내용 분석 준거

모든 지식에 체계가 있듯이 초등학교 경제교육의 내용도 사실, 개념, 일반화 지식으로 구성되어 있다. 사실이란 특정한 사건, 시간, 장소, 개인에 관계되는 지식을 말하며, 공통된 특징을 가진 사실들이 모여서 개념을 형성하고 개념과 개념 사이 또는 사실과 사실 사이의 의미 있는 관계를 표시하는 법칙과 원리를 일반화라 한다. 그러므로 경제교육의 내용을 구성함에 있어서도 먼저 사회과 경제영역의 기본 개념을 확정해야 한다. 학교 경제교육의 목표를 충실히 달성하기 위하여 초등학교 경제교육에서 가르쳐야 할 내용에 어떤 경제개념들을 포함시키는 것이 바람직한가에 대해서는 그동안 많은 학자와 경제전문가 그리고 경제 관련 연구기관 등에서 논의가 있었다. 여러 학자들의 경제교육의 기본개념을 살펴보면 다음과 같다.

〈Ⅲ-1〉학교 경제교육의 기본개념

학자	기본개념
J. A. Banks	① 희소성 ② 생산 ③ 재화와 용역 ④ 소비 ⑤ 분업 ⑥ 상호의존 ⑦ 교환 ⑧ 소득순환
W. T. Lowe	① 기본경제문제 ② 생산과 그 결정요인 ③ 자원배분 ④ 경제체제 ⑤ 미시 경제적 관심 ⑥ 거시 경제적 관심 ⑦ 시민의 정치경제문제 ⑧ 경제문제 ⑨ 목표 및 가치
교육과정	① 희소성 ② 소비 ③ 생산 ④ 시장 ⑤ 국민소득 ⑥ 화폐와 금융 ⑦ 재정 ⑧ 국제경제 ⑨ 경제변동 ⑩ 경제체제
정정도	① 기본 경제문제 ② 소비 ③ 소득분배 ④ 생산 ⑤ 시장 ⑥ 경제체제 ⑦ 국민소득 ⑧ 화폐와 금융 ⑨ 재정 ⑩ 국제경제 ⑪ 경제변동
한국교육 개 발 원	① 경제문제 ② 소비 ③ 소득분배 ④ 생산 ⑤ 시장 ⑥ 경제체제 ⑦ 국민소득 ⑧ 화폐·금융 ⑨ 재정 ⑩ 무역 ⑪ 경제변동
전홍열	① 경제문제 ② 소비 ③ 직업과 근로 ④ 생산 ⑤ 시장 ⑥ 경제체제 ⑦ 화폐와 금융 ⑧ 재정 ⑨ 국제경제 ⑩ 경제성장
한국교원대 교육과정 연구위원회	① 희소성 ② 시장 ③ 생산 ④ 소비 ⑤ 화폐와 금융 ⑥ 재정 ⑦ 국민소득 ⑧ 경제성장과 변동 ⑨ 국제경제 ⑩ 경제체제 ⑪ 경제윤리

위에서 정정도의 연구에 주목할 필요가 있다. 정정도의 연구 결과는 우리나라 경제교육의 대표적인 견해로써 제 5, 6차 사회과 교육과정을 개정할 때 경제교육 내용 구성의 준거가 되었던 견해이기 때문이다. 한편 미국 경제교육의 대표적인 견해가 NCEE의 연구이다.

NCEE 연구는 먼저 기본개념을 가르치기 위한 기본틀을 중심으로 36개의 기본 경제개념을 담고 있다. 기본틀은 경제학에 있어서 기본개념들에 대한 상세한 기술과 경제구조에 대해 필요한 이해들을 기술하고, 효과적인 의사결정 과정을 개관하고 있다. 36개의 기본개념들은 6개의 개념군으로 분류하여 다음과 같이 제시하고 있다.

〈Ⅲ-2〉 미국 **NCEE**의 경제교육 기본 개념

Ⅰ. **기초적인 경제개념들**
  1. 희소성과 선택   2. 기회비용과 상충관계   3. 생산성
  4. 경제체제   5. 경제기관과 유인동기   6. 교환, 화폐, 상호의존

Ⅱ. **미시 경제개념들**
  7. 시장과 가격   8. 공급과 수요   9. 경쟁과 시장구조
  10. 소득 분배   11. 시장실패   12. 정부의 역할

Ⅲ. **거시 경제개념들**
  13. 국내 총생산   14. 총공급   15. 총수요
  16. 실업   17. 인플레이션, 디플레이션   18. 통화정책
  19. 재정정책

Ⅳ. **국제 경제개념들**
  20. 절대우위, 비교우위, 무역장벽   21. 국제수지와 환율
  22. 성장과 안정의 국제적 측면

Ⅴ. **측정개념과 방법들**
  · 표   · 도표, 그래프   · 변화율
  · 지수   · 명목 및 실질 값   · 평균, 분산

Ⅵ. **광범한 사회적 목표들**
  1. 경제적 자유   2. 경제적 효율성   3. 경제적 형평성
  4. 경제적 안정성   5. 완전 고용   6. 가격 안정
  7. 경제 성장   8. 그 밖의 목표들

---

2. 초등학교 사회과 교과서의 경제내용 분석

초등학교 사회과 교과서에 나타난 경제 내용을 김용조(2002, 83-
87)는 NCEE의 기본개념의 틀과 기본 경제개념 선정·조직 지침
내용을 참고하여 아래와 같이 연구 분석 준거를 제시하였다.

<Ⅲ-3> 연구 분석 준거

Ⅰ. 기초적인 경제개념(6)
  1. 희소성과 선택   2. 기회비용과 상충관계   3. 생산성
  4. 경제체제   5. 경제기관과 유인동기   6. 교환, 화폐, 상호의존

Ⅱ. 미시 경제개념(5)
  7. 시장과 가격   8. 공급과 수요   9. 경쟁과 시장구조
  10. 소득 분배   11. 정부의 역할

Ⅲ. 거시 경제개념(1)
  1. 국내 총생산

Ⅳ. 국제 경제개념(1)
  1. 절대우위, 비교우위, 무역장벽

Ⅴ. 측정개념과 방법들
  1. 표   2. 도표, 그래프

Ⅵ. 광범한 사회적 목표들
  1. 경제적 자유   2. 경제적 효율성   3. 경제적 형평성   4. 경제적 성장

위에 제시한 기본틀을 토대로 제7차 사회과 교과서에 나타난 경제교육의 내용을 파악하여 학년별·단원별로 제시하면 다음과 같다.[2] 1, 2학년은 통합교과인 슬기로운 생활이므로 분석에서 제외하고, 3~6학년 사회과 교과서 내용만을 제시한다.[3]

---

2) 김용조(2002:85-87)의 연구에서 실험용 부분만 현재 교과서로 수정하여 재인용함.

3) 초등학교에서 직접 경제교육에 관련된 내용은 주로 사회과에 있고, 실과와 도덕과에서 내용이 포함되어 있다. 실과에서는 5학년 용돈관리하기와 6학년 일과 직업의 세계 및 자원 활용하기 등 주로 기능을 다루고, 도덕과에서는 3학년 물건아끼기, 5학년 절제하는 생활과 공익 추구, 6학년 근면 성실한 생활, 법과 규칙지키기, 타인에 대한 배려와 봉사가 있으며 주로 가치·태도적인 면을 다루고 있다.

〈Ⅲ-4〉 초등학교 사회 교과서에 나타난 경제교육 내용

학년/학기	단원	주제	제재	제재별 주요내용요소	관련 경제개념
3-1	2. 우리 고장 사람들의 생활모습	2) 고장 사람들이 하는 일	(1) 부모님이 하시는 일	• 다양한 방법으로 고장 사람 직업조사하기 • 조사한 내용을 통계표로 만들기	직업, 근로, 통계표, 도표
			(2) 우리 고장에 발달한 산업	• 고장의 산업과 환경과의 관계 알기 • 고장의 사업 현장 견학하기	산업, 통계표
	3. 우리 고장의 중심지	1) 시장과 우리 생활	(1) 시장이 있는 곳	• 의식주 생활에 필요한 것들 조사하기 • 물건을 살 수 있는 곳 알기 • 시장의 입지적 특성 파악하기	재화, 용역, 시장, 유통
			(2) 시장이 하는 일	• 시장의 종류 알기 • 시장에 모이는 사람들이 하는 일 조사하기 • 시장의 구실 알아보기	시장, 거래, 생산자, 소비자, 상호의존
		2) 이어주는 길	(2) 이웃 고장으로의 여행	• 이웃 고장으로 가는 길 • 이웃 고장 보고서	상호의존
3-2	3. 살기 좋은 우리 고장	1) 고장의 여러 기관과 단체들	(1) 무엇을 도와드릴까요?	• 공공기관의 종류와 위치 • 공공기관이 하는 일	정부의 역할, 공공재
4-1	2. 우리 시·도의 발전하는 경제	1) 우리 시도의 자원과 생산활동	(1) 자원을 이용하는 생산활동	• 지역의 특화 산업 • 특화산업과 자원과의 관계	자원, 생산, 그래프
			(2) 세계로 열린 경제	• 해외 경제 협력 사례 • 해외 진출 노력 • 자원개발과 상품 생산 실적	무역, 수출입, 경제발전
			(3) 공공시설을 내 것처럼	• 공공재의 개념과 종류 • 지방자치단체의 노력 • 바른 이용자세	공공재, 정부의 역할
		2) 서로 돕는 경제 생활	(1) 나누어 맡은 생산	• 분업의 개념과 직업의 다양화 • 정보화 사회의 직업	분업, 특화, 직업
			(2) 경제 활동의 중심지	• 물자교환의 필요와 화폐 • 지역 시장의 발달과 기능	교환, 화폐, 상호의존, 조사방법
			(3) 서로 도움을 주고 경제활동	• 유통의 발달과 필요 • 경제의존 사례 • 상호의존 증대	유통, 수출입, 생산자, 가격, 소비자, 상호의존, 그래프

학년/학기	단원	주제	제재	제재별 주요내용요소	관련 경제개념
4 - 2	3. 가정의 경제생활	1) 다양한 생산 활동과 가정의 소득	(1) 가지고 싶은 것은 많지만	• 무한한 욕망과 부족한 자원간의 관계 • 소비의 합리적인 선택 기준	기회비용, 희소성, 선택, 효율
			(2) 가정의 소득을 얻기까지	• 여러 가지 생산 활동 • 생산의 요소 • 가정의 소득원	생산요소, 소득
		2) 알뜰한 살림살이	(1) 가계부	• 가계의 지출내용 • 합리적인 가계운영	소득, 소비, 효율
			(2) 우리 집 저금통장	• 은행이 하는 일 • 저축의 필요성과 저축의 종류 • 은행 및 기타 금융기관이 하는 일	은행, 이자, 저축, 예금, 대출, 환전기관
5 - 2	2. 우리나라의 경제 성장	1) 우리나라 경제 생활의 특징	(1) 자유와 경쟁	• 자유와 경쟁의 사례 찾아보기 • 자유와 경쟁의 이점 알아보기	경제적 자유, 경쟁, 경제체제
			(2) 우리 경제의 발자취	• 경제 성장의 의미 알아보기 • 여러 가지 산업의 종류 알아보기 • 우리 경제의 생활모습과 경제주체들이 노력했던 점 알아보기 • 최근 우리 경제의 시련과 극복에 대하여 알아보기	경제성장산업, 1인당 GNP, 경제위기, 외환, 실업
		2) 세계로 뻗어가는 우리 경제	(1) 세계 속의 우리 경제	• 경제 환경에 따른 우리의 경제 정책 파악하기 • 무역의 이점과 우리나라의 무역 활동 조사하기 • 수출 증대를 위해서 노력할 점 알아보기	경제정책, 무역, 수출입, 자원
			(2) 우리 기업의 해외 진출	• 해외에서 활동하고 있는 우리 기업의 활동 알아보기 • 우리 기업에 세계로 진출하는 분야와 좋은 수출 상품을 만들기 위한 노력 알아보기 • 경제발전을 위해 우리가 해야할 일 생각해보기	해외 기업, 경제발전, 기술개발, 벤처기업, 신지식인

학년/학기	단원	주제	제재	제재별 주요내용요소	관련 경제개념
5-2	2. 정보화 시대의 생활과 산업	1) 정보화 시대의 생활	(1) 달라져 가는 생활 모습	• 생활에 필요한 정보를 어디에서 구하는지 알아보기 • 경제생활에서 정보의 중요성 탐구하기 • 초고속통신망을 만드는 까닭 알아보기 • 정보화로 인한 생활의 변화 모습 조사하기	정보, 인터넷, 초고속 통신만, 전자상거래
			(2) 더불어 사는 정보화 세상	• 정보를 함께 나누는 목적 조사하기 • 바람직한 정보화 세상을 만들기 위해 노력하기	정보공유, 인터넷윤리
		2) 첨단 기술과 산업의 발달	(1) 첨단 기술과 생활의 변화	• 생활 속에 활용되는 첨단기술 조사하기 • 첨단 기술로 인해 변화할 미래 생활 예상하기	첨단기술
			(2) 첨단 기술을 활용하는 산업	• 농업과 수산업에서 첨단 기술을 활용하는 사례 살펴보기 • 제조업에서 첨단 기술을 활용하는 사례 살펴보기	첨단 기술, 첨단 사업
			(3) 우리가 만드는 미래의 산업	• 첨단 기술을 활용하여 새롭게 성장하는 산업 조사하기 • 유전 공학의 활용에 대하여 토의하기	첨단기술산업, 유전공학
6-1	3. 대한민국의 발전	2) 대한민국의 수립과 발전	(3) 한강의 기적에서 통일로	• 경제발전과 우리의 노력 • 나아진 국민 생활 모습 • 통일을 위한 정부와 국민의 노력	경제발전, 외환위기, 1인당GNP, 구조조정, 그래프
6-2	2. 함께 살아가는 세계	1) 변화하는 세계의 여러 나라	(3) 더 가까워지는 세계의 여러 나라	• 세계 여러 나라의 분류 • 세계 여러 나라의 특징과 생활 모습	자원교류, 수입, 상호의존(교류)

3. 초등학교 사회과 교과서의 경제내용 분석 결과

미국의 경제교육협의회 NCEE에서 제시한 기본 경제개념의 기본 틀 가운데 3학년부터 6학년의 범위와 계열에 알맞은 기초적인 경제개념 6개, 미시 경제개념 5개, 거시 경제개념 1개, 국제 경제개념 1개, 측정개념과 방법들 2개, 광범위한 사회적 목표들 4개 등 19개의 개념을 추출하여 현행 7차 사회과 교과서를 분석한 결과는 다음과 같다.

첫째, 연구에서 선정한 19개 개념 중에서 16개 개념이 교과서에서 직접 다루어지고 있으나, 수요와 공급, 국민 총생산, 절대우위, 비교우위, 무역장벽 등 3개 개념은 간접적으로 다루어지고 있는 것으로 나타났다.

둘째, NCEE의 기본 경제개념 틀의 6개군 가운데 기초 및 미시 개념은 어느 정도 잘 다루어지고 있으나 거시 및 국제 경제개념은 소홀히 다루어지고 있다. 경제 개념은 크게 네 가지 즉, 기초 개념, 미시 개념, 거시 개념, 국제 개념으로 구분할 수 있으나 초등학교 학생들을 대상으로 모든 개념을 고루 가르칠 수는 없다. 특히 초등학교에서 경제교육은 학생들의 생활 주변에서 일어나는 사회 현상들 중에서 경제 현상에 대하여 관심과 흥미를 갖도록 지도해야 한다.

셋째, 기초적인 경제개념인 희소성과 선택에서 경제학의 연구대상인 재화만 다루어지고 용역은 생략되어 있다. 따라서 기초적인 경제 개념인 재화와 용역이 모두 다루어져야 한다.

넷째, 경제교육의 기능적 목표인 표와 도표, 그래프는 경제를 이해하는 데 유익한 도구이다. 그러므로 경제 교육의 기능 목표도 지식 목표, 가치・태도 목표와 걸맞게 균형적이고 지속적인 지도가 이루어져야 한다.

끝으로, 경제교육의 가치・태도 목표와 관련된 경제적 형평, 경제적 효율, 경제적 자유, 경제 성장은 좀더 조심스럽게 다루어지고 접근해야 한다. 가치에 관한 것을 일방적으로 주입하는 것이 아니라 상호 비교 분석을 통하여 이해할 수 있도록 해야 한다.

결론적으로 초등학교에서 경제교육은 중학교와 고등학교로 이어지는 학교 경제교육의 시작이므로 학생들이 다양한 경제현상에 대하여 관심과 흥미를 가지도록 하고, 이를 토대로 경제와 관련된 기본적인 지식과 개념을 배우고, 경제 문제를 해결하는 데 필요한 합리적이고 창의적인 사고력을 신장하는 것이다. 이를 위하여 다양하고 흥미로우며 자기 주도적인 탐구 방법을 활용하여, 학습자 스스로 학습하는 기회를 제공하고, 개개인의 수준에 적합한 경험을 제공할 수 있도록 교과서가 구성되어야 한다.

Ⅳ. 초등학교 경제교육의 내실화 방안

1. 초등학교 경제교육에 관한 교육내용 국가표준(안) 정립 필요성

학교 경제교육이 학생들에게 중요한 교육임에도 불구하고 지금까지 경제교육에 관한 교육 내용 안이 정립되어 있지 않다. 경제교육 내용 선정에 관한 우리나라 나름대로의 범위(scope)와 계열 (sequence)을 시급히 정립해야 한다.

경제교육이 일찍이 발달한 미국은 NCEE에서 국가교육내용 표준 안을 만들어 활용하도록 하고 있다. NCEE는 학교 경제교육에 관한 가장 필수적인 20가지 교육내용 표준을 정하고 각각 표준에 따른 경제학 원칙을 논리적으로 서술하고 있다. 또한, 교육내용 표준을 가르치기 위한 교육기준과 초등학교 4학년, 중학교 2학년(미국의 8학년), 고등학교 3학년(미국의 12학년) 학생들에게 권장되는 학습 성과 수준을 제시하고 있다. 아울러 그 교육기준에 대한 학생들의 이해수준 정도나 이의 향상을 위해 할 수 있는 것을 예로 제시하고 있는데 표준 교육내용 1을 살펴보면 표<Ⅳ-1>과 같다.

〈Ⅳ-1〉 표준 교육 내용 1

학생들은 다음의 사항을 이해하게 된다.	학생들은 습득한 지식을 다음과 같이 활용할 수 있다
생산에 사용되는 자원은 한정되어 있어서 사람들은 자기가 원하는 물자나 서비스를 모두 다 취할 수는 없다. 그래서 일부만 취하고 나머지는 포기해야 한다.	선택을 할 때 무엇을 얻게 되고 무엇을 잃게 되는지 파악할 수 있게 된다.

학생들은 매일매일 여러 가지 선택을 하게 된다. TV를 시청하는 것이 가장 효율적으로 시간을 활용하는 것인가? 패스트푸드 식당에서 일하는 것이 다른 차선책의 일을 택해 하거나 다른 것을 하면서 시간을 보내는 것보다 나은가? 학생들은 자기에게 주어진 선택 사항들을 파악하고 이를 체계적으로 비교함으로써 주어진 정보를 토대로 결정을 내리고 선택에 따른 예상치 못한 결과의 영향들을 피할 수 있다. 가정이나 정부가 제공하는 물자와 서비스는 무

료이기 때문에 가정이나 정부에서 제공하는 물자와 서비스로 모든 것이 해결될 수 있다고 믿는 학생들도 있다. 그러나 이는 잘못된 생각이다. 부모님이나 정부가 소유하고 있다 하더라도 그런 자원들은 다른 용도로 사용될 수도 있다. 예를 들어, 시에서 토지에 축구장을 건설하기로 결정했다면 그 토지를 다른 용도로는 사용할 수 없게 된다. 추가 예산을 경찰 순찰대를 위해 집행하면 선생님들을 더 고용할 수 있는 예산은 그만큼 줄어들게 된다. 선택 사항들을 심사숙고하고 선택되지 않은 차선책의 가치도 명쾌하게 비교함으로써 국민과 국민을 대표하는 정치가들은 보다 현명한 경제적 결정을 내릴 수 있는 것이다. 이러한 분석을 통해 사람들은 그들이 내린 결정과 그에 따른 결과를 인식하고 결정에 대한 책임감과 의무감을 더욱 강하게 느끼게 된다.

〈Ⅳ-2〉 교육지침

초등학교 4학년을 마치면서 학생들은 다음 사항들을 이해하게 된다.	초등학교 4학년을 마치면서 학생들은 자신이 습득한 지식을 다음과 같이 활용하게 된다.
1. 사람들은 자신이 원하는 것을 모두 취할 수 없기 때문에 선택을 하게 된다.	1. 자신에게 주어진 선택 사항들을 확인하고 그 중 한 가지를 선택한 이유를 설명한다.
2. 경제 욕구는 재화와 용역(서비스)의 소비 또는 여가활동을 통해 충족된다.	2. 자신의 욕구와 이를 충족시켜 줄 수 있는 재화, 서비스(용역), 여가활동을 정확히 파악한다.
3. 재화란 인간의 욕구를 만족시켜주는 대상이다.	3. 학생 자신이나 그들 가족이 소모하는 재화를 표현하는 콜라주를 만든다.
4. 용역은 인간의 욕구를 만족시켜주는 행위이다.	4. 학생 자신이나 그들 가족이 이용하는 용역을 표현하는 콜라주를 만든다.
5. 자원의 활용 유형은 사람이 어떤 재화와 용역을 구입하고 소비하는가에 따라 결정된다.	5. 땅을 예로 들어 땅의 활용 방안들을 나열하고 왜 그 중 한 가지를 선택해야 하는지 설명한다.
6. 선택을 할 때마다 포기해야 하는 것이 있다.	6. 4가지 장난감 중 하나를 선택하고 이로 인해 포기해야 하는 것들을 설명한다.
7. 선택의 기회비용은 포기한 차선책의 총 가치이다.	7. 선택을 해야 하는 상황을 묘사하고 상황해결에 필요한 결정을 내린 뒤 그 결정에 대한 기회비용을 파악한다.
8. 재화와 용역을 이용하여 욕구를 충족시키는 사람들을 소비자라 부른다.	8. 재화와 용역을 이용하는 사람들이 그려진 그림을 보고 그 그림에서 소모되고 있는 재원과 용역을 파악한다.
9. 생산자원은 재화와 용역을 생산하는 데 이용되는 천연자원, 인적자원, 자본을 말한다.	9. 주어진 물품을 생산하는 데 사용되는 천연자원, 인적자원, 자본의 예를 든다.
10. 토지와 같은 천연자원은 자연의 선물이다. 즉 인간의 손을 거치지 않은 선물이다.	10. 자신이 사는 지역의 자원 분포도를 이용하여 천연자원이 나는 곳의 위치를 파악한다.
11. 인적자원은 재화와 용역을 생산하기 위해 직접 투입되는 인간의 양적, 질적 자원이다.	11. 자신을 노동자로 표현한 그림을 그린다. 또한 자신의 학교가 학생교육에 사용하는 인적자원의 예를 든다.
12. 자본은 다른 재화와 용역을 생산하기 위해 생산되고 사용되는 재화이다.	12. 학교운영에 사용되는 자본을 설명하는 그림을 그린다. 또한 자신의 지역사회에서 재화와 용역을 생산하기 위해 사용되는 자본의 예를 든다.
13. 인적자본은 노동자원의 질을 지칭하는 말로 교육, 훈련, 건강에 대한 투자를 통해 향상될 수 있다.	13. 인적 자본을 향상시키는 방법들을 제시한다. 운동 선수가 자신의 인적 자본 향상에 어떤 투자를 하는지 설명한다.
14. 기업가는 재화와 용역을 생산하는 데 사용되는 생산자원을 구성하는 사람들이다.	14. 한 기업인을 선정하고 그 기업인이 재화나 용역을 생산하기 위해 사용하는 생산자원을 파악한다.
15. 재화를 만들고 용역을 제공하는 사람들을 생산자라고 부른다.	15. 5가지 각기 다른 종류의 재화와 용역을 생산하는 생산자를 파악한다.

표〈Ⅳ-2〉에서와 같이 미국에서는 학교 경제교육의 표준 교육내용이 선정되고, 이러한 표준 내용을 학습하게 되면 학생들이 무

엇을 이해하고 활용할 수 있는지를 제시하고 있다. 이어서 표준
교육내용을 실생활과의 관련하여 예시를 들어 설명함으로써 딱딱
한 경제교육의 내용을 교사들이 쉽게 이해하고 활용할 수 있도록
하고 있다. 또 해당 학년(4학년)을 이수했을 경우 학생들이 이해하
게 되는 경제현상에 관한 원리와 습득한 지식을 활용할 수 있는
방법을 상세하게 제시하고 있다. 즉, 미국에서 활용하고 있는 학교
경제교육의 표준내용은 교사에게는 뚜렷한 지침을, 학생들에게는
교육내용을 배운 다음에 무엇을 알 수 있고, 활용할 수 있는 지를
구체적으로 제시하고 있다. 이처럼 우리나라에서도 학교 경제교육
내용에 관한 표준안 정립이 시급하다.

2. 학교 경제교육 기본 개념 정립 및 협의회 설립

  우리나라에서 교육과정 개정시 초등학교 사회과에서 경제교육은
미국에서 활용하고 있는 기본 개념을 중심으로 논의되고 있다. 그
러나 미국에서 논의되고 있는 기본 개념을 초등학교에서 다 가르
칠 수는 없다. 따라서 우리나라 실정에 맞는 학교 경제교육에 대
한 기본 개념이 만들어져야 한다. 경제학 전문가와 교과교육으로
경제교육 전문가들이 서로 협의하고 논의하여 학교 경제교육의 기
본 개념이 만들어지면 초·중·고로 이어지는 학교 경제교육의 범
위와 계열이 마련될 것이다. 학교 경제교육은 학생들에게 경제적
사고와 합리적인 의사 결정 능력을 길러주어 미래 사회의 바람직한
시민으로 성장할 수 있도록 체계적이고 지속적으로 이루어져야 한다.

현재 우리나라에서 이루어지는 학교 경제교육에 관련된 모든 단체들과 기관들을 통합하여 국가적인 학교 경제교육협의회를 설립하여야 한다. 미국 경제교육협의회 즉, NCEE 같은 기구를 설립해야 한다. 현재처럼 일회적이고 유행처럼 한시적으로 운영되는 각종 경제캠프, 금융기관의 금융교육, 대중 매체의 경제교육 등을 통합하여 국가적인 학교 경제교육 협의회를 만들어야 한다. 이 협의회를 통하여 경제교육에 관한 정보도 교환하고, 현장 교사들의 재연수와 예비교사들의 경제교육 연수 그리고 학교급별로 경제교육에 관한 차별화된 프로그램 개발 및 교수·학습자료 보급, 학생들을 대상으로 하는 경제교육 실시 등이 이루어져야 한다. 학교 경제교육의 효과를 성급히 기대하지 말고, 단편적이고 일시적인 경제교육이 아니라 지속적이며 반복적인 경제교육을 추진해야 한다.

현재 초등학교에는 경제교육에 관련된 교과로 사회과, 실과, 도덕과가 있다. 이런 교과를 통한 경제교육도 중요하지만 여기에는 분명히 한계가 있다. 그러므로 경제교육에 관한 체계적인 프로그램(1학기 또는 1년)을 개발하여 지속적으로 해 나가야 한다. 재량활동 시간이나 특별활동 시간을 활용하여 지속적이고 체계적으로 지도함으로써 학생들에게 올바른 경제의식과 합리적인 경제 해결 능력을 길러주어야 한다. 이렇게 하기 위해서는 경제 관련단체들의 적극적인 행·재정적인 협조와 관심이 있어야 한다. 아울러 국가가 학생들에게 경제교육을 실시할 수 있는 법적 장치를 마련하고 재정적, 행정적 지원을 통해 현실적이고 효율적인 경제교육의 방안을 찾도록 유인하는 정책을 수립해야 한다.

3. 교사양성대학의 경제학 강좌 증설 및 현직교사의 연수 확대

흔히 '교육은 교사의 질을 능가할 수 없다'고 한다. 무엇보다도 교사의 역할이 교육에서 중요한 위치를 차지하고 있다는 것이다. 학교 경제교육에서 교사가 어떤 경제학적 지식이나 사고방식을 가졌느냐에 따라 경제교육의 효과는 달라진다. 초등 교사를 양성하는 교육대학교에서 경제학이나 경제교육과 관련된 강좌는 1, 2학년의 교양과목(2학점)에 개설되어 있다. 그러나 더욱 심각한 것은 비록 사회과학 교양과목에 경제학 관련 강좌가 개설되어 있으나, 모두 필수 강좌가 아니라는 사실이다. 만약 예비교사 양성기관에서 경제학 관련 강좌를 선택하지 않으면 경제학에 관한 내용을 전혀 접할 수 없다. 체계적이고 올바른 학교 경제교육을 위해서는 예비교사 양성대학에서 경제학 관련 강좌를 필수로 선정하여 모든 교사들이 경제학에 관한 기본적인 이해수준을 높여야 한다.

아울러 현직교사들이 재교육 차원에서 실시하는 연수에서도 경제교육에 관련된 강좌는 거의 찾아볼 수 없다. 60시간 이상의 일반 직무연수나 사회과 직무연수시 교양 강좌로 경제와 관련된 강의를 찾아볼 수 있으나 경제교육과 관련된 내용은 찾아볼 수 없고 상식적인 경제관련 강의를 하고 있다. 전국 시·도 연수원 직무연수 강좌에 경제교육관련 연수 강좌 개설이 시급하고, 교양 강좌시에도 학교 경제교육에 도움이 될 수 있도록 내용과 강사진을 구성하여야 한다.

어떤 방법을 통해서든 학생들이 경제교육을 제대로 받기 위해서는 교사들이 먼저 적절한 경제교육관련 강의를 듣거나 연수를 받아야 하고 충분한 경제지식을 지녀야 한다. 학생들의 경제지식을 증진시키는 가장 효과적인 방법이 바로 교사의 훈련이기 때문이다. 연구 결과에 따르면 교사의 경제적인 지식이 학생들의 경제지식이나 경제에 대한 태도에 가장 중요하고도 직접적인 영향을 미친다고 한다. '선생님의 경제지식을 늘리는 것이 가장 확실한 경제교육법'이라는 말을 다시 한번 음미해본다.

4. 학교 경제교육의 시기 및 학부모 인식 변화

예전에는 어린 학생들에게 경제개념이나 경제원리를 가르치는 것은 무리이며 그럴 필요도 없다고 생각하였다. 그러나 오늘날에는 모든 연령의 어린이들이 경제학을 배울 수 있고, 연령과 학업 능력에 구애받지 않고 경제교육이 가능하다는 연구결과가 나와 있다. 어린이들을 대상으로 경제교육을 수행할 때는 어린이들의 발달단계에 따라 개념을 습득시켜야 한다. 처음에는 구체적인 것으로부터 시작해서 점차 추상적인 것으로 이행해 가면서 경제개념을 가르쳐야 하고 이론 중심이 아니라 활동 중심으로 가르쳐야 한다. 어린이들은 단순히 교사로부터 내용을 전달받거나 수동적으로 들을 때보다 직접 적극적으로 활동에 참가할 때에 더 많은 것을 배운다. 따라서 어린이들에게는 구체적인 활동 중심의 경제교육이 이루어져야 한다. 또 경제에 대한 개념이나 경제 현실에 대한 이해를 위해서는 체험을 통한 교육이나 실습도구를 이용한 교육방법을 활용해야 한다.

한국 사회에서는 아직도 유교적 영향이 남아있어서 어린 자녀들에게 '돈'을 가르치는 것을 합당하게 생각하지 않는 경향이 많다. 학생들은 공부만 열심히 하면 된다는 것이다. 따라서 요즈음 학생들은 돈의 중요함을 모르고 돈의 가치를 모르고 자란다. 또 자녀들에게 가정에서 경제교육을 시켜야 하는지 고민하는 가정도 많지 않다. 학부모 교육을 통하여 경제교육의 주된 목적이 돈을 많이 벌거나 부자가 되기 위한 것이 아니라 경제적 의사결정 능력을 육성하는 것이라는 것을 인식시켜야 한다. 경제교육을 잘 받아서 경제지식이 풍부해지면 돈에 대한 인식이 달라지고, 돈의 흐름을 잘 이해할 수 있고, 소비나 투자에 대한 합리적인 의사결정을 할 수 있게 된다는 사실을 학부모들이 인식해야 한다. 따라서 경제교육이 요즈음 우리나라에서 열병처럼 번지고 있는 부자 만들기, 10억 만들기의 상술로 이용되어서는 안 된다.

V. 맺는말

한국경제가 선진대열에 진입하느냐 아니면 끝없는 나락의 길로 가느냐의 갈림길에 서 있다. 21세기 국가 간 무한경쟁시대에는 경쟁력 있는 나라만이 살아남을 수 있다. 자원이 별로 없는 우리나라는 교육과 기술로 승부해야 한다.

따라서 우리나라 학교 경제교육의 현주소를 정확히 진단하고, 정부와 경제단체, 시민단체, 서울시의회 등 각 기관의 획기적인 지

원 하에 학교 경제교육을 어려서부터 체계적이고 지속적으로 실시
할 수 있는 법적·제도적 장치가 마련되어야 한다.

경제는 흔히 가르치기 어렵고 배우기도 어렵지만 한번 공부해두
면 평생을 활용할 수 있는 유익한 자산이다. 나라가 발전하기 위해
서는 경제가 발전해야 하고 그 밑바탕에는 학교 경제교육이 있다.

체계적이고 지속적인 학교 경제교육을 실시하기 위해서는 경제
교육내용에 관한 표준안의 정립, 교사양성대학의 경제학 관련 강좌
개설 및 필수화, 현직교사의 경제교육 연수 신설 및 확대 등이 이
루어져야 한다.

학교 경제교육을 위해서 무엇보다도 중요한 것은 단편적이고 일
회성 이벤트로서의 경제교육이 아니라 1학기 또는 1년 단위의 체
계적인 경제교육 프로그램이 필요하다.

아울러 경제교육과 관련된 주체가 경제교육의 목표 달성에 보다
많은 관심을 가질 때 학생들은 경제적 사고와 합리적 의사결정능
력을 겸비한 경제적 시민성을 가질 수 있다. 경제적 사고와 합리
적 의사결정능력을 가진 학생들이 한국경제의 주역으로 등장할 때
한국경제는 더욱 발전할 것이며, 현재 우리가 겪고 있는 경제적인
어려움들은 해결될 것이다.

〈참고문헌〉

교육부, 1997. 「교육과정」, 대한교과서주식회사.

_____, 2001. 「초등학교 사회과 교과서 3～6학년」, 대한교과서주식회사.

_____, 2001. 「초등학교 사회과 탐구3～6학년」, 대한교과서주식회사.

김병구 외, 2000). "경제교육의 실태와 과제", 「산경연구」, 제7집 제1호.

김종호, 2003. "초등학교 사회과의 경제 영역 수업 모형 고찰", 「한국 초등교육」, 제14권 제2호.

김재원, 2003. "청소년 경제교육의 문제점과 개선방향", 「경제교육」, 제 12권 제1호, KDI 경제정보센터.

김정호, 2002. "제7차 교육과정의 경제교육목표와 내용체계", 「경제교육연구」, 제8호. 한국경제교육학회.

_____, 2003. "제7차 교육과정의 경제교육 방향과 과제", 「경제교육」, 제12권 제1호, KDI 경제정보센터.

김진영 외, 2004. "학교 경제교육의 문제점과 개선방안", 「시민교육연구」, 제36권 제1호, 한국사회과교육학회.

김상규, 2002. "중학교 사회 교과서 편제와 내용 분석", 「경제교육연구」, 제8호, 한국경제교육학회.

김용조, 2002. "제7차 초등 사회과 교육과정을 중심으로", 「경제교육연구」, 제8호, 한국경제교육학회.

김의태, 2003. "초등 사회과 교육과정과 교과서 경제교육 내용분석", 한국교원대학교 교육대학원 석사학위논문.

박용경, 1999. "사회변화에 부응하는 학교 경제교육의 방향", 「백록논총」, 제1집, 제주대학교.

안병근, 2001. "초등학교 제7차 교육과정 경제교육내용의 검토", 「초등 사회과교육」, 제13호, 한국초등사회과교육학회.

윤동수, 1999. "초등학교 사회과 경제교육 내용분석", 춘천교육대학교 교육대학원 석사학위논문.

이태근, 1992. 「경제교육연구」, 죽전이태근박사 정년기념논문집발간 위원회.

이태근 외, 1992. 「경제교육론」, 교학연구사.

조도근, 1987. "사회과에서의 경제교육 관찰", 「사회와 교육」, 한국사회 과교육학회.

정정도, 1987. "학교 경제교육 개편의 기본 방향", 「경제교육연수자료」, 한국개발연구원.

임천순, 1988. "학교 경제교육의 활성화를 생각한다.", 「교육개발」, 제 10권, 한국교육개발원.

최병모, 1996. "경제교육의 이론과 실제", 「한국사회과교육학개론」, 교 육과학사.

최선정, 2002. "초등학교 경제교육 내용의 교육과정별 비교 분석", 공주 교육대학교 교육대학원 석사학위논문.

한진수, 2002. "한국의 초등교사는 경제지식을 충분히 지니고 있는가?", 「교육논총」, 경인교육대학교 초등교육연구소.

_____, 2003. "어린이 경제교육 - 왜, 언제, 무엇을, 어떻게 - ", 「2003 년학술대회자료집」. 어린이육영회.

한춘희 외, 2004. 「초등학생을 위한 생활경제 이야기 1 - 나무의 경제」, 중앙교육진흥연구소.

_____, 2004. 「초등학생을 위한 생활경제 이야기 2 - 숲의 경제」, 중 앙교육진흥연구소.

홍미화, 2003. "문제해결학습과 탐구학습의 도입수용기의 초등 사회과 경제교육내용의 변화 양상", 「사회과교육」, 제42권 4호, 한국사 회과교육연구학회.

홍용표, 2003. "제7차 사회과 국민공통기본교육과정 경제교육 내용의 계열성 분석", 한국교원대학교교육대학원 석사학위논문.

NCEE, 1997. *Voluntary National Content Standards in Economics*, New York, NCEE.

Saunders, P. 1984. *A Framework for Teaching Economics:Basic Concepts*, New York, NCEE.

제2부 초등 사회과 교육의 실제

제1장

사고력 신장을 위한 사회과 교수·학습 방법

Ⅰ. 사회과 교수·학습 방법의 분류

먼저 의사결정학습을 소개하기 전에 사회과에서 활용되고 있는 교수·학습 방법을 살펴보고자 한다. 사회과 교수·학습을 분류하는 방식은 학자마다 다양하다. 현행 초등학교 사회과 교사용 지도서에서는 다섯 가지 방법에 따라 교수·학습 방법을 분류하고 있다.

1. 조직 방법에 따른 교수·학습 방법

> 가. 일제학습   나. 분단별 학습   다. 개별화 학습   라. 협동학습   마. 열린 학습

2. 활동 방법에 따른 교수·학습 방법

> 가. 현장 학습   나. 구성 학습   다. 극화 학습   라. 시청각 학습
> 마. 토의 학습   바. 강의 학습   사. 조사 보고 학습

초등 사회과교육의 실제편 글들은 초등 교사들을 위한 각종 연수(자격 및 직무, 학교 및 교과 연구회 등)에서 강의한 내용입니다. 그 동안 사회과교육을 공부하면서 효율적이고 바람직한 사회과 수업을 위하여 제가 고민하고 노력했던 부분입니다. 매장마다 중복되는 부분도 있지만 사회과교육에서 중요하기 때문에 중복된 것입니다. 참고 문헌은 매장마다 제시하지 않고 마지막장인 9장 맨 끝에 제시합니다.

3. 사고력 신장 중심의 교수 · 학습 방법

가. 문제해결학습　　　　나. 탐구학습　　　　다. 의사결정학습

4. 자료를 이용한 교수 · 학습 방법

가. 사료 학습　　　나. 인물 학습　　　다. 지도 학습　　　라. 시사 학습

5. 그 밖의 교수 · 학습 방법

가. 프로젝트 및 주제학습　　　　나. 가치학습(가치 수용과 가치 명료화)

Ⅱ. 사회과 교수 · 학습과 관련된 개념

사회과 교수 · 학습 방법과 관련된 다양한 개념들이 혼재되어 있고, 활용하는 사람마다 각각 다르다. 다양한 개념들의 혼선을 피하고자 교수 · 학습과 관련된 개념을 정리하면 다음과 같다.

1. 교수(teaching)와 학습(learning), 교수 · 학습(teaching · learning)

교수(teaching)는 교사의 입장에서 가르치는 것을 의미하며, 학습(learning)은 학생의 입장에서 배우고 익히는 것을 의미한다. 이러한 교수와 학습이 동시에 이루어지는 것을 교수 · 학습 또는 수업이라고 한다. 현실적으로 수업이라고 하더라도 교사가 가르치는 영역이 강조될 때는 강의식 수업 등과 같이 수업이라는 용어를 쓰고,

학생의 활동이 강조되는 문제해결학습 등에서 보는 것처럼 수업보다는 학습이라는 용어를 쓰는 경우도 있다. 그러나 일반적으로 수업이라는 용어를 쓴다.

2. 학습 구조 또는 수업 구조

학습구조 또는 수업구조는 수업을 할 때 학생들의 상호작용이 경쟁구조인지, 협동구조인지, 개별구조인지를 구분할 때 사용하는 용어이다.

3. 수업방법(method)·수업설계(design)·수업전략(strategy)·수업모형(model)·수업기법(technique)

수업방법(method)은 가장 광범위한 개념으로 어떤 수업 목표(goal)를 달성하기 위해 어떤 수업방법을 활용할 것인가라고 할 때 사용되는 개념으로 수업설계·수업전략·수업모형·수업기법을 모두 포함하는 상위개념으로 보통 명사이다.

수업설계(design)는 수업목표가 정해지면 어떤 수업구조와 수업모형을 채택하여 어떤 기법으로 조직할 것인가에 관한 개념이다. 수업설계는 일반적으로 수업모형 탐색, 수업전략 모색, 수업의 실제 적용, 교수·학습 과정안, 교수·학습자료 개발, 수업 결과 분석, 평가 방법으로 이루어진다.

수업전략(strategy)은 이 수업설계를 어떻게 운영할 것인가에 관한 개념이다. 수업모형(model)은 특정한 수업목표를 달성하기 위해 구체적인 절차를 형식화한 것을 말하며, 수업기법(technique)은 교사가 수업을 진행하면서 학습내용과 학생을 다루는 기술을 의미한다.

Ⅲ. 의사결정학습

여기에서는 사고력 신장 중심의 사회과 교수·학습 방법 중 하나인 의사결정학습의 의미와 단계 그리고 현행 사회과 교육과정의 토대가 되고 있는 Banks(1977)의 의사결정모형을 중심으로 살펴보고자 한다.

1. 의사결정의 의미와 교육적 의의

Kurfman은 의사결정을 '몇 가지 대안 중에서 심사숙고한 이성적인 선택'이라고 정의하고, '의사결정자의 가치관과 논리적으로 모순되지 않은 판단'과 '적절하고도 건전한 정보에 토대를 둔 선택'이란 두 가지 의미가 있다고 하였다.

Banks는 의사결정이란 가치 판단이기 때문에 이를 하기 위해서는 정확한 사실 정보와 과학적 방법에 의해 도출된 예측력이 높은 수준의 개념과 일반화가 필요하다고 하였다. 합리적 의사결정을 하기 위해서는 당면하는 사회문제와 관련하여 여러 학문들 간의 종합적인 관점과 이와 관련하여 의사결정을 내릴 결정자 자신의 가치체계도 필요하다고 하였다. 따라서 의사결정력이란 '문제 상황에 직면했을 때 문제를 파악·해결하는 데 있어서 의사결정자의 가치판단에 따라 여러 대안 중에서 가장 합리적이고, 비교 우위적인 선택을 내리는 고등 정신 능력'이라고 정의할 수 있으며, 의사결정이 합리적이고 타당하기 위해서는 대안의 실행가능성과 의사결정자의 유용성에 충족되어야 하며, 의사결정의 결과는 사회적, 도덕적으로 공정하고 정의로워야 한다. 그러므로 의사결정능력은 지적인 면과 정의적인 면을 모두 포함하는 것으로 자신의 지식과 가치를 적용하여 문제를 해결하는 종합적인 능력이라고 볼 수 있다. 또한 의사결정능력에는 목적을 달성하기 위해서 여러 가지 문제를 내포하고 있는 상황에서 문제를 규정하고 찾아내어 가치나 기타 표준에 비추어 스스로의 판단, 책임하에 취할 행동의 방향을 선택하는 것도 포함할 수 있다.

모든 사람들은 생활하는 현실 속에서 수많은 문제들을 해결하기 위해 의사결정 과정을 경험하게 된다. 그 때의 의사결정은 문제를 철저하게 분석하고, 근원적인 이유를 발견해 내어 그에 대한 해결 대안들 중에서 가장 합리적이고 최선의 해결책이 될 수 있는 가치를 선택하게 된다.

Banks는 현명한 의사결정능력의 함양이 가장 중요한 교육 목표 중의 하나라고 강조하고 있다. 우리가 살고 있는 현대사회는 국제적으로나, 국내적으로나 깊이 생각해야 할 많은 문제점을 가지고 있으며, 이러한 문제점들을 해결하기 위해서는 매순간에 현명한 의사결정이 필요하다.

학생들이 복잡한 사회 속에서 제 역할을 현명하게 수행하기 위해 가르쳐야 할 기능 중의 하나인 의사결정 기능은 학급과 지역사회 속에서 사회적 행동에 참여함으로써 체험하게 된다. 따라서 학생들에게 의사결정에 필요한 정보를 제공하고 상황과 정보를 통해 가치 형성을 할 수 있도록 도와주고 의사결정과 관련된 활동과 과제를 제시하여 주는 것은 민주시민 생활에 필수적인 요소이다. 집단 활동과 공동 활동에의 참여와 민주적 의사 결정 과정의 훈련은 시민적 자질을 갖추기 위한 방법적 지식의 터득과 실생활에의 적용을 통하여 개인 문제에서 나타나는 갈등을 해소 · 해결하는 방법을 익혀 보다 세련된 시민 생활을 할 수 있는 자질을 기를 수 있게 된다.

사회에서의 인간관계를 주요한 내용으로 학습하는 사회과 교육은 개인이 당면하고 있는 문제를 해결하고, 지성적이고 사회적인 행동으로 지역사회와 국가의 공공정책의 형성에 적극적으로 참여할 수 있도록 의사결정 능력을 길러주지 않으면 안 된다.

즉, 사회과 교육은 의사결정능력의 함양을 주요한 교육 목표로 하지만, 그 궁극적인 목적은 지성적이고 사회적인 행동에 의해서 개인의 문제를 해결하고 사회와 국가의 발전에 참여하는 것이라고 할 수 있다.

오늘의 교육은 세계 시민으로서 직면하게 될 개인적 · 사회적 문제를 해결하고, 사회 행위를 통해 공공의 사회 정책에 영향을 미칠 수 있게 합리적인 의사 결정을 할 수 있는 능력을 개발하는 데 중점을 두고 있다. 학생들은 바람직한 지식을 습득하고 미래 세계에서 가장 유용한 가치를 예측하고 명료화하여 자신의 지식을 자신의 가치(관)와 관련시켜 의사결정을 하게 된다. 의사결정은 항상 지식과 가치의 결합으로 나타나며, 모든 인간관계의 핵심에는 가치가 내재되어 있기 때문에 학생들에게 전달되어야 할 명백한 가치들은 교육을 통하여 가르쳐야 한다. 그리고 의사결정을 할 필요가 있는 가치들은 학생들 스스로 결정하도록 가르쳐야 하고, 이러한 가치 교육은 개인에게 책임감을 동반시킴과 더불어 타인의 인격을 존중하고, 자신을 존중하면서 다른 의견을 가진 사람들과 토론을 할 수 있는 기능의 기초가 된다.

학생들로 하여금 사회를 올바르게 인식하고 주체성을 갖도록 하는 의사결정능력은 많은 문제 해결을 위한 고급 수준의 비판적·창의적 사고력과 함께 중요시 되고 있다. 이러한 의사결정능력은 개인적인 문제를 해결하고 사회적 행위를 통하여 공공 정책에 영향을 미치며, 국가적·사회적 문제에 대해 현명한 결정을 내리고 긍정적인 행동을 취하며 문제들을 해결하는 데 필요한 능력으로써 학교 교육의 중요한 목표 중의 하나가 되고 있다.

2. 의사결정모형의 단계

가. 1단계: 결정상황 확인
   1) 문제상황 제시: 뭔가 의사결정이 필요한 문제상황을 제시한다.
   2) 결정할 문제 확인: 문제를 해결해가는 데 다양한 해결책이 있
      으며, 이들 중에 어느 것을 선택해야만 한다는 것을 확인한다.
나. 2단계: 대안 작성
   1) 문제의 사실적 측면과 가치적 측면 분석하기
   2) 가능한 대안 개발하기(Brainstorming)
다. 3단계: 기준 작성
   1) 평가 기준에 대한 브레인스토밍
   2) 기준표 작성하기
라. 4단계: 대안 평가
   1) 기준에 따라 각 대안에 대한 점수매기기
   2) 선정된 대안들의 장점과 단점 평가하기
마. 5단계: 최종 결정
   1) 최종 결론 내리기
   2) 행동 계획 수립하기

3. 사회과 교육에서 의사결정의 특징

문제를 파악하고 해결책으로써 대안을 개발하고 선택하여 결정
에 따라 행동하는 능력이라고 정의될 수 있는 의사결정능력은 인
간을 특징짓는 고등정신능력 중의 하나이다. 즉, 의사결정능력

(decision-making skill)이란 문제해결력, 비판적 사고력, 반성적 탐구능력과 같은 문제에 대한 대안이나 의사를 결정할 수 있는 고등 인지능력으로 문제해결력, 반성적 사고력 등을 포함한다. 왜냐하면 반성적 사고란 여러 문제를 해결하기 위해 많은 시행착오를 겪으면서 대안을 추구하는 과정이며, 이러한 과정은 과학적으로 진행되기에 탐구과정이라 할 수 있고, 문제해결을 목표로 하기 때문에 문제해결과정이라 할 수 있다. 그리고 이 문제해결과정은 의사결정을 통해서 이루어지므로 의사결정과정이라고 할 수 있다. 이러한 개념을 사회과 교육의 합리적 의사결정에 적용시켜 그 특징을 살펴보면 다음과 같다.

첫째, 의사결정의 토대는 '정확한 사실(exact fact)'이어야 한다. 정확한 사실이란 문제 상황과 관련된 '참'인 사실 정보라는 의미뿐만 아니라 사실 정보가 그 상황을 전체적으로 설명함에 있어서 한쪽으로 치우치지 않도록 균형을 이루면서도 광범위한 사실을 나타내는 정보여야 한다는 것이다. 즉, 문제 상황과 관련된 지식은 타당하다고 입증된 사실이어야 하며, 한 영역으로부터의 지식이 아닌 다양한 원천으로부터의 지식, 즉 다학문적·간학문적 지식이 필요하다.

둘째, 의사결정의 과정은 주술적이거나 권위적이거나 감정적이 아닌 '과학적'이어야 한다. 이 점에서 의사결정과정은 탐구과정 또는 이성에 바탕을 둔 반성적 사고과정과 동일시될 수 있다.

셋째, 의사결정이 합리적이고 타당하기 위해서는 대안의 발생 가능성과 의사결정자의 유용성이 충족되어야 한다. 아무리 바람직한 결과를 초래할 것이라고 판단되는 대안이라 하더라도 그 실행에 어려움이 크거나, 결과가 만족스럽지 못할 것으로 예측된다면 그 대안에 따르는 의사결정을 할 수 없을 것이다.

넷째, 의사결정은 사회적, 도덕적으로 '공정(fair)'해야 한다. 다시 말해 사회정의에 부합해야 한다. 이렇게 볼 때 합리적 의사결정능력은 학교 교육 내용의 지식적인 면과 정의적인 면을 포함하는 것으로 자신의 지식과 가치를 적용하여 문제를 해결하는 종합적인 능력이라고 볼 수 있다.

4. Banks의 의사결정문제와 의사결정과정

Banks가 의사결정이 필요한 문제로 제시한 것은 사회 문제와 개인 문제이다. 이 구분은 단지 논의의 편의상 나눈 것으로 개인문제냐, 사회문제냐에 따라 개인적 의사결정이냐, 사회적(집단적) 의사결정이냐가 결정된다. 또 의사결정문제를 개인문제와 사회문제로 구분함과 동시에 그것이 학생들에게 '결정해야 할 문제'(decision-problem)로 주어진다고 보았다. Banks가 제시한 사회문제는 주로 미국사회내의 문제로 정치적 추문, 자원감소, 인종 간의 긴장과 갈등, 빈부격차의 심화, 소수인종, 여성, 소비자문제, 환경, 국제, 자원문제를 제시하고 있다. 개인문제로 이혼률의 증가, 범죄의 증가, 약물 복용을 제시하고 있다.

Banks의 의사결정과정은 크게 사회과학탐구와 그 산물인 지식의 측면과 가치탐구, 판단, 명료화와 그와 관련된 가치의 측면이다.

지식의 측면에서 Banks는 사회지식이 건전한 의사결정에 필요한 요소임을 주장하면서 지식획득방법에는 고집, 권위, 선험적, 과학적 방법이 있는데(지식 획득의 방법과 경로) 그 중에서 가장 합리적인 것이 과학적 방법이며(과학적 방법: 지식 획득의 한 방법), 그것은 탐구의 형태를 띤다고 보았다(탐구와 의사결정). 그리고 이러한 사회과학탐구의 산물로서 지식은 사실, 개념, 일반화, 이론의 구조를 띤다고 보았다(구조와 의사결정의 과정).

가치의 측면에서 Banks는 의사결정이 사회과학탐구를 통해 얻은 지식을 사용하는 데 있어 가치에 의존한다고 주장하면서(의사결정 과정의 가치의 요소) 의사결정자들이 그들의 가치의 원천을 확인하고, 그 가치들이 어떻게 상충하는지를 살피고 대안적 가치들을 확인하는 가치탐구를 통해서 의사결정이 행동적 목표를 설정하게 된다고 보았다(탐구, 가치판단, 의사결정의 행동적 목표).

따라서 결론적으로 Banks에 있어서 의사결정과정 요소의 핵심은 지식획득과정인 사회과학탐구와 가치명료화과정인 가치탐구를 종합한 의사결정모형이다. 구체적으로 사회과학탐구(사회탐구)과정과 가치탐구과정을 살펴보면 다음과 같다.

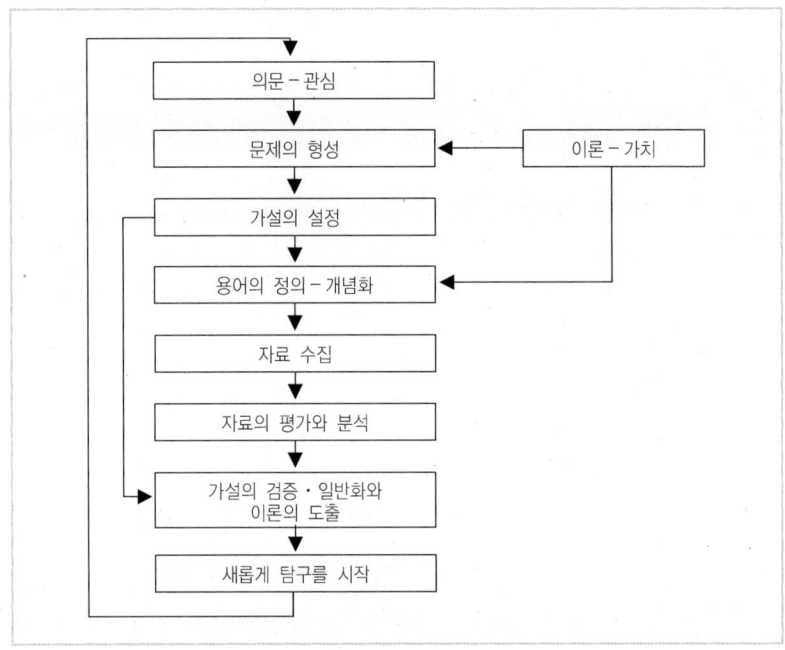

<그림 3> 사회탐구의 과정

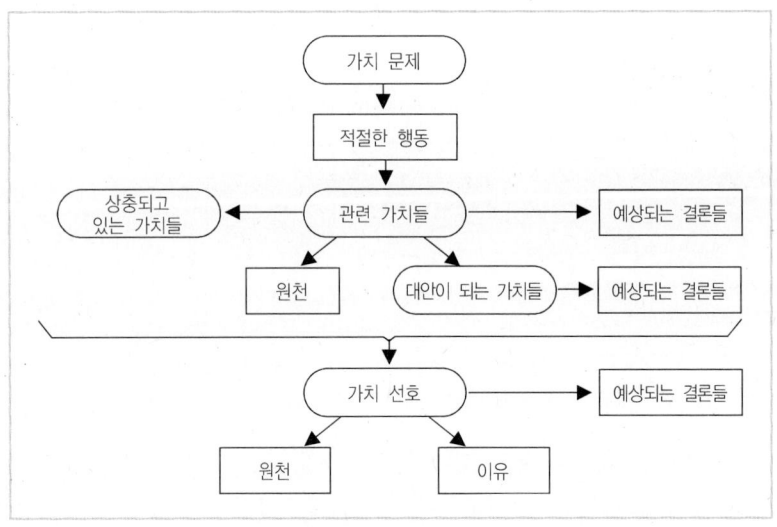

<그림 4> 가치탐구의 과정

5. Banks의 의사결정모형

Banks의 의사결정모형은 다음과 같이 다섯 단계로 이루어져 있다.

첫째, 의사결정의 문제 제기 단계이다. Banks는 의사결정 문제는 '결정해야 할 문제'(decision – problem)로 의사결정자에게 분명하게 제시된다. '결정해야 할 문제'는 사회문제와 개인문제로 나누고 있다.

둘째, 사회과학탐구 단계이다. 학생들은 의사결정문제와 관련된 지식의 측면에서 사회과학적으로 검증 가능한 문제를 제기하고, 가설을 세우고, 자료수집과 분석을 통해 가설을 검증함으로써 의사결정에 필요한 지식을 획득할 수 있다.

셋째, 가치탐구 단계이다. 학생들은 가치탐구를 통해 의사결정문제에서 가치문제를 인식하고 이와 관련된 적절한 행동 및 관련 가치들을 살펴보고 그 가치들 및 대안이 되는 가치들의 원천 및 예상되는 결론들을 살펴보고 가치선호를 결정하고 그 이유를 제시함으로써 의사결정과 관련된 자신의 가치를 명료화할 수 있다.

넷째, 의사결정 단계이다. 학생들은 의사결정단계에서 여러 가지 대안들을 확인하고 각 대안들의 위계를 선택하게 된다.

다섯째, 행동 단계이다. 학생들이 개인 및 사회문제에 대한 의사를 결정하였다면 의사결정을 실행에 옮기도록 하기 위한 사회행동계획에 참가하여 사회문제를 해결하고 정치적 효능감을 개발할 수 있는 기회를 제공해야 한다.

이상에서 볼 때 Banks의 의사결정 모형은 '결정해야 할 문제 ⇨ 사회탐구 ⇨ 가치탐구 ⇨ 의사결정 ⇨ 행동'으로 이어지는 의사결정 단계모형이다.

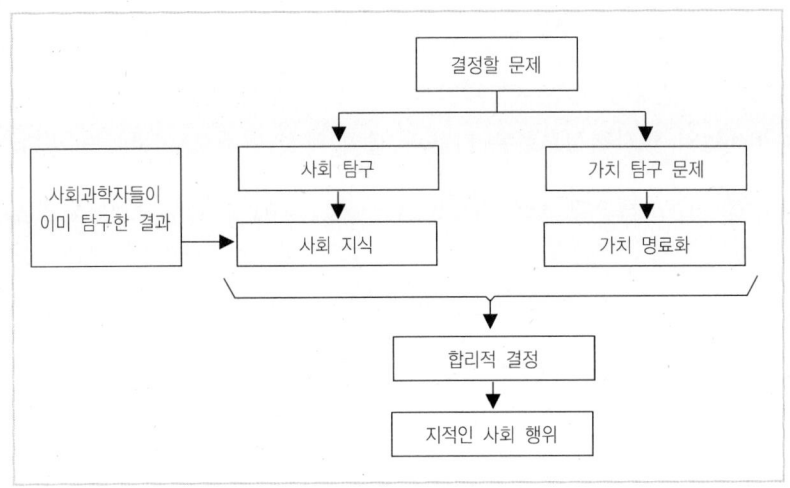

<그림 5> Banks의 의사결정모형

그러나 Banks의 의사결정모형도 몇 가지 비판을 받고 있다.

첫째, Banks는 '결정해야 할 문제'로 개인문제와 사회문제로 나누고 대부분 주어지는 것으로 보았으나, 실제 의사결정문제는 주어지는 어떤 객관적 상황인 동시에 의사결정자가 느끼는 주관적 느낌으로 이루어지는 것이기 때문에 개인 및 사회문제로 단순화시킨 것은 의사결정문제가 지니는 특성을 이해하는 데 방해가 될 수 있다.

둘째, Banks는 의사결정문제가 지식과 가치의 요소를 함께 종합해야 한다고 주장한다. 그러나 의사결정이 단순한 강제나 충동이 아닌 사고에 의한 선택이다. 사고는 지식을 필요로 하고 선택은 가치판단을 필요로 한다. 그러나 지식획득과정인 사회탐구와 가치명료화과정인 가치탐구가 둘은 별개의 과정이요, 먼저 사회탐구를 하고나서 가치탐구를 하게 되어있다. 그러나 의사결정과정에서 사회탐구와 가치탐구가 별개의 과정인가 하는 것이다. 의사결정에서 요구되는 사고는 사회탐구나 가치탐구가 아니라 반성적 탐구에 가깝다.

셋째, Banks의 의사결정모형은 의사결정모형임에도 불구하고 의사결정과정에 대한 상세한 논의가 빠져 있다. 의사결정과정에서 구체적으로 어떤 단계를 거쳐 대안을 개발하고 평가하고 선택할 지에 대한 설명이 거의 없다.

마지막으로 Banks의 의사결정모형이 사회과 교육과정에 적용되었을 때, Banks의 모형에 따른 교육과정은 사회과학 탐구모형과 별로 다르지 않다는 점이다.

이러한 비판을 받고 있는 Banks의 의사결정모형을 다음과 같이 보완하여 활용할 수 있다.

첫째, Banks의 의사결정문제는 의사결정문제상황과 의사결정문제인식의 단계로 나뉘어져야 하며, 교사는 학생들에게 의사결정문제상황을 제시하고, 학생들이 의사결정문제를 자기의 생각으로 인식하고 자기의 언어로 표현할 수 있도록 도와주기만 하면 된다.

둘째, 지식획득과정으로서의 사회과학탐구와 가치명료화과정으로서의 가치탐구가 별개의 과정으로 나뉘어서 하나는 먼저, 하나는 나중에 한다는 입장이 수정되어야 한다. 즉, 지식획득과정과 가치명료화과정은 별개의 사고과정이 아니므로 둘을 종합하여, 지식을 통해서 가치를 분명히 하고 가치를 통해서 지식을 선별할 수 있도록 지식과 가치간의 변증법적 과정을 인정해 주어야 한다.

6. 의사결정능력 향상을 위한 구체적인 교수 전략

초등학교 사회과에서 의사결정능력 향상을 위한 구체적인 교수
전략을 살펴보면 다음과 같다.

가. Decision – Matrix 전략

· 의사결정의 단계

문제의 정의 → 대안의 작성 → 기준의 작성 → 기준에 의한 대안의 평가 → 의사결정

· 자신의 기준에 의해 대안을 평가한다. 가치와 목표는 의사결
정을 위한 기준의 원천이다. 결정의 기준으로서 가치 · 목표 · 필요
에 의하여 대안을 평가한다.

· 의사결정표(Decision – Making Grid): 학생들에게 의사결정에 기
초가 되는 정보를 조직하고 도표에 의해 3, 4단계를 수행하도록
돕는다. 이에 따라 학생들은 더욱 자신있고 능숙하게 대안을 낳고
기준을 작성하여 표(Grid)를 스스로 구성할 수 있을 것이다.

대 안	의사결정기준			
	기 준 1	기 준 2	기 준 3	기 준 4
대안 1				
대안 2				
대안 3				

나. Decision – Tree 전략

❶ 의사결정상황 설정
❷ 최선의 대안해결의 작성
❸ 자신과 다른 사람에 대한 각각의 대안의 긍정적, 부정적인 결과를 작성
❹ 자신의 목표와 가치에 따라 긍정적, 부정적 결과를 어떻게 맞출 것인가에 기초하여 각 대안의 평가
❺ 잊었던 다른 대안을 생각하고 고려하기를 원하는 다른 가치와 목표를 생각
❻ 의사결정

* 특징: 이 방법은 각각 대안의 긍정적·부정적 결과의 고려와 대안적인 행동의 사회적 효과의 강조를 포함한다. 개인뿐만 아니라 사회적 결과의 고려는 중요한 특징이다.

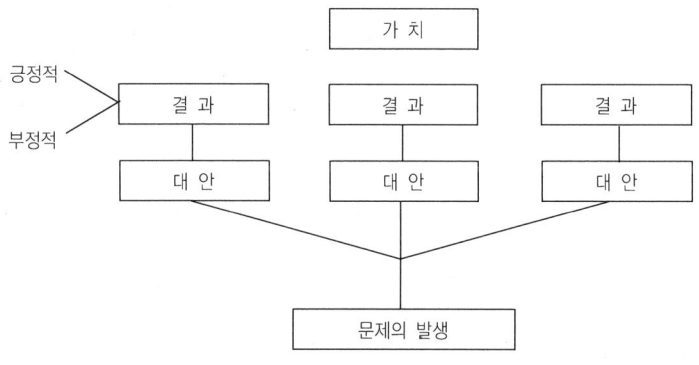

<그림 6> Decision – Tree 전략

Ⅳ. 개인적 및 집단적 의사결정모형

우리가 의사를 결정해야 하는 문제는 대개 두 가지, 즉 개인적인 문제에 직면했을 때와 사회적인 문제에 직면했을 때이다. 그러나 사회과는 개인적 필요와 사회적 필요의 조화를 추구하는 교과로서 개인과 사회의 조화롭고 합리적인 의사결정을 추구한다. 개인적 의사결정은 물론이고, 집단적 의사결정도 개인적 의사 결정을 기초로 한다. Hurst, Kinney, 및 Weiss는 여러 학자들의 의사결정 모형을 종합하여 개인적 의사결정 과정을 6단계로 정리하였다.

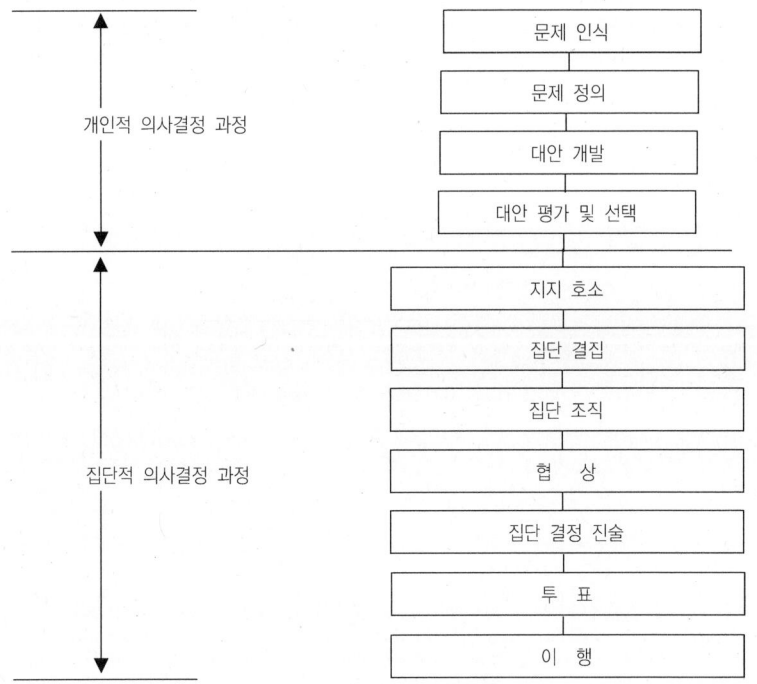

<그림 7> 개인적, 집단적 의사결정 과정

또 집단적 의사결정은 이러한 개인적 의사를 최대한 집단의 것으로 확장하려는 과정을 나타나게 되는데 Massialas와 Hurst는 집단적 의사결정을 위의 그림처럼 7단계로 제시하고 있다.

Stahl은 사회과 수업에서 의사결정능력을 함양시키기 위한 모형을 개발하였다. 에피소드 모형이라고 불리는 이 모형은 학생들이 배워야 할 내용을 하나의 에피소드로 만들어 그 에피소드를 완성하는 과정에서 자연히 달성해야 할 목표와 내용을 학습할 수 있도록 한 것이다.

Stahl이 개발한 에피소드 수업 모형의 절차는 다음과 같다.

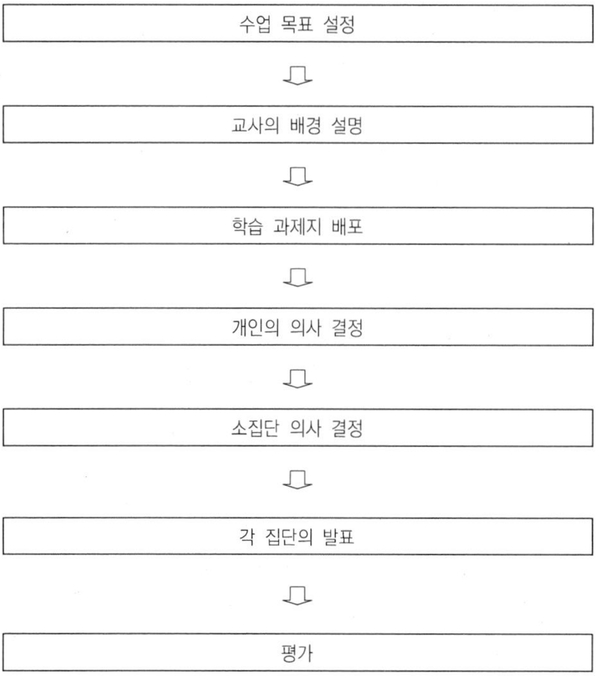

수업 목표 설정

⬇

교사의 배경 설명

⬇

학습 과제지 배포

⬇

개인의 의사 결정

⬇

소집단 의사 결정

⬇

각 집단의 발표

⬇

평가

<그림 8> Stahl의 에피스드 수업모형

V. 결론

　사회과의 궁극적인 목표가 바람직한 민주 시민의 자질을 육성하는 것이라면 다음 세대를 살아갈 학생들에게 길러주어야 할 바람직한 시민의 자질은 합리적이고 체계적인 의사결정능력을 신장시켜주는 것이라는 데 대부분 동의한다.

　사회과에서 사고력을 신장시킬 수 있는 교수 · 학습 방법으로는 탐구학습, 문제해결학습, 의사결정학습이 있다. 세 방법 모두 고안될 당시의 시대 상황과 사회에 대한 문제의식을 반영한 결과물로서 나름의 목표와 절차를 담고 있다. 문제해결은 학습자의 실생활에서 직면하는 문제, 탐구는 사회과학의 이론적 지식, 의사결정은 목적 달성을 위한 대안의 선택으로 그 차별성이 드러난다. 의사결정이 문제해결이나 탐구와 두드러진 차이점을 갖는 까닭은 가치탐구를 중요한 절차로 도입하고 있기 때문이다. 그러나 세 가지 교수 · 학습 방법들은 차이점에 비해 공통점이 훨씬 두드러진다. 우선 얼핏 보기만 하여도 외형상 상당한 유사성을 띠고 있음을 쉽게 알 수 있다. 즉, 이 방법들 모두 듀이의 반성적 사고 절차를 기본적인 아이디어로 담고 있는 것으로 볼 수 있다. 모두 문제를 인식하고 문제 해결을 위한 잠정적 해결책인 가설을 설정한 뒤, 타당한 근거와 이유를 찾아 가설을 검증하고 결론을 도출하는 과정을 밟고 있다. 이러한 방법들의 공통점을 보다 구체적으로 살펴보면 다음과 같다.

　먼저 '문제'의 중요성에 대한 인식이다. 세 방법 모두 학습자의 의식 속에서 학습해야 할 내용이 문제로 인식되지 않는다면 진정한 학습의 가능성은 애초부터 없다고 보아야 할 것이다. 학습자가 문제로, 혹은 탐구거리로, 의사결정의 문젯거리로 여기지 않는다면 학습의 의욕은 생기지 않고 다만 의무적인 절차만을 따르게 될 것이다. 따라서 문제인식 이후의 단계까지 학습자의 자발적이고 능동적인 참여를 보장하기 위해서는 세 방법 모두 문제에 대한 인식이 학습의 출발점으로 중요시된다.

둘째, 합리적·과학적 사유방식을 중요시한다. 세 가지 방법은 모두 흔히 '사고력 신장을 위한 교수·학습 방법'이란 이름으로 소개되곤 한다. 즉, 이들 모두 학습자의 사고력 신장을 중요시한다는 것이다. 사고력 신장을 위하여 세 가지 방법에서 선택하고 있는 장치는 가설을 설정하고 근거를 찾아 검증 단계를 밟는 점이다. 결국 지식의 생성과정(문제해결, 의사결정)이 모두 논리적이고 비판적 분석과정을 통해서 이루어진다고 이해할 수 있는 것이다. 따라서 이러한 특징은 세 가지 방법 모두 합리적·과학적 사고를 통한 사고력 신장을 위한 방법으로 부를 수 있는 근거를 제공한다.

셋째, 세 가지 방법 모두 학습의 결과가 잠정적이다라는 점이다. 학습자가 인식한 불확정적인 문제는 사실, 자료, 정보 등을 통한 논리적이고 비판적 분석이라는 엄격한 과정을 거쳐 확정적인 상태인 결론으로 나아가지만 그것은 최종적이고 절대적인 결과물이 아니라 보다 나은 근거가 등장할 때까지로 제한된 잠정적인 것이다. 세 모형이 모두 결과의 잠정성을 강조하는 공통점은 앞에서 잠시 언급한 바와 같이 판단은 엄격하게 내리되 결과에 있어서는 자신의 한계나 잘못이 있을 수 있음을 인정하는 유연한 자세, 또한 모든 인간이 내리는 결정은 완전할 수 없음을 인식하여 타인의 잘못을 관용적으로 대하는 태도를 잠재적으로 길러내는 민주적 생활태도의 육성을 의도하고 있는 것이다.

이와 아울러 문제, 탐구, 의사결정이라는 용어상의 구분도 그리 명확하게 내리기는 어렵다. 다시 말해서 '문제해결'의 상태는 결국 '의사결정'이 이루어진 상태로 간주할 수 있고, 학습자가 '탐구'를 한다는 말은 학습자의 인지구조 속에 인지적 혼란을 가져오는 '문제'가 발생한 것으로 간주할 수 있다. 또한 '탐구의 과정'은 결론 도출을 위한 수많은 '의사결정과정'의 연속이고 '의사결정과정'은 수많은 정보나 사실들의 '탐구과정'이 될 수도 있다. 즉, 이 용어들은 바꾸어 사용해도 의미상 크게 훼손되지 않는 상호간의 유연성을 갖고 있다. 결국 이 세 가지 교수·학습 방법들에 대한 혼란은 차이점보다는 강한 유사성에서 비롯된 것으로 볼 수 있는 것이다.

끝으로 아니러니컬하게도 교육을 통해서 과학적이고 체계적인 의사결정과정을 익히더라도 최종적인 의사결정은 각 개인이 내린다는 사실이다. 다만 더 나은 그리고 합리적인 결정을 내릴 수 있도록 사고하고 도와주는 것이 교육의 역할이다.

제2장

2007년 개정 사회과 교육과정의 이해

I. 서 론

1997년 12월 30일 고시된 제7차 교육과정이 시행되면서 교육 현장에서 여러 가지 문제점들을 드러냈다. 이러한 문제점들은 현장에서 나름대로 해결책을 찾아가면서 시행되고 있다. 그러나 급격한 사회 여건의 변화 특히, 주5일 근무제의 확산으로 제7차 교육과정이 막을 내려야 할 시점에 이르렀다.

주5일 수업제를 대비하고 사회변화에 대응하고자 새로운 2007년 개정 사회과 교육과정이 2007년 2월 28일에 고시되었다. 교육과학 기술부(이하 교육부로 칭한다)가 제시하고 있는 '2007년 개정 교육 과정 개요'에 따르면 개정 배경을 '첫째, 제7차 교육과정 개정이후 나타난 사회·문화적 변화를 반영한 교육내용 및 내용 체계 개편의 필요, 둘째, 과학·역사교육 강화 등 국가·사회적 요구 사항 반영 필요, 셋째, 현행 교육과정 적용상의 문제점 및 교과 교육내용의 개선 필요, 넷째, 주5일 수업제 월2회 실시에 따른 수업시수

일부 조정 필요'라고 제시하고 있다. 이에 따른 교육과정 개정은 이상의 네 가지 필요를 충족시키기 위해서 개정했음에도 불구하고, 기존의 교육과정 개정과는 달리 현행의 제7차 교육과정의 기본 철학 및 체제를 유지하는 것으로 교육부는 밝히고 있다. 개정 교육과정의 정식 명칭을 '2007년 개정 교육과정'으로 제시한 것은 과거의 교육과정 개정 작업처럼 전면적·일시적 개정이 아니라 현행 제7차 교육과정을 수시·부분 개정하는 방향으로 전환되었다는 것을 보여준다. 그러나 수시·부분 개정이라는 교육과정 개정의 취지와 달리 사회과 교육과정의 개정 범위와 규모는 소폭의 한정된 수준에 그치는 것이 아니라 상당히 크게 변화되어 전면적인 개정에 가까울 정도다. 새로 고시된 2007년 개정 교육과정에 따라서 1, 2학년 교과서가 개발되어 현재 실험학교를 통해서 현장 적합성을 검토하고 2009년에 본격적으로 도입될 예정이다. 3, 4학년은 2010년, 5, 6학년은 2011년에 정식으로 들어올 예정이다. 여기에서는 이러한 시대 변화에 따른 사회과 교육의 방향과 2007년 개정 사회과 교육과정의 개정 요인과 쟁점 그리고 주요 특징을 중심으로 살펴보고자 한다.

II. 미래에 대비하는 사회과 교육의 방향

급격한 사회 변화와 이에 따라 상이하게 요청되는 민주 시민의 자질과 관련하여 개인과 공공 문제에 관해 관심을 가지고 참여하며 반성적 탐구 능력을 가지고 합리적 의사결정을 내릴 수 있는 시민의 양성이 중요하게 부각되고 있다. 엥글과 오초아는 변화의 노정에 있는 민주주의에 주목하고 사회과에서 양성해야 할 시민의 자질과 관련하여 (1) 기초적 지식 습득[1] (2) 민주적 이념에 대한 헌신, (3) 의사결정과 관련된 기본적 기능 습득, (4) 정치적 기능 습득 등을 강조하고 있다. 민주 시민으로서의 참여와 의사결정능력의 강조 등은 현대 사회과에서 공통적으로 강조하는 특징이다. 이러한 목표에 대한 강조와 관련하여 사회과는 인간과 사회 및 세계에 대한 학습자의 이해와 참여 의식을 높이고, 사회현상 및 사회문제에 대한 탐구, 문제해결, 의사결정의 경험을 통해 고급 사고력을 함양시키는 것을 강조하며, 학습자 중심의 개별화 학습과 협동학습 및 세계화, 지역화, 정보화에 대응하는 교수·학습 전략 등을 강조하고 있다.

1. 논쟁 문제 학습

민주화, 세계화, 정보화 현상과 급격한 사회변동은 지식의 확정성에 의문을 제기하도록 하며, 개인과 사회의 다양성을 전제로 하는 가운데 집단의 합의를 통해 이를 해결해가는 상황을 일상화시키고 있다. 민주적 시민은 찬성과 반대가 대립되는 논쟁 문제의 본질을 파악하고 갈등 상황에서의 합리적 선택과 집단합의 도출능

---

1) ① 지역, 국가, 세계 차원의 시민성에 대한 인식 ② 사회 제도에 대한 이해 ③ 문화의 다양성에 대한 이해 ④ 인간의 진리 추구를 위한 노력과 한계 이해 ⑤ 선과 공정성을 위한 인간의 노력 이해이다.

력을 함양하는 것이 요청된다. 따라서 사회과에서는 수업 상황에서 이러한 논쟁 문제를 다루는 것을 통해서 사회 문제에 대한 의사결정능력을 기르는 것을 강조하고 있다. 논쟁 문제를 교수하는 목적은 학생들이 사회적으로 제기되는 논쟁문제에 대해서 관련된 지식과 이론을 학습하고 자신이 어떤 한 입장을 선택하고, 자기가 선택한 입장을 정당화하고 옹호할 수 있는 능력을 갖도록 하는 데 있다. 이러한 능력은 사실과 가치, 가정과 가설, 사실과 의견을 구분하고 상위 가치와 하위 가치의 관계를 인식하며, 추상적 가치를 구체적 상황에 맞게 해석하고 이러한 일련의 활동을 통해 가치 갈등을 해결하는 지성적 분석 능력을 갖는 것을 의미한다. 이러한 논쟁문제 해결을 위한 수업의 단계로는 문제 제기 ⇨ 가치문제 확인 ⇨ 정의와 개념의 명확화 ⇨ 사실 확인과 경험적 증거 ⇨ 가치 갈등의 해결 ⇨ 비교 분석 ⇨ 대안 모색과 결과 예측 ⇨ 선택과 결론 등의 순서를 밟는다. 쟁점문제를 다룸에 있어서 교사가 취할 수 있는 역할을 Kelly는 크게 네 가지로 구분하고 있다.

가. 배타적 중립

학교는 다양한 사회집단에게 균형을 취해야 할 묵시적 의무를 가지고 있기 때문에 어떤 사회적 쟁점문제도 교육과정에 포함해서는 안 된다는 입장이다.

나. 배타적 편파

쟁점문제에 관한 어떤 특정 관점만을 옳고 바람직한 것으로 제시하고 학생들이 이를 받아들이도록 유도하는 입장이다.

다. 중립적 공정

쟁점문제와 관련된 다양한 관점을 제시하고 학생들이 적극적으로 토의에 참여하게 유도하지만 교사는 자신의 견해를 밝히지 않고 엄정 중립을 유지한다.

라. 공정한 참여

학생들과 동료적 입장에서 자신의 견해를 분명히 밝히고 토의에 참여하며 민주적 권위를 가지고 교육적으로 바람직한 방향에서 지도하는 입장이다.

그러면 과연 교사는 어떤 역할을 수행해야 하는가? 배타적 중립과 배타적 편파는 쟁점중심교육의 가정과 신념에 배치된다. 그러므로 교사의 역할로서는 중립적 공정과 공정한 참여가 고려의 대상이 된다. 각종 연구에 의하면 교사가 공정한 참여 역할을 하면 학생들의 사고력이 신장된다고 밝혀지고 있다.

2. 정보화에 대처하는 학습

정보화 사회는 정보 매체의 발달과 통신 능력의 극대화에 따른 정보의 역할 강화, 전 세계적 정보 네트워크로 세계가 하나로 연결되는 지구촌 사회의 출현, 대의민주주의로부터 직접민주주의로의 전환 가능성의 증대 등을 특징으로 하고 있다. 정보의 폭증은 다양한 정보의 선택과 그에 따른 자아실현의 기회를 넓힐 수 있다는 긍정적인 측면이 있는 반면에, 정보의 홍수를 감당하지 못하는 데서 오는 혼란이나 부정확하고 저급한 정보의 무비판적 수용에 따른 부작용도 예상된다. 이와 같은 정보화 사회는 사회과 교육을 통해 함양되어야 할 민주시민의 자질면에서 변화를 요구하고 있으며 이와 관련하여 사회와 세계의 이해를 위한 정보와 지식의 수집 및 활용 능력, 정확하고 신속한 정보에 기초한 합리적 의사결정능력과 사회참여능력이 강조되고 있다. 21세기 정보화 사회의 교육적인 패러다임의 변화와 공학적인 발전을 활용하여 교육개혁을 실현하고자 했던 많은 시도들이 '열광-과학적 지지-실망-비난'의 순환을 거듭했다는 것은 성공적인 ICT활용교육을 위해서도 주지해야 할 사실이다. '교육매체는 교수를 전달하는 수단에 불과하며, 학생들의 학업 성취에 영향을 주지 않는다'는 주장과 함께, 학업에 영향을 주는 것은 교육매체에 담겨진 교과 내용과 교수·학습 전략이다. 실증적인 연구 결과나 이론에 바탕을 둔 철저한 처방 없이 단순히 첨단기술의 고효율, 빠름과 다기능, 정교함 등에 미혹되어 ICT활용교육을 무비판적으로 수용하는 것은 지양되어야 한다. 무비판적인 활용에만 관심을 가질 경우 인간과 인간의 만남을 통해서 이루어지는 교육 본연의 모습이 상실되는 전도된 모습을 보일 수 있다. 사회과에서 ICT활용교육은 학습자가 정보를 단순히 기억하고 저장하는 활동에서부터 탈피하여 정보를 창출하여 전달하는 지식의 구성 및 창출 활동까지 이루어져야 한다.

3. 세계화 - 지역화에 대응하는 학습

현대는 원심적 방향의 변화로서의 세계화와 구심적 방향의 변화로서의 지방화를 경험하고 있다. 학습자들이 지방이나 국가 발전 뿐만 아니라 세계의 공존 번영에 적극적으로 관심을 갖고, 능동적으로 참여하도록 지도하는 것이 요구된다. 이와 관련하여 교수·학습 과정에서 학습자들이 세계 시민, 국민, 주민으로서의 권리와 의무를 자각하고 세계, 국가, 지방의 관심사 등에 대해 적극적인 관심을 갖고, 문제해결 및 의사결정과정을 경험하도록 하는 것이 강조되고 있다. 견학, 조사, 자원인사초빙, 토론, 역할놀이, 컴퓨터 활용 등 다양한 교수·학습 방법을 활용하여 세계, 국가, 지방에 있어서의 문제나 논쟁점 등에 대해 역사 및 사회과학의 통합적 관점과 다문화적 관점에서 접근하고, 다양하고도 구체적인 역사자료와 시사자료 등에 기초하여 합리적인 판단을 내리도록 하며 이를 통해 참여의식, 공동체의식, 개방의식, 민주적 의사결정 능력 등을 함양한다.

Ⅲ. 2007년 개정 초등 사회과 교육과정의 내용 분석

1. 2007년 개정 사회과 교육과정의 쟁점

첫째, 교과목 편제로시의 역사 영역의 독립(교)과목화와 관련된 쟁점이다. 초등학교 사회과는 기본적으로 통합교과임을 감안하여 역사교육 영역을 독립(교)과목화하지 않는다는 방향으로 합의하였다. 그러나 6학년 1학기에 제한되어있는 통사적인 역사교육 내용을 2개 학기(5학년 1, 2학기)에 걸쳐 집중적으로 편성하는 안으로 확정하였다. 이 쟁점은 초등학교 사회과와 관련된 가장 중요하고 민감한 부분이다. 그럼 과연 초등학교 5학년에서 1년 동안 역사영역을 집중적으로 학습한다고 해서 역사의식이 고취되고 애국심도 향상될 것인가 하는 점이다. 아울러 6학년도 어려워하는 역사영역을 과연 5학년으로 이동했을 때 나타나는 문제점은 없는지 다시 생각해보아야 한다. 우리나라 국민은 보통 4번의 통사중심의 역사를 공부하고 사회에 진출한다. 즉, 초등학교 6학년 1학기에 1회, 중학교 2, 3학년에서 1번, 고등학교 1학년에서 근현대사 이전의 역사 1회와 고등학교 2, 3학년의 선택과목인 한국근현대사(전체 고등학생의 75%가 선택)의 1회 그리고 마지막으로 대학교 교양국사 1회이다. 이렇게 역사영역의 통사중심으로 거의 비슷한 방식으로 학습이 이루어짐으로써 학습동기가 저하되고, 교사는 각 학교급에서 어느 정도의 깊이까지 가르쳐야 하는지를 항상 고민하고 있다. 초등학교 사회과에서 역사영역은 다양한 방법(인물 중심 또는 문화재 중심의 한국사)으로 이루어져 학생들이 우리나라가 지금까지 온 과정에 흥미와 관심을 가지고 참여할 수 있는 기반을 마련해주어야 한다.

둘째, 초등 사회과 통합의 유형 및 정도와 관련된 쟁점이다. 개정 연구팀은 고학년(5 - 6학년)은 덜 통합적(더 분과적), 저학년(3 - 4학년)은 덜 분과적(더 통합적)인 관점에서 교육내용을 선정·조직하고 단원을 구성한다는 원칙을 정하였다. 그러나 덜 통합적이라는 것이 과연 무엇을 의미하고, 덜 분과적이라는 말이 무엇을 의미하는지 알 수 없다. 초등학교 사회과는 기본적으로 통합 교과이다. 통합 교과라는 특성이 잘 나타날 수 있도록 스트랜드 중심으로 통합 하던지 아니면 사회문제를 중심으로 하는 통합이 이루어져야 한다.

셋째, 지역확대법의 적용과 관련된 쟁점이다. 초등학교 사회과 교육과정을 구성하는 주요한 원리로 정착된 것이 지역확대법이다. 현대 사회의 발전과 교통·통신의 발달을 고려하여 '기계적인' 지역 확대법을 융통성 있게 변형하여 탄력적으로 적용하는 방향으로 정리되었다. 즉 탄력적인 지역확대법의 적용이다. 기존의 3학년(시·군·구) → 4학년(시·도) → 5학년(한국) → 6학년(한국 및 세계)으로 확장시켜 나가던 공간적 범위를 3학년과 4학년은 시·도, 5학년과 6학년은 한국 및 세계로 정하되, 영역의 필요에 따라서는 학년급간의 공간적인 범위를 넘어서는 교육내용의 선정과 조직도 할 수 있도록 하였다. 이와 관련하여 3, 4학년의 교육과정을 지역화 교과서의 개발을 전제로 할 것인가의 여부이다. 이 부분은 교육과정 개정 작업의 후속조치로서 교과서 개발 방향과 관련하여 논의되고 있다.

넷째, 심화·보충형 수준별 교육과정과 관련된 쟁점이다. 제7차 사회과 심화·보충형 수준별 교육과정에서 기본과정과 심화과정의 차별성의 부족과 현장에서 나타난 여러 가지 문제점을 고려하여 심화과정을 편성하지 않고, 교수·학습 방법에서 수준별 교육을 할 수 있도록 정리되었다. 제7차 사회과 수준별 교육과정의 도입 초기에는 여러 가지 문제점이 나타났지만 이제는 어느 정도 정리되고 나름대로 정착 단계에 이르렀는데도 불구하고 2007년 개정 사회과 교육과정에서 없어졌다. 교육과정을 개정할 때는 그 동안 나타난 문제점을 해결하는 방향으로 개정작업이 추진되어야 한다.

일선 현장에서는 완전히 달라진 새로운 사회과 교육과정을 원하는 것이 아니라 그 동안 사회과 교육과정을 운영하면서 나타난 문제점을 해결하고 좀 더 발전할 수 있는 현장의 목소리가 담긴 교육과정의 개정을 원하고 있다.

다섯째, 교육현장의 요구 반영의 정도이다. 새로운 교육과정 개정팀에 현장분과가 있어서 어느 정도 일선 현장의 요구(학습 내용의 과다, 학습 내용 수준의 어려움, 활동 중심의 교육내용 구성)를 반영하고 있으나, 현장 분과연구원의 구성과 역할이 여전히 미흡한 느낌을 지울 수 없다. 2007년 개정 사회과 교육과정의 쟁점과 대안을 정리하면 다음과 같다.

<2007년 개정 사회과 교육과정의 쟁점과 대안>

사안			주요 쟁점		대안
1. 편제	기본과정		• 영역별 독립 요구		o 현 교과 체제 유지
	선택과정		• 일반·심화 선택과목의 통합		o 수정: 통합 및 과목재조정
2. 성격·목표			• 다면적 성격 혼재		o 현행 유지
			• 학교급 및 영역별 목표가 있음		
3. 내용	가. 내용체계		• 학년별 체계: '영역간 융합' 모형의 한계		o 수정: 학년별 영역 집중제
	나. 학년별 내용: 대강화(大綱化) 지향				
	단원구성		• '대단원-중단원-성취목표' 체제의 경직성		o 수정: 단원 광역화
	성취목표	과정	• 2원화: 기본·심화과정의 차별화 부족		o 수정: 심화과정 삭제

		진술	• 체제: 내용+방법+행동의 규격화
			• 구조: 내용·행동 간 정합성 미흡
					o 수정·보완
					  - 학습 방법은 삭제
					  - 행동 다양화
					  - Key word 추출

		요소	• 선정의 준거체제
			  - 국가 사회적 요구 및 시대성
			  - 학습자의 수요
			  - 배경 학문의 동향
			  - 외국 사회과교육 동향
					o수정·보완:적절성 강화
					  → 내용 요소 최소화
					  → 필수 요소 확인
					  → 교과·학년간 연계성
					  → 목표 지향적 내용 선정

			• 내용: 적정성 여부		
			• 분량: 내용(사실·개념·원리) 과다		
			• 연계성: 학년·교과간 역전·상반·중복		
4. 교수·학습 방법			• 내용-방법의 정합성 미흡		o 보완
5. 평가			• 교육과정 질 관리 차원의 평가 원칙 미흡		o 보완

2. 2007년 개정 사회과 교육과정의 개정 방향과 주요 개정 내용

가. 개정 방향과 중점

○ 현행 교육과정의 기본 체제 유지

○ 내용상 사회변동, 시대상황, 국가 · 사회적 요구 반영

○ 학년별 내용의 수정 · 보완

○ 학교와 학생 단위 교육과정의 자율성 강화

○ 사회과 교육과정 운영의 내재적 문제에 대한 해소 방안 제시

나. 주요 개정 내용

○ 편제

－초등학교 3～6학년 사회 3시간 편성

○ 성격

－사회생활에 필요한 지식과 기능을 익혀 사회현상 인식

○ 목표

－지리, 역사 및 제 사회 과학의 기본 개념과 원리를 발견하고 탐구하는 능력을 익혀, 우리 사회의 특징과 세계의 여러 모습을 종합적으로 이해

○ 내용

－학년별 교육내용의 중복을 최소화하여 학습 분량을 적정화하고, 지리, 역사, 일반사회 영역의 통합적인 사고 지향

－학습자가 사회 현상에 대한 흥미와 관심을 넓히고, 인간 생

활과 사회 현상의 원리를 발견하고 실생활에 적용

－학습자 여건 및 교육환경을 고려하여 가장 효과적인 교수·
학습 방법을 자율적으로 선택하여 실시

○ 교수·학습 방법

－사회 현상에 대한 종합적인 인식을 위하여 통합적인 교수·
학습 방법 강조

－학생들의 사고력을 자극할 수 있도록 적절한 탐구 상황을
설정하고 다양한 발문 기법 활용

－교수·학습의 효율성을 높이기 위하여 지도, 도표, 영화, 슬
라이드, 통계, 연표, 연감, 신문, 방송, 사진 등의 다양한 교
수·학습 자료 활용

○ 평가

－내용의 대강화와 교수·학습 방법의 자율화에 맞는 다양한
평가 방법 활용

－개개인의 학습 과정과 성취 수준을 이해하고 발달을 돕는
차원에서 실시

－지식 영역에 치우쳐서는 안 되며, 기능과 가치·태도 영역
을 균형있게 선정

<제7차와 2007년 개정 사회과 교육과정 비교>

	제7차 교육과정	2007년 개정교육과정	비 고
성 격	○ 민주시민의 자질 함양	현행 유지	
목 표	○ 총괄목표 - 내용 영역별 목표 - 지식, 기능, 가치 · 태도 목표로 나누어 제시	현행 유지	
내 용	〈내용 체제〉 ○ 공통기본과정(3 - 10학년)의 내용 요소 제시 〈내용〉 ○ 형식: 성취기준 형식, 수준별 교육 과정 내용 제시 ○ 공통 기본 교육 영역별로 제시 · 인간과 공간 · 인간과 시간 · 인간과 사회 ○ 국사: 10학년 편제에 표기	○ 성취기준 중 심화과정은 기본 과정에 통합 ○ 국민공통기본 교육과정의 경우, 내용을 영역별로 제시 · 역사 · 지리 · 일반사회 ○ 역사: 별도 편제 표기	
방 법	○ 21개 항목의 열거식 제시 ○ 학생 중심의 수준별 지도 ○ 주제, 문제중심의 통합적 접근 ○ 개별화 학습과 협동학습 조화 ○ 탐구를 위한 학습 환경의 조성 ○ 정보화 시대의 자료 활용	○ 기본 방향은 유지함 ○ 범주별 유목화하여 14개 항목으로 제시 - 교수 · 학습의 원칙 - 교수 · 학습의 방법	○ 기본 방향은 유지함
평 가	○ 14개별 항목의 열거식 제시 ○ 목표 · 내용 · 방법의 일관성유지 ○ 지식, 기능, 가치 · 태도 종합 평가 ○ 학습 과정을 중시하는 평가 ○ 교수 · 학습 방법의 평가	○ 기본 방향은 유지함 ○ 범주별 유목화 하여 14개 항목으로 제시 - 평가 방향 - 평가 내용 - 평가 방법 - 평가 결과의 활용	○ 평가의 체계화 필요

다. 제7차 교육과정과 2007년 개정 사회과 교육과정의 내용 체계

영역 / 학년	인간과 공간	인간과 시간	인간과 사회
3	○ 고장의 자연 환경과 인문 환경과의 관계 ○ 고장의 중심지와 주민 생활 모습	○ 고장 생활의 변화 ○ 고장의 문화적 전통	○ 물자의 유통 ○ 고장의 여러 기관에서 하는 일 ○ 고장의 발전을 위한 노력
4	○ 우리 지역의 자연 환경과 인문 환경	○ 옛 도읍지 ○ 박물관의 기능 ○ 문화재의 가치	○ 지역의 생산 활동 ○ 가정의 형태와 살림살이 ○ 취미와 여가 생활 ○ 주민 자치와 지역 문제의 해결
5	○ 자연 환경과 주민 생활의 관계 ○ 국토의 개발과 환경 보전 ○ 도시 지역의 생활 ○ 촌락 지역의 생활	○ 인간 생활과 과학 기술의 관계 ○ 조상들의 공동체 의식	○ 우리나라의 경제 성장 ○ 정보화 시대의 생활
6	○ 우리나라와 관계 깊은 나라들 ○ 지구촌 문제의 해결을 위한 노력	○ 국가의 성립과 발전 ○ 근대화와 민주 국가 건설 ○ 역사적 인물과 사건	○ 민주 정치의 기본 원리 ○ 민주 시민의 권리와 준법 정신 ○ 평화 통일과 민족의 미래

영역 / 학년	역사 영역	지리 영역	일반사회 영역
3	○ 우리가 살아가는 곳 ○ 사람들이 모이는 곳	○ 우리 고장의 정체성 ○ 이동과 의사소통	○ 고장의 생활 문화 ○ 다양한 삶의 모습들
4	·	○ 우리 지역의 자연 환경과 생활 모습 ○ 우리 지역과 관계 깊은 곳들 ○ 여러 지역의 생활	○ 주민 자치와 지역 사회의 발전 ○ 경제생활과 바람직한 선택 ○ 사회 변화와 우리 생활
5	○ 하나 된 겨레 ○ 다양한 문화가 발전한 고려 ○ 유교 전통이 자리 잡은 조선 ○ 조선 사회의 새로운 움직임 ○ 새로운 문물의 수용과 민족 운동 ○ 대한민국의 발전과 오늘의 우리	·	·
6	·	○ 아름다운 우리 국토 ○ 환경을 생각하는 국토가꾸기 ○ 세계 여러 지역의 자연과 문화	○ 우리 경제의 성장과 과제 ○ 우리나라의 민주정치 ○ 정보화, 세계화 속의 우리

라. 제7차 사회과 교육과정과 2007년 개정 사회과 교육과정의 비교

과 목	제7차 교육과정	2007년 개정교육과정	비 고
구 성 (문서체제)	1. 성격 2. 목표 3. 내용 　가. 내용 체계 　나. 학년별 내용 　　○ 주제명 　　○ 주제 안내 　　○ 소주제명 　　○ 성취기준 4. 교수·학습 방법 5. 평가	1. 성격 2. 목표 3. 내용 　가. 내용 체계 　나. 학년별 내용 　　○ 주제명 　　○ 주제 안내 　　○ 소주제명(삭제) 　　○ 성취기준 4. 교수·학습 방법 　가. 교수·학습의 원칙 　나. 교수·학습의 방법 5. 평가 　가. 평가 방향 　나. 평가 내용	○ 교과서 개발자에게 　주제 구성의 재량 　권 부여 목적

마. 제7차 교육과정과 2007년 개정 사회과 교육과정 내 학년, 학기별 내용 구성

학년	제7차 사회과 교육과정	2007년 개정 사회과 교육과정
3	1. 고장의 모습과 생활 2. 고장 생활의 중심지 3. 고장의 생활 변화 4. 살기 좋은 고장을 위한 노력	1. 우리가 살아가는 곳 2. 우리 고장의 정체성 3. 고장의 생활 문화 4. 사람들이 모이는 곳 5. 이동과 의사소통 6. 다양한 삶의 모습들
4	1. 우리가 사는 지역 사회 2. 주민 자치와 지역 사회의 발전 3. 옛 도읍지와 문화재 4. 사회 변화와 가정 생활	1. 우리 지역의 자연과 생활 모습(지) 2. 주민 자치와 지역사회의 발전(일) 3. 우리 지역과 관계 깊은 곳들(지) 4. 경제생활과 바람직한 선택(일) 5. 여러 지역의 생활(지) 6. 사회 변화와 우리 생활(일)

학년	제7차 사회과 교육과정	2007년 개정 사회과 교육과정
5	1. 우리 국토의 모습 2. 여러 지역의 생활 3. 세계 속의 우리 경제 4. 우리 겨레의 생활 문화	1. 하나 된 겨레 2. 다양한 문화가 발전한 고려 3. 유교 전통이 자리잡은 조선 4. 조선 사회의 새로운 움직임 5. 새로운 문물의 수용과 민족운동 6. 대한민국의 발전과 오늘의 우리
6	1. 우리 겨레, 우리나라 2. 새로운 사회 문화로 가는 길 3. 우리나라의 민주 정치 4. 함께 살아가는 세계	1. 아름다운 우리 국토(지) 2. 우리 경제의 성장과 과제(일) 3. 환경을 생각하는 국토 가꾸기(지) 4. 우리나라의 민주정치(일) 5. 세계 여러 지역의 자연과 문화(지) 6. 정보화, 세계화 속의 우리(일)

제3장
사회과 수업 설계 및 적용

Ⅰ. 들어가는 말

'수업에는 왕도가 없다' 또는 '수업은 예술이다'라는 말을 자주 듣는다. 예술 작품의 특징은 독창성과 창조성에 있다. 즉, 교사가 늘 행하고 있는 어떤 수업도 똑같을 수 없다는 측면에서 볼 때 수업은 예술이고, 교사는 예술가이다. 예술가가 하나의 작품을 만들기 위해 끊임없이 생각하고 손끝 하나 하나에 모든 열정을 쏟듯 우리 교사 또한 이러한 자세로 수업에 임해야 한다.

자신의 수업을 하나의 창조적 작품으로 만들어 보려는 마음으로 수업에 임할 때 수업은 성공할 가능성이 많아지며, 수업을 마친 후 느끼는 성취감도 커질 수 있을 것이다.

그 동안 우리는 많은 사회과 수업 연구와 연구학교의 수업 공개를 참관하고 또 연수를 받았다. 그러나 양적인 증가만큼 사회과 수업의 질이 나아졌다고 단정하기는 어렵다. 우리는 초등 사회과의 특성이나 학습자에 대한 깊은 이해도 없이 요즈음 유행하는 소위 열린 학습, 문제중심학습, ICT 활용 또는 사회과의 고유한 특성을 무시한 채 수업 기법만 뛰어난 교사들의 수업을 모방하면서 사회과 수업의 질 개선을 이룬 것처럼 생각하는 경향은 없는가? 그러나 사회과는 다양한 학문 영역이 통합되어 있는 교과이며 변화하는 사회 현상을 학습 대상으로 하고 있는 교과이다. 따라서 가장 중요한 것은 '사회과다운 사회과 수업'이 이루어져야 한다는 것이다.

만약 '사회과 수업은 이런 교육내용을 가지고 이런 교수·학습 방법과 자료를 활용하여 이런 방식으로 수업을 진행하면 가장 효과적이고 살아있는 수업이다'라는 것이 있다면 우리는 더 이상 사회과 수업에 대하여 고민하고 연수할 필요도 없을 것이다. 그러나 결론은? 그러면 어떻게 하는 것이 좀 더 흥미 있고 효과적인 사회과 수업이 될 수 있을까?

결론부터 말하면 초등 사회 교과에 관심과 열정을 가지고 늘 고민하고 그 결과를 학생들과 시도해보고, 또 반성하고 수정해서 다시 시도하는 이런 노력들이 자신의 몸에 차곡차곡 쌓여서 자기 나름대로 사회과 수업에 대한 노하우(철학과 혼)가 담긴 수업을 하는 것이 가장 효과적인 사회과 수업이 아닐까?

Ⅱ. 수업 전문성 기준에 대한 논의

1. 수업 전문성의 기준

학교 교육력의 제고는 교사의 교육방법 개선을 통하여 이루어지고, 이러한 학교 교육력을 제고하기 위해서는 무엇보다도 교사의 수업 전문성 신장이 우선되어야 한다. 교사의 수업 전문성 영역은 학자에 따라 다르게 규정되고 있다.

그로스만(Grossman, P. L, 1990)은 교사가 갖추어야 할 지식에 대한 개념적 모형을 다음과 같이 제시하고 있다. 그에 의하면 교사가 기본적으로 갖추어야 할 전문적 지식의 영역은 네 가지 즉, 일반 교육학 지식과 교과 지식, 교육학 내용에 관한 지식, 수업의 배경을 이루고 있는 주변에 대한 상황지식이다.

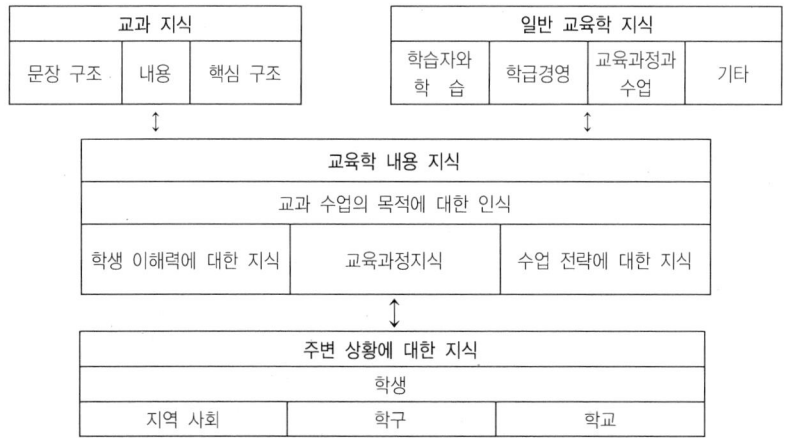

<교사가 갖추어야 할 지식>

  교과 지식은 교사가 갖추어야 할 하나의 필수 지식 기반으로서 교사의 교과 지식은 학생의 학업 성취에 매우 중요하다. 교과지식은 크게 교과 내용에 관한 지식, 교과 영역의 핵심과 문장 구조로 구성된다. 문장 구조(Syntactic Structure)란 교과 영역 안에서 지식임을 입증하는 증거를 이해하고 증명하는 지식 또는 교과 영역 안에서 어떻게 지식에 관한 명제가 교과 구성원들 간에 평가되는 가에 대한 지식을 가리킨다. 내용 지식은 교과 영역에서 지식 체계를 이루는 사실, 개념과 이들 간의 관계에 관한 지식을 가리킨다. 핵심 구조란 교과 영역에서 탐구 문제를 제기하는 형식이나 지식을 조직하는 방법에 관하여 동일 교과 영역에 존재하는 여러 패러다임에 관한 지식이다.

  일반 교육학 지식은 수업을 중심으로 한 지식, 신념, 방법에 관한 것이다. 여기에는 학습자와 학습에 관한 지식, 학급 경영에 관한 지식, 교육과정과 수업에 관한 지식이 포함된다. 학습자로서 인간 발달과 학습의 일반 원리에 대한 지식은 수업 방법에 여러 좋은 시사를 준다.

  교육학 내용 지식(교수내용지식)은 교사가 가장 자주 다루는 교과 토픽, 가장 많이 사용하는 아이디어의 제시 방식, 가장 자신 있게 사용하는 유추, 삽화, 보기, 설명, 시범과 관련된 것으로서, 다른 말로 하면, 교사가 학생들이 쉽게 터득할 수 있는 방법으로 교과를 구성하고 제시하는 방법에 관한 지식을 가리킨다. 교과의 특정 내용을 학습함에 있어서 무엇이 쉽게 또는 어렵게 하는지에 대한 지식이 포함된다. 교육학 내용 지식은 교과 내용에 대한 교육학적 해석력과 같은 것으로 실제 수업 운영을 위한 교사의 역할과 관련하여 교사가 갖추어야 할 매우 유용한 지식에 속한다고 할 수 있다.

상황 지식은 학습자 개개인의 특수성과 관련된 것으로서 학교가 속한 학군, 지역 사회의 요구가 무엇인지를 아는 지식이다.

위에 제시한 그로스만이 주장하는 교사가 갖추어야 할 지식 모형은 교사의 수업 전문성을 어떻게 이해할 수 있는가의 질문에 하나의 유용한 개념적 틀을 제공한다. 특히 그는 교사 교육과 관련하여 교육학 내용 지식(교수내용지식)을 크게 강조하여 언급하고 있다.

강신천(2006)은 수업 전문성의 범주를 크게 15개로 구분하고 있다. 수업 관찰 분석 능력, 교수분석 능력, 교육과정 구성 능력, 수업운영 능력, 학습동기 능력, 학습목표 진술 및 제시 능력, 발문/질문 수행 능력, 피드백 제공 능력, 교과서 활용 능력, 판서(설명, 요약, 제시) 능력, 교수매체 설계·개발·활용 능력, 교수기법 구사 능력, 교육평가 능력, 교수설계 능력(교수·학습 과정안 설계·개발), 그리고 개별화 학습 운영 능력이 그것이다.

한편 한국교육과정평가원의 수업 전문성 기준은 교사가 숙지하고 있어야 할 좋은 수업의 기준으로서 교사가 알아야 할 지식과 기술에 해당한다. 수업 전문성 기준은 크게 4영역(지식 영역, 계획 영역, 실천 영역, 전문성 발달 영역)으로 구분하고 있는데, 지식 영역에는 내용 지식, 내용 교수법, 학생 이해를, 계획 영역에는 학습목표 설정, 수업 설계를, 실천 영역에는 학습 환경, 학급 운영, 학생 지도, 수업 실행을, 전문성 발달 영역에는 수업 반성 및 개선, 동료, 학부모와의 협조, 지속적인 전문성 발달 노력을 제시하고 있다.

강신천의 수업 전문성 범주와 한국교육과정평가원이 제시하고 있는 수업 전문성 기준을 제시하면 다음과 같다.

강신천(15기준)	한국교육과정평가원(21기준)
• 수업 관찰 분석 능력 • 교수분석 능력 • 교육과정구성 능력 • 수업운영 능력 • 학습동기 능력 • 학습목표 진술 및 제시 능력 • 발문/질문 수행 능력 • 피드백 제공 능력 • 교과서 활용 능력	• 내용 지식의 이해 • 내용 교수법 및 오개념 인지 • 구조화된 수업 전개와 효율적인 시간 관리 • 명료한 의사소통 및 적절한 언어사용 • 유연한 상황 대처 • 유의미한 학습 활동 및 과제 수행 • 사전지식 활성화와 동기유발 • 학습 목표 설정 및 진술 • 효과적인 질문 사용
• 판서(설명, 요약, 제시) 능력 • 교수매체 설계 · 개발 · 활용 능력 • 교수기법 구사 능력 • 교육평가 능력 • 교수설계 능력 (교수 · 학습 과정안 설계 · 개발) • 개별화학습 운영 능력	• 이해를 촉진하는 모니터링 및 피드백 • 효과적인 자료 활용 • 이해와 사고를 촉진하는 수업전략 • 교사의 수업 반성 • 일관성 있는 수업 설계 • 학생이해(발달, 인지학습, 개인차) • 안전하고 효율적인 물리적 환경 • 생동감 있는 학급분위기와 학습문화 조성 • 효율적인 학급 운영과 학생 지도 • 동료 교사와의 협력 • 학부모와의 협조 • 전문성 발달 노력

교실 수업을 개선하기 위해서는 수업 전문성 영역에 대해서 전문성을 발휘할 수 있어야 한다. 수업이 가진 가변성과 구체성 때문에 교사가 대면하는 수업 상황이 매년, 매일, 매시간 같을 수 없다. 수업 전문성은 특정 시점에서 이루어지는 것이 아니라 상대적으로 진보하고 끊임없이 신장되는 것이다.

한편, 서울특별시교육연구정보원에서 시행하는 특별연구과제로 진행된 '초등 교사의 수업 전문성 신장을 위한 단위수업 자기 장학 매뉴얼 개발' 팀은 자기 장학 요소를 아래와 같이 추출하고 연구를 진행했다.

구 분		내 용
수업 설계 영역	교육과정 분석 및 내용이해	○ 교육과정과 단위 수업에서 다루는 학습주제와의 관계를 파악하고 있다. ○ 단위 수업 내용에 대한 교과지식을 가지고 있다. ○ 단위 수업 내용에 대한 교육과정의 수평적·수직적 관련 내용을 파악하고 있다.
	학습목표 설정 및 진술	○ 목표를 지식·이해, 사고·판단, 기능·표현, 관심·태도의 각 관점에서 파악하여 설정하고 있다. ○ 단위 수업을 위한 학습목표를 다양한 방법으로 진술하고 제시할 수 있다.
	학습자 파악	○ 학생들의 학습 준비도를 파악하고 있다. ○ 학생들의 발달에 따른 개인차를 파악하고 있다.
	교육내용 선정	○ 교육 내용을 단지 지식 내용으로서 뿐만 아니라 지식 습득의 방법·기능까지 포함하여 종합적으로 파악해서, 서로 관련지어 구성할 수 있다.
	수업과정조직	○ 단위 수업내용과 관련된 교수모형을 숙지하고 교수설계 능력을 가지고 있다. ○ 어린이 스스로가 문제를 발견하고, 자료를 수집하고 활용해서 문제를 해결해가는 방식으로 수업 과정을 조직하고 있다. ○ 단위 수업 내용에 따른 다양한 수업모형에 대하여 숙달되어 있다. ○ 단위 수업의 단계별 적합한 수업전략(수업모형)을 사용할 수 있다.
	학습형태 조직	○ 어린이의 학습 의욕을 환기시키고, 발언과 활동을 촉진하는 학습방법·학습 형태를 선택하여 조직하고 있다. ○ 어린이 스스로가 발견한 문제를 해결해 가는 과정에 적합한 학습방법이나 학습 형태를 어린이가 선택하고 조직해 갈 수 있도록 지원하고 있다.
	교수매체 설계 및 활용계획	○ 단위 수업 목표를 달성할 수 있는 효과적인 자료를 개발할 수 있다. ○ 어린이에게 다양한 시각과 사고방식을 가져다주고, 다면적으로 학습 활동을 전개할 수 있는 교재를 선택하여 구성하고 있다.
	학습환경구성	○ 수업을 위한 학급의 물리적 환경(교실환경 등)을 효율적으로 조성할 수 있다. ○ 수업을 위한 학급의 심리적 환경(학급운영방법)을 효율적으로 조성할 수 있다.
수업 실행 영역	동기유발	○ 단위 수업내용과 관련 있는 학습동기를 유발할 수 있는 능력이 있다. ○ 다양한 동기유발 방법을 숙지하고 있다.
	질문수행	○ 단위 수업 단계별로 적절하게 질문을 수행할 수 있다. ○ 다양한 질문의 유형을 숙지하고 상황에 맞는 질문을 하고 학생들의 반응에 효과적으로 대처할 수 있다.
	상황대처	○ 단위 수업에서 발생하는 여러 가지 상황에 유연하게 대처할 수 있는 능력이 있다. ○ 학생들의 반응에 대하여 적절하게 피드백할 수 있는 능력을 가지고 있다.
	의사소통	○ 단위 수업내용을 구조화하여 제시할 수 있다.(판서) ○ 단위 수업을 절차에 따라 유연하게 이끌 수 있다. ○ 학생과의 상호작용으로 생동감 있는 학급 분위기를 조성할 수 있다.
	개별화 학습 전략	○ 학생들의 개인차를 파악하여 개별화 학습 운영 능력을 가지고 있다
	교수기법	○ 학생들이 이해하기 쉽고 재미있는 다양한 수업기법을 활용할 수 있다.

구 분		내 용
수업 실행 영역	학습자료 및 교수매체 활용	○ 교과서는 물론 준비된 학습자료를 효과적으로 활용할 수 있다. ○ 단위 수업 목표 달성을 위하여 적절하게 교수매체 사용 능력을 가지고 있다.
	시간관리	○ 단위 수업 단계별 시간 관리를 적절하게 운영할 수 있다.
	학습자 평가	○ 다양한 평가기법을 숙지하고 평가내용에 타당한 평가기법을 활용할 수 있다. ○ 학생의 교과학습 발달을 관리하고 학력신장에 도움을 줄 수 있다.
수업 브랜 드화 영역	수업반성 및 피드백	○ 자신의 수업을 기준을 설정하여 스스로 평가할 수 있다. ○ 수업평가결과 우수한 점과 개선할 점을 파악하여 다음 차시 수업설계 및 수업운영에 반영할 수 있다.
	수업 관찰 및 분석 능력	○ 관찰된 결과를 가지고 분석방법에 따라 의미 있는 해석을 할 수 있다. ○ 수업활동에 대한 자기진단을 명확하게 하고, 자신의 수업 전문성 역량 중 부족한 부분을 채워나갈 수 있다.

2. 초등 수업 평가 및 사회과 수업의 평가 기준

한국교육과정평가원(2007)의 초등 수업 평가 기준을 살펴보면 다음 표와 같다.

대영역	중영역	평가 요소	평가 기준	수행수준					평가방법	비고
				미흡	기초	우수	탁월	不		
지식	I. 교과 내용 및 교수법 이해	I - 1. 교과 내용 이해	통합교과 및 공통 기본 교과의 중심 개념과 원리, 탐구 방법, 교과 내용의 구조를 이해하고 내용간의 선수관계 및 인접 학문과의 연계성을 파악하며, 그 지식을 수업 설계 및 실행에 적절하게 반영할 수 있다.						교수·학습 과정안 및 교수·학습 자료 검토, 수업 관찰	
		I - 2. 교수법 이해	통합교과 및 국민 공통 기본 교과의 내용을 학생에게 의미 있는 학습경험으로 변환하는 방법과 학생들이 지닌 오개념 및 그에 대한 대처 방안을 알고, 그 지식을 수업설계 및 실행에 적절하게 반영할 수 있다.						교수·학습 과정안 및 관련 교수·학습자료 검토, 수업 관찰	
	II. 학생 이해	II - 1. 발달·학습 특성이해	학생들의 발달적 특성과 학습과정에 대해 이해하고, 그 지식을 수업설계 및 실행에 적절하게 반영할 수 있다.						사전 협의, 교수·학습 과정안 및 관련 교수·학습자료 검토, 수업 관찰	
		II - 2. 개인차 고려	학생들의 흥미, 능력, 동기, 학습양식, 학습전략 등이 다름을 이해하고, 학생들 개개인에게 적절한 학습기회를 줄 수 있도록 그 지식을 수업설계 및 실행에 반영할 수 있다.						사전 협의, 질문지 분석, 교수·학습 과정안 및 관련 교수·학습자료 검토, 수업 관찰	
계획	III. 수업 설계	III - 1. 학습 목표 설정	학생들의 다양한 특성과 요구를 분석하고 교육과정에 기초하여 학습 목표를 설정하며 학습 목표 달성을 위한 학습 내용을 적절히 선정하고 조직한다.						사전 협의, 교수·학습 과정안 및 관련 교수·학습자료 검토, 수업 관찰	

| 대영역 | 중영역 | 평가 요소 | 평가 기준 | 수행수준 | | | | | 평가방법 | 비고 |
				미흡	기초	유수	탁월	不		
계획	Ⅲ. 수업 설계	Ⅲ-2. 교수·학습과정 조화	학생이 도달할 수 있는 학습 목표를 진술하고, 학생들의 입장에서 의미 있는 학습 경험을 할 수 있도록 다양한 과정안을 구안하며, 집단 구성 및 자료, 매체 활용에 대한 계획 등을 수립한다.						단원계획과 교수·학습과정안	
		Ⅲ-3. 학생 평가 계획	학생들의 학습결과를 확인하기 위해 학습목표와 일관된 평가기준과 방법을 마련하고, 수업개선을 위한 정보를 제공할 수 있는 평가 결과 활용 계획을 수립한다.						교수·학습과정안과 면담	
실천	Ⅳ. 학습 환경 조성 및 학급 운영	Ⅳ-1. 심리적 환경 조성	교사와 학생, 학생과 학생 사이의 상호작용이 활발하고 원만하게 이루어지도록 하며, 서로 존중하는 학습분위기를 조성한다.						사전 협의, 교사 및 학생과의 면담, 그리고 수업 관찰	
		Ⅳ-2. 물리적 환경 구성	모든 학생들이 학습활동에 적극적으로 참여하게 하여 학생들 간에 상호작용이 활발하게 일어날 수 있도록 물리적 환경을 안전하고 효율적으로 조성한다.						사전 협의, 학생과의 면담, 수업 관찰	
		Ⅳ-3. 학급 운영 및 생활 지도	수업이 효율적으로 이루어지도록 학급일과와 규칙을 수립·적용하고, 일정한 행동기준에 의해 학생들을 공평하게 지도한다.						교사 및 학생과의 면담, 관찰	
	Ⅴ. 수업 실행	Ⅴ-1. 동기 유발	학생들의 선행지식을 점검하고 활성화하며 생활 속에서의 경험과 흥미를 학습목표와 관련시켜 학습활동의 방향을 적절한 방법으로 제시한다.						수업 관찰, 교수·학습과정안	

대영역	중영역	평가 요소	평가 기준	수행수준				평가방법	비고
				미흡	기초	우수	탁월	不	
실천	V. 수업 실행	V - 2. 수업 전략 적용	학습 목표 및 내용과 학생의 수준 및 요구 등을 고려하여 수업전략을 적용하며, 예상하지 못한 상황에 적절히 대응하여 지도한다.						교수·학습과정안 및 수업 관찰	
		V - 3. 학습 집단 운영	학습 목표 및 내용과 학생의 특성 및 요구에 따라 다양하고 적절한 학습 집단을 조직·운영한다.						교수·학습과정안 및 수업관찰	
		V - 4. 학습 참여 활성화	학생들이 의미 있는 경험을 통해 기초학습을 충실히 하고 능동적으로 지식을 구성하여 사고를 확장시킬 수 있도록 다양한 학습활동과 과제 수행에 적극 참여하게 한다.						교수·학습과정안, 수업 관찰, 그리고 학생 면담	
		V - 5. 질문하기	학생의 특성과 수준을 고려한 다양한 질문을 사용하여 학생들의 이해와 고등 사고를 촉진하고 학생들의 상호작용을 활성화한다.						교수·학습과정안 및 수업 관찰	
		V - 6. 피드백 제공	학생들의 이해 정도를 점검하고 학습효과를 증진시키기 위하여 적시에 정확하고 구체적이며 상황에 적절한 피드백을 제공한다.						수업관찰이나 교사가 학생 과제물 등에 논평	
		V - 7. 매체 활용	학생들에게 의미 있는 학습기회를 제공하기 위해 적절한 수업자료, 매체, 그리고 자원을 활용한다.						교수·학습과정안이나 수업관찰	
		V - 8. 학생 평가	학습 목표 및 내용과 학생의 특성에 알맞은 평가기준, 방법, 도구를 적절히 활용하여 평가하고 보상하며 평가결과를 향후 수업개선에 활용한다.						수업관찰과 학생포트폴리오, 교사일지, 수행평가기록부	

대영역	중영역	평가 요소	평가 기준	수행수준				평가방법	비고
				미흡	기초	우수	탁월	不	
실천	Ⅵ. 다양성 고려	Ⅵ-1. 통합 학급 운영	지체부자유, 정서장애 등 학습장애가 있는 학생들의 개인차와 독특한 요구를 존중하여 학습 환경을 조성하고 수업을 실행한다.					교수·학습과정안 분석과 수업관찰	
		Ⅵ-2. 다문화 및 소외계층 배려	문화적 배경, 거주지역, 가계소득 등의 차이로 인한 교육적 소외계층 학생들을 평등하고 공정하게 대하며 그들의 독특한 요구와 상황을 고려하여 수업을 실행한다.					교수·학습과정안 분석과 수업 관찰	
전문성	Ⅶ. 전문성 발달	Ⅶ-1. 수업 반성	자신이 실행한 수업을 체계적으로 성찰하여, 그 결과를 교수활동 개선의 기초 자료로 활용한다.					반성적 일지, 수업 후 협의	
		Ⅶ-2. 협력체제 활용	전문성 발달을 위해 관리자 및 동료교사와 협력하여 수업 개선에 힘쓰며, 학부모 및 지역사회와 협력하여 학생들의 발달과 학습을 위해 노력한다.					수업 후 협의, 가정 통신문이나 알림방, 학부모와의 면담	
		Ⅶ-3. 전문성 발달 노력	수업 전문성 발달을 위해 사회 변화에 따른 교육 동향의 변화에 민감하며, 자신의 수업과 관련하여 연구하는 자세를 가지고 지속적으로 노력한다.					면담, 학회 등의 활동, 발표활동이나 연구	

한국교육과정평가원(2004년)에서는 아래와 같은 사회과 수업 평가 기준을 연구·개발하여 제시하고 있다. 좋은 사회과 수업이란 어떤 수업인가에 대하여 선행연구, 설문조사, 수업관찰 및 면담 등을 통하여 사회과 교사가 알아야 할 지식과 능력들을 파악하였다. 가장 좋은 수업이란 '교사와 학습자 간의 적극적 상호작용이 이루어지는 수업'이며, 이 밖에도 수업목표에 도달한 수업, 즐거운 수업, 학생 능력에 맞는 수업, 훌륭한 자료가 준비·투입된 수업 등이다.

<사회과 수업 평가 기준>

사회과 수업 평가 영역	사회과 수업 평가요소	사회과 수업평가 기준
수업 이전	기본 지식 과 능력	사회과 목표에 대한 관점	• 기준 1: 사회과 교사는 사회과 목표에 대한 충분한 이해를 토대로 비판적이면서도 균형감 있는 교과관을 지녀야 한다.
		사회과 내용에 대한 이해	• 기준 2: 사회과 교사는 사회과 내용을 구성하고 있는 지리, 역사, 일반사회의 내용에 대한 지식과 교수능력을 지녀야 한다.
			• 기준 3: 사회과 교사는 사회과 내용을 구성하고 있는 지리, 역사, 일반사회의 내용을 학생들이 접하는 일상과 맞물려서 가르치는 데 필요한 지식과 교수능력을 지녀야 한다.
		사회과 교수·학습 방법에 대한 이해	• 기준 4: 사회과 교사는 사회과와 관련해서 활용할 수 있는 다양한 교수·학습 모형에 대한 지식과 이를 활용할 줄 아는 기본능력을 지녀야 한다.
		학습자의 발달과 흥미에 대한 이해	• 기준 5: 사회과 교사는 사회과 수업에 앞서 자신이 가르치는 해당 학생들의 인지적, 정서적 발달 정도를 충분히 이해하고, 학생들과 상호작용할 수 있을 정도의 유대관계를 형성할 수 있어야 한다.
			• 기준 6: 사회과 교사는 사회과 내용과 관련해서 학생들의 선지식이나 오개념을 파악하고 이에 대처할 수 있는 능력을 지녀야 한다.
수업 과정	수업 기획 및 운영	사회과 수업 계획과 준비	• 기준 7: 사회과 교사는 사회과 수업을 계획하고 준비하는 데 있어 전문가로서의 수업기획능력을 지녀야 한다.
			• 기준 8: 사회과 교사는 사회과 수업을 계획하고 준비하는 데 있어 관련자료를 수집하여 의미와 흥미를 갖춘 수업자료로 재구성할 수 있어야 한다.
		사회과 교수·학습 방법의 활용	• 기준 9: 사회과 교사는 사회과 수업을 실행함에 있어 수업 내용에 따라 학생들의 흥미를 유도할 수 있는 다양한 수업 방법을 활용할 수 있어야 한다.
		적절한 학습목표, 집단조직 및 학습분위기 조성	• 기준 10: 사회과 교사는 사회과 수업을 실행함에 있어 수업목표를 적절하게 제시하고 이에 따라 학습집단을 조직하고 학습분위기를 조성할 수 있어야 한다.
		사회과 평가의 활용	• 기준 11: 사회과 교사는 사회과 수업 실행과정에서 진단, 형성, 총괄 평가를 잘 활용하여 학생들의 학습정도를 정확하게 파악하고 그 결과를 수업에 반영할 수 있어야 한다.
수업 이후	전문 성 제고 노력	사회과 수업에 대한 자기반성	• 기준 12: 사회과 교사는 전문직에 종사하는 자로서 자신의 전문성의 요체라고 할 수 있는 수업에 대해서 지속적인 자기반성을 통하여 사회과 교사로서의 전문적인 지식과 능력, 소양을 갖춰나가야 한다.
		사회과 수업에 대한 동료장학	• 기준 13: 사회과 교사는 전문직에 종사하는 자로서 동료교사들과의 협력을 통하여 사회과 교사로서의 전문적인 지식과 능력, 소양을 갖춰 나가야 한다.

미국 NBPTS(National Board for Professional Teaching Standards, 2001) 사회과 위원회에서 제시한 '사회과 수업평가 기준'을 정리하면 다음과 같다. 이 수업평가 기준은 생산적인 학습을 준비하는 교사들의 지식과 행동, 교실에서 학습 발전을 위한 교사들의 행동, 학습을 지원하기 위한 교사들의 행동 등 세 가지 영역(학습 준비, 학습 전개, 학습 지원), 12개의 평가기준, 하위 평가내용(항목)을 제시하고 있다.

평가영역	평가기준	평가내용
학습 준비	① 학생에 대한 지식	· 학생들의 인지적, 신체적, 사회적 발달과 학생들의 다양성 이해 · 학생들에 대한 통찰력 있는 관찰 · 관찰 정보를 학습 안내, 학생들과 구성적 관계 형성을 위하여 활용
	② 다양성의 가치화	· 학생들의 다양한 관점 이해 · 학생들이 자신과 다른 사람들을 알고 소중히 여기도록 하기
	③ 교과에 관한 지식	· 사회과 내용에 대한 이해 · 교육과정 통합
학습 전개	④ 학문적 지식과 이해의 발달	· 학생들이 미국사, 세계사, 경제학, 정치학, 지리학에 대해 흥미를 가지고 이해하도록 다양한 교수 전략과 기술 습득하기
	⑤ 사회적 이해 촉진	· 학생들의 사회가 기능하는 원리 이해 · 학생들의 지리적 환경, 문화의 다양성과 미래를 변화시킬 조류에 대한 이해
	⑥ 시민적 자질 개발	· 책임있는 시민이 되기 위한 지식, 기능, 태도의 개발
학습 지원	⑦ 교수자원	· 사회과와 역사를 위한 다양하고 풍부한 자원의 선정, 적용, 개발 · 자원의 생산적 활용
	⑧ 학습 환경	· 진실, 평등, 모험, 독립, 협동이 나타나는 생생한 학습 환경 조성
	⑨ 평가	· 다양한 평가방법의 활용 · 각각의 학생에게 실제적인 피드백 제공
	⑩ 반성	· 수업 과정, 학생들의 성취도, 지속적인 자기 계발에 대한 반성 · 교수 개선, 교육철학 반성
	⑪ 가정과의 협력	· 가족과 보호자 역할의 중요성 이해 · 가정과의 긴밀한 협력 체제 구축
	⑫ 전문적 공헌	· 동료, 학교와 협력 · 이를 통한 상호발전

Ⅲ. 수업 준비 절차의 실제

1. 수업 목표 설정하기

교사는 수업을 시작하기 전에 교육과정에 제시된 본시의 학습 목표가 무엇인지 반드시 확인을 한 후, 학생의 실태를 분석하여 한 차시에 도달할 수 있는 적절한 목표를 설정한다. 학급의 상황을 고려하지 않고 지나치게 높은 수준의 목표를 설정하거나, 반대로 낮은 수준의 목표를 설정하면 수업이 성공적으로 이루어지기 어렵다.

2. 수업 모형 결정하기

설정된 학습 목표에 도달하기 위하여 어떠한 수업 모형으로 수업을 진행할 것인지를 결정한다. 교과의 특성과 관련하여 일반적으로 알려진 교수·학습 모형에 대하여 분석을 한 후, 그대로 적용하거나 본시 수업의 흐름에 맞도록 융통성 있게 단계를 조절하여 적용한다.

사회과 교사용 지도서에 나타난 교수·학습 방법은 다음과 같다.

가. 조직 방법에 따른 교수·학습 방법

1) 일제학습 2) 분단별 학습 3) 개별화 학습 4) 협동학습

5) 열린학습

나. 활동 방법에 따른 교수·학습 방법

1) 현장학습   2) 구성학습   3) 극화학습   4) 시청각학습
5) 토의학습   6) 강의학습   7) 조사보고학습

다. 사고력 신장 중심의 교수·학습 방법

1) 문제해결학습   2) 탐구학습   3) 의사결정학습

라. 자료를 이용한 교수·학습 방법

1) 사료학습   2) 인물학습   3) 지도학습   4) 시사학습

마. 그 밖의 교수·학습 방법

1) 프로젝트 및 주제학습   2) 가치학습(가치수용과 가치 명료화)

3. 교재 분석

'교재'라고 하면 '교과서'만 생각하기 쉽다. 그러나 교과서는 다양한 교재 중 하나일 뿐 다른 많은 것들이 교재로 사용될 수 있다. 교사는 수업을 시작하기 전에 과연 해당 차시의 교과서 내용이 학습 목표 도달에 효과적인 도움을 줄 수 있는지 분석해야 하고, 삽

화의 의미를 면밀히 살펴보아야 한다. 또한, 더 좋은 다른 교재는 없는지 찾아보고 학습 활동에 도움이 되는 교재인지를 분석하여 수업에 활용해야 한다.

4. 수업 자료의 준비

수업의 목표를 달성하기 위해 단계별로 어떠한 자료를 활용하면 좋을지 생각하여 가장 효과적인 자료를 사전에 미리 준비한다. 실물 자료, 모형, 사진, 그림, 동영상 자료, ICT 활용 자료 등 각 교과의 특성과 관련된 다양한 자료들 중에서 가장 적은 비용과 노력으로 가장 큰 효과를 볼 수 있는 자료를 선택한다.

5. 교수 · 학습 과정안 작성

좋은 수업은 교사와 학생의 교감과 상호 작용에 의해 이루어지며, 단위 학습 시간에 모든 학생이 학습목표를 얼마나 달성하느냐에 있다. 매시간 교육목표를 효과적으로 달성시키기 위하여 다양한 교육방법과 수업연구가 선행되어야 한다. 이를 위해서 교사는 면밀한 교육과정의 분석과 학생의 요구와 수준을 고려하고 어떤 방법으로 어떻게 적용하여야 할 것인가를 치밀하게 사전에 계획하여야 한다. 이러한 사전계획이 교수 · 학습 과정안이다. 일반적인 사회과 교수 · 학습 방법의 절차는 다음과 같다.

학습 단계	학습 요소	비고
문제 파악	• 전시학습상기 및 동기 유발　• 학습문제 확인	
문제 추구	• 가설 세우기　　　• 문제해결계획수립	
문제 해결	• 활동1, 활동 2(역할극 꾸미기, 인사초빙 등) • 자료의 분석	
적용 및 발전 정리 및 평가	• 학습내용정리　• 수준별 학습　• 차시예고	

사회과 교수·학습 과정안은 무엇을 담고 있어야 하는가?

순	점검 항목	체크리스트
1	사회과의 본질과 특성에 맞는 수업인가?	5 4 3 2 1
2	학습목표를 학생이 학습함으로써 기대되는 것으로 진술되었는가? 자신의 마음 속에서 자신이 세운 학습목표를 이해시키고 행동할 정도로 명백한가?	5 4 3 2 1
3	수업에서의 학습활동이 학습목표와 직접적으로 연관되는가? 학생들이 학습활동을 함으로써 배우고자 하는 것을 학습할 수 있는가?	5 4 3 2 1
4	자신이 수업을 어떻게 시작할 것인지를 알고 있는가? 수업 시작에 할 말과 행동은 무엇인가? 그 다음에는 무엇인가? 또 그 다음은 무엇인가?	5 4 3 2 1
5	학습 시 주안점과 미리 준비한 후속 발문을 준비하였는가? 그것들을 순서대로 정리하고 계획해 두었는가?	5 4 3 2 1
6	필요한 학습 교구나 장비를 모두 준비하고 가지고 있는가? 수업에 활용할 기자재를 마음대로 조작할 수 있을 정도로 훈련이 되어 있는가?	5 4 3 2 1
7	학생들이 해야 하는 활동에 관해서 미리 준비할 사항이 있는가? 만약에 있다면 무엇인지 알고 있는가? 활동지(학습지)가 필요하다면 준비되었는가?	5 4 3 2 1
8	모둠별 학습을 계획하였다면 교수·학습 과정안에 나타나 있는가?	5 4 3 2 1
9	수업을 진행할 때 활동마다 어느 정도의 시간이 필요한지 알고 있는가?	5 4 3 2 1
10	모둠별로 모둠원의 비율이나 학습 수준에서 차이를 두었는가? 활동을 빨리 끝내버리는 학생들을 위하여 다른 생산적인 활동을 계획해 두었는가?	5 4 3 2 1
11	학습 활동의 결과를 어떻게 평가할 것인지를 계획하였는가?	5 4 3 2 1
12	어떻게 수업을 마무리할지를 계획하였는가? 즉, 자신이 무엇을 하고 무엇을 말할 것이며 학생들이 활동하고 말하는 것에 대해 무엇을 기대하는가?	5 4 3 2 1
13	수업을 할 때 교실 환경, 모둠 배치 등에 대한 변화가 필요한지 고려하고 계획하였는가?	5 4 3 2 1
14	교실이나 학교 및 학급에서의 돌발 상황을 대비해 생각해 두었는가?(ICT 활용 등)	5 4 3 2 1
15	수업 시간에 학생들이 미리 준비할 준비물을 예고하고 준비할 수 있는 시간을 주었는가?	5 4 3 2 1

6. 수업 리허설

수업을 성공적으로 이끌기 위해서는 계획한 교수·학습 과정대로 수업을 미리 연습해 보아야 한다. 이때에는 경험이 많은 선배 교사나 동학년 선생님의 조언을 받는 것이 큰 도움이 된다.

가. 교사의 발문과 예상되는 답변을 기록하여 본다.

나. 학생에게 질문을 한 후 몇 초의 시간을 둘 것인지, 몇 명 정도를 발표시킬 것인지 등을 미리 예상하여 기록한다.

다. 멀티미디어 자료를 효율적으로 활용하기 위하여 고장난 기자재는 없는지 살펴보고, 조작 방법을 연습한다.

라. 멀티미디어 자료를 활용할 때 교사의 위치와 동선을 미리 생각한다.

마. 준비된 학습 자료를 어느 시점에서 어떠한 방법으로 제시할 것인지 생각하고, 연습해 본다.

바. 학습 단계별 소요 시간을 측정하여 적절한 시간을 배당한다.

실제 수업에서 효과적인 발문은 학습목표를 달성하는 데 필수적인 요소이다. 효과적으로 발문하려면 어떻게 해야 할까?

● 흥미유발 효과가 높은 발문을 하라.
  1) 농담을 섞어서 하는 발문
  2) 학생들의 생활 및 경험과 관련지어 하는 발문
  3) 교과서의 사진이나 삽화와 연결시켜 하는 발문
  4) 학생들이 조금만 생각하면 쉽게 답할 수 있는 발문
● 주목을 끌면서 하라.
  수업 중 갑자기 던지는 발문보다는 발문의 분위기를 잡고, 주의를 집중시키면서 발문을 할 때 학생 사고의 자극 정도나 학생의 반응도가 높다.
  1) "자 여기서 중요한 질문을 하나 하겠어요."
  2) "자 여기서부터가 문제예요. 그 다음은 어떻게 될까요?"
● 발문 처리 단계를 늘려라.
  개인 지적발문 → 반응 → 다른 학생 지적 발문 → 반응 → 두 학생의 반응 내용을 전체를 대상으로 다시 발문 → 반응 내용을 종합 정리
● 발문의 대상을 다양화하라.
  전체를 대상으로 한 발문만 반복된다든지, 개인을 지적해서 하는 발문만이 계속될 때 발문의 집중도가 떨어진다. 개인이나 전체 또는 소집단을 대상으로 한 발문의 다양화를 꾀할 필요가 있다.
● 발문에 대해 반응할 수 있도록 유도하라.
  1) "다시 한 번 묻겠어요." 2) "질문이 어려운가 본데, 힌트를 하나 줄까요?"
  3) "자, 교과서 15쪽의 윗부분을 보면 그 답이 있습니다."
● 발문 결과에 대한 처리를 확실히 하라.
  (요약, 재차 발문, 적절한 보상, 보완 설명 등)
  1) "여러분이 말한 내용을 종합하여 말하면…"
  2) "지금 이렇게 말했는데 그렇다면 이런 경우에는 어떻게 될까요?"
  3) "네 아주 멋진 답변이에요. 이 의미를 확실히 알고 있군요."
● 발문 후 대답할 수 있는 시간을 주어라.
  1) "자, 1분간 시간을 주겠어요. 다른 사람도 같이 생각을 해봐요."
  2) "아직도 생각이 안 나요? 조금만 더 시간을 주겠어요."

더 나아가 좀 더 효과적이고 차원 높은 발문을 위해서 작성한 교수・학습 과정안을 보고 아래와 같이 전 수업 과정에서 할 수 있는 발문을 한번 적어보면 어떨까?

  • 교사: 오늘 공부할 곳은 어디인가요?
    • 학생 1: 잘 모르겠습니다.
    • 학생 2: 40쪽입니다.

- 학생 3: 맞는데요.
- 교사: 그럼 오늘 공부할 ○쪽을 펴 봅시다.
- 학생들: 예

수업 시작부터 끝까지 적어보고 다시 읽으면서 수정해보면 좀더 나은 발문이 이루어지지 않을까?

수업 시간에 활용할 수 있는 교사의 전략을 살펴보면 다음과 같다.

📖 학습자의 주의를 끌고 집중하게 하자.

- 학습 동기유발을 위한 지식과 전략 바꾸기
- 대상의 특질을 부각시키고 변별함으로써 선택적 지각을 촉진하기
- 비언어적 커뮤니케이션의 기법 활용하기

📖 수업 목표를 명확하게 알려 주자.

- 수업이 끝난 후에 학생들에게 나타나기를 기대하는 학습 성과 알려주기
- 수업 여행의 목적지는 어디이며, 제대로 가는지 방향 알려주기
- 전체 수업을 이끌어가는 안내자와 지휘자의 역할과 기능 알려주기

📖 이미 학습한 선행요건이 되는 기능이나 개념을 자극하자.

- 새로운 학습은 대부분 아이디어의 결합 자극하기
- 먼저 학습한 내용은 재인, 재생 질문의 소통 방식 자극하기
- 본시 학습할 내용과 관련된 사상을 상기하도록 자극하기

📖 학습자들에게 꼭 필요한 학습과제 자료·교재를 제시하자.

- 학습에 활용할 수 있는 자료 준비하기
- 성취행동에 관련있는 자료 준비하기
- 학습자가 '엉뚱한' 능력이나 기능을 습득하지 않도록 최적의 학습내용과 자료 준비하기
- 흥미 유지와 다양한 경험을 제공하기 위한 ICT 자료 준비하기

📖 사고력과 탐구심을 자극하기 위해 질문과 단서, 암시, 시사점을 제공하자.

- 학습 속도를 고려하여 개별화된 자극 주기
- 학습 안내의 '양', 질문의 '양', 단서의 '정도' 판단하기
- 직접적인 암시의 '양' 줄이기

📖 배워서 알고 체험하게 하자.

- 학습자들에게 '배운 것', '배워서 할 수 있게 된 것' 찾도록 체험
- 학습자가 자신들도 할 줄 알게 되었다는 것을 알도록 체험
- '어디 보자', '실제로 해 볼까?' 등의 언어적 요청 방법 체험

📖 성취 수행의 '바름'과 '그름'에 대한 feed back을 주자.

- 학습의 결과를 눈으로 확인 feed back
- 학습성과의 '그름'에 대한 feed back 방법을 인간적으로 제공
- '눈웃음' 등 비언어적인 인정자극으로 학습결과를 확인 feed back

📖 학습 성취 정도의 평가와 사정을 하자.

- 신뢰도와 객관도를 먼저 생각하기
- 수업 목표와 관련된 평가하기
- 예상한 학습이 이루어졌는지 확인하기

📖 파지와 전이를 높이는 일을 하자.

- 학습자에게 새로운 학습과제 부과하기
- 학습한 내용과 유의미한 과제 자료 제공하기
- 참신한 응용 상황을 많이 만들기

Ⅳ. 맺는말

'수업에는 왕도가 없다'고 한다. 같은 교수·학습 과정안으로 수업을 해도 수업자와 학습자·교육 환경·자료의 질 등 여러 변인에 따라 수업은 성공할 수도 실패할 수도 있다.

중요한 것은 가르침에 대한 열정이다. 그리고 정보를 공유하는 열린 마음이 필요하다. 내가 개발한 수업 방법만이 항상 최고일 수는 없다. 훌륭한 교수·학습 방법이나 학습 자료, 관련 사이트 등은 다른 교사들과 함께 나누려는 마인드가 필요하다. 내가 알고 있는 것을 다른 교사에게 이야기해 주고, 다른 교사가 활용한 좋은 방법을 내 수업에도 적용해 보는 열린 사고를 가질 때, 내 학급뿐만이 아닌, 우리 교육 전체가 같이 발전하게 될 것이다.

교사의 생명은 수업이고, 교사의 전문성은 수업에서 나온다. 좀 더 나은 그리고 효과적인 사회과 수업을 어떻게 할 것인가 늘 생각하고 고민하면서 자신의 수업을 설계하고 스스로 반성하면서 다시 가다듬는 마음자세야말로 우리 교사가 교단을 떠나는 날까지 잊지 말아야 할 것이다.

제4장
다문화교육과 국제이해교육

Ⅰ. 다문화 교육과정의 접근 모형

Banks(2007, 2008)의 '다문화 교육과정 개혁 모형[1]'을 근간으로 이원희(2008)는 다음과 같이 다문화 교육과정의 접근 모형을 설정하였다.

<다문화 교육과정의 접근 모형>

구 분	단일성	다양성
자기 중심	Ⅰ. 동화주의 교육과정	Ⅱ. 국제이해 교육과정
타자 중심	Ⅲ. 세계주의 교육과정	Ⅳ. 다문화주의 교육과정

여기에서 가로축은 국가적 이념의 반영 정도를 나타내고, 새로축은 개인적 이해의 중심을 어디에 두느냐에 따라 설정된 것이다.

---

1) 뱅크스의 다문화교육과정 네 가지 접근방법은 기여적인 방법에서 사회행동방법으로 갈수록 다문화교육의 논리가 강화되는 추세라고 볼 수 있다. 기여적인 접근법과 부가적인 접근법은 기존의 교육과정 실제에 나타나고 있는 질서구조 내부에서의 입장으로 학교교육과정에 수용되는 과정에서 확인할 수 있는 접근이고, 전환적인 접근법과 사회행동 접근법은 기존의 질서 외부에 위치하며 다문화교육의 논리에 기초하여 학교교육과정을 재구조화한 상황이다.

즉, 가로축은 우리나라가 단일민족국가 이념을 얼마나 고수할 것인가 또는 다양한 인종 국가의 이데올로기를 얼마만큼 포용할 것인가의 정도를 나타내는 축이라면, 후자는 문화 이해의 중심축을 자기에 두느냐 아니면 타자의 입장을 고려하느냐를 문제삼는 축이다.

1. 동화주의 교육과정

동화주의 교육과정은 다수자의 관점을 펼치는 교육과정으로 소수 민족 문화의 특수성은 무시되어 버린다. 소수자는 다수자의 주류 문화에 휩쓸려 동화되기를 기대한다. 그러므로 소수자는 주류 문화를 효율적으로 습득하고 주류 문화에 단시일내에 적응하는 것이 중요하다. 소수민족을 위한 별다른 내용구성보다는 방법적 운영에 초점을 맞추어 주류문화로 빨리 진입하게 하는 것이 주요한 교육목표가 된다. 동화주의 관점으로 말한다면 우리나라 다문화 교육의 궁극적인 목적은 한국인화(koreanization)에 있다. 2007년 5월에 교육인적자원부가 제시한 「2007년도 다문화가정 자녀교육 지원계획」에서 설정한 다문화 가정 자녀 교육지원의 목표는 "언어 문화 장벽 해소를 통한 사회통합 기여, 사회적 귀속감 증대"이고, 구체적으로 "한국어와 한국문화에 대한 조기 습득을 통해 학교교육 및 사회생활에서의 소외감 및 이질감 극복", "한국 사회를 구성하는 일원으로서의 자아 정체감 확립"이다. 이러한 목표 설정의 내용으로 미루어 볼 때 정부가 다문화자녀를 대상으로 실시하는 교육활동도 동화주의에 근거하고 있다고 볼 수 있다. 그러나 동화주의는 다문화 교육과정으로서는 시대에 뒤쳐진 것으로 취급되고 있다. 동화주의 교육과정 운영 형태는 일방적인 내용 전달식과 몰입 중심의 언어 교육은 내용 습득과 언어구사능력에 효율적인 측면이 있지만, 학생의 흥미와 자발성을 저해하는 수동적 인간을 형성한다는 단점이 있다. 그러나 우리나라의 독특한 상황을 고려하면 동화주의 교육과정은 폐기하거나 간과하기 어려운 실정이다.

2. 국제이해 교육과정

국제이해교육의 의미는 시기에 따라 또 논의 방식이나 강조점에 따라 매우 다양하게 사용되고 있다. 여기에서 국제이해 교육과정은 자신이나 자국의 입장에서 소수 민족 또는 다른 나라를 폭넓게 이해하기 위해 구성되고 운영되는 교육과정 유형이다. 1953년 유네스코가 발족한 이래 강조해 온 국제이해교육의 맥락과 유사하다. 국제이해 교육과정의 유형은 뱅크스의 기여적 접근과 부가적 접근을 통용할 수 있을 것이다. 기여적 접근은 초등학교 단계에서 주로 사용되는 데 학생들은 특정한 문화주간, 공휴일과 기념일 등 행사활동을 통하여 다른 나라나 타종족의 문화를 이해하는 기회로 삼을 수 있다. 초등학교에서 계기교육을 활용하면 될 것이다. 부가적 접근은 교육과정의 기본적인 구조나 목적, 특징을 변화시키지 않고 문화와 관련된 내용, 개념, 주제를 교육과정에 첨가하는 방식이다. 부가적 접근법은 학교 또는 학급에 다른 종족의 자녀가 있거나 없거나를 막론하고 재량활동 시간이나 특별활동 또는 방과후

학교 수업에서 적용될 수 있을 것이다. 이러한 시간에 외국의 전통놀이, 의상, 그림, 음악, 춤, 연극 등을 통하여 국제이해 교육과정을 구성하고 운영할 수 있을 것이다.

3. 다문화 교육과정

다문화 교육과정은 여러 소수민족의 문화를 인정하고 타자의 관점에서 문화를 이해하는 것은 교육의 목표로 삼는 유형이다. 자신이나 자국의 처지도 중요하지만 다른 종족의 문화도 동등하게 가치롭다는 것이다. 문화의 다양성을 인정하고 개별적 존재를 가치있게 여긴다. 다문화 교육에서 크게 부각되는 문제는 우리의 경우 조만간 이중언어 교육과 제2언어로서의 한국어 교육, 소수 인종을 위한 다양한 교육 프로그램 개발, 그리고 일반인들을 대상으로 한 편견 및 선입견 해소 교육프로그램 개발 및 소수민에 대한 장기적인 각종 지원책 등을 수립할 필요가 있다. 뱅크스의 개혁적 접근법과 사회적 행동 접근법은 다문화주의 교육과정을 실행하는 좋은 방법이 될 것이다. 개혁적 접근법은 교육과정의 기준, 패러다임, 가정을 변화시키고 학생들이 다른 관점에서 개념, 쟁점 사안, 주제를 검토하게 하며, 사회적 행동 접근법은 개혁적 교육과정을 확장하여 학생들이 의사결정을 내리고 학습한 개념, 문제, 주제들과 관련된 개인적 사회적 시민적 행동 프로젝트를 수행하게 된다. 이러한 접근법은 학생들로 하여금 다른 입장을 용인하는 태도를 형성하고 타자의 관점에서 이해하는 능력을 함양하며 비판적으로 사고하고 다양한 관점을 정당화하는 기능을 개발하게 할 수 있다. 그럼에도 불구하고 다문화주의가 표방하는 다양성의 인정과 수용은 소수 인종의 빈곤, 학력저하 또는 정체성 결핍 등과 같은 현재의 상황을 당연히 하거나 운명론적 결정론으로 내몰 수 있다는 점에서 경계해야 한다.

4. 세계주의 교육과정

글로벌 또는 세계주의 교육과정은 세계 촌민으로서 공동체 의식을 함양해야 하며, 자기와 타인의 구분을 떠나 원융(圓融, 완전히 하나되어 융합하여 구별이 없다.)한 삶을 사는 데 교육의 목적이 있다. 인간은 자연과 더불어 단 한나뿐인 지구에 살고 있으며, 인간과 인간, 인간과 자연은 모두 커다란 그물망으로 서로 연결되어 있다는 자각을 실현하는 교육과정이다. 다시 말해서 세계주의 교육과정은 '상생과 조화'에 근간을 둔 지구촌민으로서의 덕성 함양과 '성장의 한계와 허상'을 감안한 '삶 살이 나누기'가 주요한 교육활동이다. 특히 글로벌의식은 어릴 적부터 그리고 가정과 연계하여 실시하고 지속적으로 실시해야 한다. 그래서 초등학교에서의 교육활동은 자기가 가진 것을 내놓을 수 있는 나눔의 체험을 많이 하도록 하는 것이 중요하다. 학생들이 봉사활동에 참여할 수 있는 기회를 만들고 이러한 활동에 격려와 찬사를 보내야 한다. 또 글로벌 시대의 초등학교 학생들은 크게 비우는 법도 익혀야 한다. 지구촌 교육과정 실현은 차별적 생각을 모두 없애버리는 것만큼이나 어려운 길일지 모른다.

결론적으로 동화주의 교육과정은 주류 문화 속에 소수 민족을 합치시켜 가는 교육과정 유형이고, 국제이해 교육과정은 주류 문화를 중심으로 필요시 소수 문화와 관련된 내용과 활동을 교육과정에 포함시켜 운영하는 것이며, 다문화주의 교육과정은 주류 문화이건 소수 문화이건 다양성을 인정하고 동등한 측면에서 교육과정 내용을 구성하고 운영하는 것이고, 세계주의 교육과정은 자타의 구별이 없이 보편적 이상을 추구하는 교육과정을 형상화한 것이다. 그러나 대체적으로 동화주의에서 국제이해 교육과정으로 다시 다문화주의에서 세계주의 교육과정으로 발전되어간다.

Ⅱ. 국제이해교육의 필요성과 개념

1. 국제이해교육의 필요성

인류는 이미 세계 전체가 하나의 생활 공간으로 바뀌어 국가 간의 울타리가 무의미해지는 '세계 단일화'의 시대로 들어섰다. 이에 따라 사회구조, 문화, 행동양식은 물론이고 인간의 내면적 의식까지 '세계 단일화'에 적응하기 위한 변화가 급속히 이루어지고 있다. 현재 일어나고 있는 세계화(globalization)의 양상이 바로 국제이해교육의 필요성을 말해 주고 있다.

> 정보통신과 교통의 혁명적 발달이 세계화를 일으키고 있다
> 냉전체제의 붕괴와 자유민주주의 확산이 세계화를 촉진시키고 있다
> 자유시장 경제체제의 보편화가 세계화의 핵심 역할을 하고 있다
> 환경문제의 전 지구적 대응이 세계화를 불가피하게 하고 있다
> 상호의존적인 세계 문제들의 해결이 바로 세계화를 요구하고 있다
> 세계화의 참여는 보편화, 다양화, 일상화되어 가고 있다

세계 인류가 개별국가의 울타리를 벗어나 함께 살아갈 수 밖에 없는 세계 단일화(세계화)가 교육에 제기하는 과제는 한두 가지가 아니다. 그 중에서도 가장 우선적인 것이 '국제이해교육'이다. 기존의 교육은 국가 단위의 삶을 전제로 한 것이었으므로 세계 단일화 시대의 교육은 근본적으로 달라져야 한다.

따라서 국제이해 교육의 의미는 새로운 교육내용을 하나쯤 추가한다는 정도의 문제가 아니고, 교육의 철학, 제도, 내용, 방법과 교사 자질까지도 새로운 시각으로 검토할 것을 요구하는 일대 변혁의 문제이다. 즉 국민국가 지향 교육으로부터 벗어나야 한다는 전환기적 과제인 것이다.

2. 국제이해교육의 개념과 유사 개념

국제이해교육이란 고정 불변의 개념이 아니라 유동적인 가변 개념

이다. 국제이해교육의 개념과 유사 개념들을 검토하면 다음과 같다.

가. 국제이해교육(Education for International Understanding)

유네스코에서 국제이해교육이란 용어를 사용하기 시작한 것은 1946년 런던에서 개최되었던 제1차 유네스코 총회에서 부터이다. 그 후 이 용어는 세계 사회에서의 삶을 위한 교육이란 용어로 바꿔어 잠시 사용되다가, 다시 국제이해 및 협력을 위한 교육으로 협력 부분이 추가되어 사용되었다. 그 후 1966년에 다시 평화라는 단어가 추가되어 국제이해, 협력 및 평화를 위한 교육이라는 이름으로 사업이 전개되어 왔다.

이와 같은 용어의 변천은 유네스코가 국제이해는 국제협력의 기반이 되고, 다시 국제이해와 국제협력은 평화의 기반이 된다고 보았던 점을 암시한 것으로 보인다. 이와 같은 국제이해교육의 사업 명칭은 1974년에 국제이해, 협력 및 평화를 위한 교육과 인권 및 기본 자유에 관한 교육이라는 매우 포괄적이면서 긴 제목의 회원국 권고를 채택하게 된다. 이 권고문은 권고의 명칭이 너무 길어 간결하게 국제교육(International Education)이라고 줄여서 쓸 수 있음을 언급하고 있다. 이 권고문에 포함된 내용은 과거와 같이 단순한 국가 간의 이해나 협력이란 차원을 넘어서 인구, 식량, 자원, 환경, 에너지 등과 같은 전 지구적 문제들의 상호 의존적 측면과 세계 공동체 의식을 강조하고 있다.

그 후 20년이 지난 1995년 유네스코는 제네바에서 제 44차 국제교육회의를 개최하면서 그 회의 주제를 평화, 인권 및 민주주의를 위한 교육으로 선정하고, 동회의에서 선언문과 그 실천체계를 채택하게 된다. 이와 같은 변천을 거쳐 현재 유네스코에서 사용하는 국제이해교육의 사업명칭은 평화의 문화를 위한 교육(Education for a Culture of Peace)이란 사업 내에 평화, 인권, 민주주의, 국제이해와 관용을 위한 교육으로 되어 있다. 앞에서 언급한 국제이해교육의 사업 명칭의 변천을 바탕으로 국제이해교육이 포괄하는 개념상의 영역을 제시해 보면 다음과 같다.

➤ 국제이해 및 협력교육

➤ 평화교육

➤ 인권교육

➤ 민주주의 교육

➤ 관용교육

결론적으로 국제이해교육이란 '세계의 상호 의존성에 대한 이해를 증진시키기 위한 세계적 관점의 교육, 문화 간 이해에 대한 교육, 세계 문제 및 이슈에 대한 교육 그리고 세계체제에 대한 교육을 포함하는 세계시민교육'을 뜻한다.

나. 세계교육(Global Education)

1970년대 미국을 중심으로 일어난 세계교육은 인류 공동의 문제가 상호의존적인 관계에 있으므로 상호협력 속에서만 해결될 수 있다는 신념에서 출발한 개념이다. 이 개념은 세계를 하나의 시스템으로 파악하고 그 속에서 각국이 상호의존하고 있다는 사실에 근거하고 있다. 따라서 세계교육은 세계이해와 세계관련 능력을 중시하며 특히 세계적 시각(Global Perspective)을 강조하고 있다.

다. 발전교육(Education for Development)

발전교육은 세계의 상호의존 관계가 강화됨에 따라 개발도상국들이 공통적으로 지니고 있는 문제들을 단순히 그들만의 문제로 놓아두는 것이 아니고 선진국을 포함한 전 지구적인 문제로 보고, 그 문제들의 해결없이는 진정한 인류의 발전도 있을 수 없다는 인식에서 1960년대부터 유럽을 중심으로 전개되어 온 교육이다.

3. 국제이해교육의 영역

국제이해교육의 영역에서 공통적으로 강조하고 있는 측면은 세계의 상호의존성에 대한 이해이다. 국제이해교육은 국제경쟁에서 이기기 위한 교육이 아니라 다른 나라 사람들과 더불어 살고, 상호 밀접한 관계를 인정하는 교육이다. 이를 위해서는 역사라는 시간과 세계라는 공간을 연결하여 상호 의존성의 개념을 이해시켜야 한다. 이들 여러 나라는 공간적으로 밀접히 연관되어 있을 뿐만 아니라, 이들 여러 나라들의 과거와 현재 그리고 미래의 사건들이 하나의 역사적 연결고리로써 연계되어 있다는 것을 이해시켜야 한다.

따라서 세계 문제 또는 문화는 개별적으로 가르치기보다는 세계 문제 간의 상호 연계성, 문화간 상호 관련성에 중점을 두고 가르쳐야 한다. 국제이해교육 분야에는 대체로 다음의 네 가지 영역이 포함되어 있다.

가. 문화간 이해를 위한 교육

'문화간 이해(Cross – Cultural Awareness)'에는 각 나라 문화 및 가치의 다양성에 대한 이해, 문화의 상호 비교, 이를 통한 문화와 가치의 보편성에 대한 인식, 타문화의 관점에서 자기문화 조망, 문화간 상호작용을 통한 세계 문화의 개념 형성, 타문화를 수용하는 태도, 전통 및 자기문화에 대한 태도 등이 포함된다.

나. 세계적인 시각 혹은 관점에 대한 교육

'세계적인 시각(Global Perspectives)'의 영역에는 자기중심적 세계관에서의 탈피, 다양한 세계관의 인정, 상반된 세계관의 인정, 인간의 기본적 욕구, 행동, 관심, 경험의 유사성에 대한 인식 등이 포함되어 있다. 또한 다른 나라 사람들도 우리와 똑같은 욕구와 필요를 가지고 있음을 인정하여야 한다.

다. 세계 각국인을 연결시키는 세계 체제에 대한 교육

세계 각국인을 연결시키는 '세계체제(Global System)'는 경제체제, 정치체제, 사회나 문화체제를 비롯하여, 지구 생태계의 구조, 기술체제 등의 하위 개념을 포함하고 있다. 이러한 상호 연결되어 있는 세계 체제에 대하여 Lee Anderson은 이를 역사적, 지리적, 경제적, 정치적, 사회적, 인구학적, 생태학적, 문화적 측면에서 설명

하고 있다. 이렇게 기술적, 생태적, 문화적, 경제적, 정치적 문제에
대해 세계 여러 나라들이 긴밀히 관련되어 있으므로 개별 국가가
이를 해결할 수 없으며, 따라서 세계를 하나의 상호의존 체제로
보아야 한다는 것이다.

라. 세계적인 문제나 이슈에 대한 교육

'세계적인 문제나 이슈(Global Problems and Issues)'에는 평화와
안보의 문제, 개발과 관련된 문제, 인류 환경에 대한 문제, 인권의
개념 등이 포함되어 있다. 또한 생명, 자유, 평등, 정의, 식량, 인
구, 에너지 등 인류가 행복한 삶을 유지하기 위해 반드시 존중해
야 할 보편적인 가치관들도 이에 포함된다.

여기서 우리는 무엇보다도 국제이해교육의 가장 중요한 주제는
세계의 상호의존성(Interdependence)이라는 사실을 잊지 말아야 한
다. 또 지구상의 인류 한 사람 한 사람은 점점 상호 의존화되어
가고 있는 세계에 영향을 미치는 존재일 뿐 아니라, 이러한 세계
로부터 영향을 받는 존재임을 인식시키는 교육을 통해 가능하다.
즉, 자신의 의사결정이 다른 나라 사람들에게 영향을 미칠 뿐 아
니라, 다른 나라 사람들의 의사결정도 자신에게 영향을 미치고 있
다는 사실을 인식하도록 하는 교육이다. 즉, 세계문제를 학생 개개
인의 일상생활과 연결시켜 보게 함으로써 학생들은 상호의존성을
생생하게 경험할 수 있다.

Ⅲ. 다문화 교육의 개념과 목표, 내용

1. 다문화 교육의 개념

다문화 교육은 제2차 세계대전 후 국제연합(UN)이 탄생하면서 다시는 참혹한 전쟁이 일어나지 않도록 국가와 민족간의 문화와 역사, 인종, 습관 등을 이해시켜 세계 평화를 달성해보자는 취지에서 새로 도입된 교육이다.

다문화 교육은 단순한 국제교육(international education)과는 다르다. 다문화 이해 교육은 국제교육과 같은 대상이나 분야를 다루는 교육이더라도 '이해(understanding)'라는 목적을 가진 교육으로 상호 이해를 통해 공존과 협력, 평화를 달성하려는 의도를 가진 가치관적 교육이다.

아무리 지식과 기술이 고도로 발달해도 인류가 함께 살 수 있는 능력을 갖추지 못하면 전쟁과 테러가 난무하는 세상이 될 수 밖에 없기 때문에 세계화시대의 다문화이해교육은 무엇보다도 함께 살기 위해서 요구되는 보편적인 가치관과 삶의 태도를 가르치는 것이다. 즉, 모든 사람을 차별없이 존중하는 인권의식, 갈등과 적대감을 폭력없이 합리적인 대화로 풀어가는 평화의식, 물질적 삶을 풍요롭게 발전시키면서도 자연 생태계를 파괴하지 않는 지속가능한 발전의 가치관, 문화적 다양성을 인정하며 타문화를 이해하고 존중하려는 태도 등을 중요한 덕목으로 가르치는 교육을 말한다.

다문화 교육이란 다양한 문화, 민족, 성, 사회적 계층의 배경을 가진 학생들이 공평한 교육적 기회를 가질 수 있도록 교육과정의 변화를 시도하는 총체적인 노력이다.

다문화 교육은 소수만을 위한 '특정' 프로그램이 아니라, 모든 학생들이 다문화 사회에서 책임있는 시민으로 살아가고 사회를 이해할 수 있게 하는 지식, 기능, 가치·태도를 가지게 하는 것을 목표로 하는 다문화주의를 바탕에 둔 교육철학이다.

다문화 교육은 다른 문화를 맹목적으로 추종하는 것이 아니라 자신의 전통 문화에 기반을 두고 다른 사람들의 새로운 문화를 받아들이는 지식, 기능, 가치·태도를 가지게 하는 교육이라고 할 수 있다. 즉, 다른 문화에 무조건적으로 동화되는 것이 아니라 자신의 문화적 정체성을 구성하고 다른 문화를 편견과 고정 관념 없이 받아들이도록 하는 교육이다.

다문화 교육 이론의 흐름은 다음과 같다.

■ 용광로(melting pot) 정책: 다양한 인종과 민족을 그 사회의 주류 문화에 수용하고 포용하려는 흐름이다. 즉, 용광로를 거치는 다양한 인종과 민족은 그 사회의 주류 문화에 동화되어 거기서 태어난 사람과 같이 전환되기를 기대하는 것이다.

■ 상호 이해: 다양한 문화나 민족 상호 간의 오해를 해소하고 서로 간에 정확히 이해함으로써 긴장과 갈등을 줄일 수 있다는 생각을 할 수도 있다. 이러한 생각은 사회를 구성하는 각 집단 간의 관계를 개선시키는 데에 기여할 수도 있다.

■ 샐러드볼 정책: 최근 들어 민족이나 인종을 이루는 각 집단은 그 나름의 가치관과 지식의 형성 과정을 지니고 있으며, 이러한 다양한 각 집단의 문화를 인정하고 이를 사회가 품을 수 있을 때

에 그 사회 역시 번영할 수는 있다는 주장이 강하게 대두되었다. 예를 들어, 샐러드 볼(salad bowl)에는 각각의 야채가 그 자체로 접시에 담겨 있지만 같이 있어 더욱 야채 맛을 나게 하는 것과 같다.

2. 다문화 교육의 목표

다문화 교육의 핵심은 남과 이웃나라, 세계를 중심에 놓고 모든 나라, 모든 인종, 모든 사람들과 함께 살아가는 지혜와 가치관, 의식과 태도를 길러주기 위한 즉, 함께 사는 것을 배우는 데(learning to live together) 있다.

이제까지 교육은 주로 알기 위해서, 아는 것을 힘으로 삼아 잘 살기 위해서라는 목표를 갖고 있었다. 또한 인격적인 인간, 훌륭한 인간, 책임감 있는 인간이 되기 위해서 배워야 한다고 했다. 그러나 21세기에 와서 한 가지 추가되어야 할 교육의 목표는 모두 함께 사는 것을 배우는 것이라고 할 수 있다. 이것은 사람들로 하여금 오늘의 세계가 서로 연관되어 있다는 상호의존성과 문화적 다양성을 배우게 하여 다른 나라 사람들의 역사와 전통, 가치를 이해하고 존중함으로써 갈등을 평화롭고 합리적인 방법으로 풀어나갈 수 있게 하는 교육을 말한다. 따라서 다문화 이해 교육의 기본 목표는 나와 다른 사람들이 더불어 살아가려는 태도를 지닌 세계 시민을 기르는 데 있다고 하겠다.

3. 다문화 교육의 내용

학생들을 위한 다문화 교육의 내용으로는 각 가정, 사회집단, 국가에는 다양한 문화와 가치, 태도 및 행위가 있음을 알고 경험해 보며 공동체 사회를 위해 함께 노력하고 협력해야 함을 알고 실천할 것을 강조한다. 또한 다양한 구성원들은 고유한 특성을 지니고 있는 동시에 모두 공통점을 가지고 있음을 인식해야 한다. 이러한 경험을 통하여 다양한 구성원이 모두 함께 살고 있음을 느끼고 수용해야 한다는 것으로 결국 '문화', '협력', '편견', '정체성 형성', '평등성', '다양성'의 6가지로 요약될 수 있다. 여러 목표와 관련지어 볼 때 문화의 다양성 수용 및 세계 공동체를 위한 각각의 역할 수행으로 정리된다.

가. 문화

> 문화 간의 유사점과 차이점의 특징 알기
> 각 문화에 대한 이해 및 존중심 기르기
> 문화 간 긍정적 태도 발달시키기

나. 협력

> 다양한 사람들과 상호작용 능력 증진하기
> 다양한 사람들과 협동 능력 증진하기

다. 편견

> 선입견, 편견, 고정 관념에 비판적 사고 형성하기
> 문제 상황에 대처 능력 기르기

라. 정체성 형성

> ➤ 긍정적 자아 개념 기르기
> ➤ 자아 정체감 및 집단 정체감 형성하기

마. 평등성

> ➤ 국가, 민족, 성, 능력, 계층에 대한 긍정적 태도 가지기
> ➤ 인간이 평등하다는 가치 형성하기

바. 다양성

> ➤ 다양한 개인과 집단의 존재 인정하기
> ➤ 다양성 존중하는 마음 갖기

Ⅳ. 다문화 가정 현황 및 문제점

1. 다문화 가정 현황

다문화가정은 우리와 다른 민족·문화적 배경을 가진 사람들로 구성된 가정을 통칭하며, 한국인과 결혼한 외국인 배우자와 외국인 근로자 부부 사이에서 출생한 아동으로 상당수가 한국어 능력 부족 및 한국 문화 부적응으로 인해 학습 부진과 사회적 편견에 따른 정체성의 혼란을 경험하고 있다.

다문화 가정	해당 자녀
국제결혼 가정	한국인 아버지와 외국인 어머니 사이에서 태어난 아이
	한국인 어머니와 외국인 아버지 사이에서 태어난 아이
외국인근로자 가정	외국인 근로자가 한국에서 결혼하여 태어난 아이
	본국에서 결혼하여 형성된 가족이 국내에 이주한 가정의 아이
새터민 가정	북한에서 태어나서 한국에 입국한 아이
	한국에서 태어난 아이

국제결혼가정 자녀 시·도별 학교급별 현황(교육부, '07. 4.)

구분 시도	국제결혼가정 학생수				모가 외국인인 학생수			
	초	중	고	계	초	중	고	계
서울	1,040	234	73	1,347	828	163	44	1,035
부산	391	67	25	483	335	44	12	391
대구	283	33	8	324	237	26	4	267
인천	421	54	20	495	382	47	19	448
광주	279	32	11	322	267	31	7	305
대전	191	30	9	230	172	28	6	206
울산	177	22	4	203	176	14	4	194
경기	2,283	460	127	2,870	1,936	369	85	2,390
강원	729	67	11	807	705	64	9	778
충북	642	66	15	723	613	54	10	677
충남	950	131	35	1,116	930	14	6	950
전북	970	99	10	1,079	950	95	7	1,052
전남	1,361	101	17	1,479	1,307	99	15	1,421
경북	651	53	18	722	618	40	8	666
경남	968	125	27	1,120	849	89	18	956
제주	108	14	3	125	82	5	2	89
계	11,444	1,588	413	13,445	10,387	1,182	256	11,825
비율	85.1%	11.8%	3.1%	100%	90.8%	74.4%	62.0%	88.0%

※ 모가 외국인인 학생 수 비율은 국제결혼가정 학생 수 대비임

국제결혼가정 자녀 지역별 현황(교육부, '07. 4.)

구분 시도	시지역 학생수				읍면지역 학생수				합계
	초	중	고	계	초	중	고	계	
서울	1,040	234	73	1,347	0	0	0	0	1,347
부산	391	67	25	483	0	0	0	0	483
대구	241	29	6	276	42	4	2	48	324
인천	387	44	16	447	34	10	4	48	495
광주	279	32	11	322	0	0	0	0	322
대전	191	30	8	229	0	0	1	1	230
울산	105	12	4	121	72	10	0	82	203
경기	1,137	259	83	1,479	1,146	201	44	1,391	2,870
강원	224	37	2	263	505	30	9	544	807
충북	170	25	7	202	472	41	8	521	723
충남	202	72	23	297	748	59	12	819	1,116
전북	319	48	10	377	651	51	0	702	1,079
전남	342	19	3	364	1,019	82	14	1,115	1,479
경북	170	23	16	209	481	30	2	513	722
경남	335	78	20	433	633	47	7	687	1,120
제주	67	13	3	83	41	1	0	42	125
계	5,600	1,022	310	6,932	5,844	566	103	6,513	13,445
비율	49.0%	64.4%	75.1%	51.6%	51.0%	35.6%	24.9%	48.4%	

구분	초	중	고	전체
인원	11,444	1,588	413	13,445

※ 비율은 국제결혼가정 각 초, 중, 고, 전체 학생 수 대비임

초 · 중 · 고 국제결혼가정 부모 출신국별 현황(교육부, '07. 4.)

시도	부 모 출 신 국 별													
	일본	중국(조선족)	미국	필리핀	베트남	태국	러시아	몽골	인도네시아	남부아시아	중앙아시아	유럽	기타	계
서울	686	258	42	133	40	15	14	40	13	23	12	31	40	1,347
부산	144	109	13	71	25	2	36	2	14	13	10	7	37	483
대구	157	72	5	53	10	2	1	0	0	3	0	5	16	324
인천	22	103	8	106	119	34	11	26	28	8	16	8	6	495
광주	170	67	3	52	12	3	1	4	0	2	0	2	6	322
대전	114	33	18	22	10	3	10	2	4	3	2	2	7	230
울산	91	34	1	27	31	0	1	3	0	0	3	2	10	203
경기	1465	501	51	371	104	40	52	58	21	117	17	18	55	2,870
강원	383	199	6	139	29	17	3	1	0	4	4	1	21	807
충북	348	226	5	91	18	7	3	8	0	4	3	6	4	723
충남	511	345	13	125	46	12	5	5	0	5	6	3	40	1,116
전북	524	328	2	171	14	12	4	6	2	3	3	2	8	1,079
전남	749	352	1	286	42	25	2	2	5	1	0	3	11	1,479
경북	324	214	5	96	35	14	4	2	5	1	4	2	16	722
경남	507	316	7	176	35	23	10	3	2	1	1	4	35	1,120
제주	66	15	4	19	4	0	1	0	0	0	0	2	14	125
합계	6,261	3,172	184	1,938	574	209	158	162	94	188	81	98	326	13,445

외국인근로자 자녀 시 · 도별 학교급별 현황(교육부, '07. 4.)

구분	서울	부산	대구	인천	광주	대전	울산	경기	강원	충북	충남	전북	전남	경북	경남	제주	계
초	199	43	28	97	7	25	2	204	28	23	17	3	1	14	64	0	755
중	233	13	1	6	1	6	0	97	4	12	1	1	0	1	15	0	391
고	36	3	0	2	0	0	0	11	4	1	1	0	0	1	4	0	63
합계	468	59	29	105	8	31	2	312	36	36	19	4	1	16	83	0	1,209
비율	38.7	4.9	2.4	8.7	0.6	2.5	0.1	25.8	3.0	3.0	1.6	0.3	0.1	1.4	6.9	0	100

초·중·고 재학 외국인근로자 자녀 국적별 현황(교육부, '07. 4.)

시도	부모 출신국별													
	일본	중국(조선족)	미국	필리핀	베트남	태국	러시아	몽골	인도네시아	남부아시아	중앙아시아	유럽	기타	계
서울	106	55	21	3	4	1	7	214	6	6	13	5	27	468
부산	8	8	6	6	1	0	4	2	2	6	6	1	9	59
대구	5	5	0	3	1	0	0	1	0	6	0	0	8	29
인천	3	27	1	18	23	4	6	5	6	5	6	1	0	105
광주	0	5	0	0	0	0	1	0	0	0	0	0	2	8
대전	10	5	0	0	0	0	1	1	0	3	0	0	11	31
울산	0	0	0	0	0	0	0	1	0	0	0	0	1	2
경기	47	35	16	31	2	2	11	103	3	30	11	3	18	312
강원	8	14	1	3	4	1	1	0	0	1	1	0	2	36
충북	9	19	1	1	1	0	0	1	0	0	1	1	2	36
충남	4	3	4	1	0	0	0	2	2	2	0	0	1	19
전북	0	1	0	0	0	0	0	0	0	0	0	0	3	4
전남	1	0	0	0	0	0	0	0	0	0	0	0	0	1
경북	5	4	0	0	1	2	0	0	0	0	0	0	4	16
경남	62	5	0	2	0	0	0	0	1	2	1	0	10	83
제주	0	0	0	0	0	0	0	0	0	0	0	0	0	0
합계	258	181	50	69	38	8	30	329	20	58	39	11	87	1,209

2. 다문화 가정 자녀의 현황 및 문제점

가. 국제결혼가정 자녀

○ '05년 우리나라의 국제결혼 건수는 4만3,122건으로, 전체 **결혼신고** 건수의 13.6%가 국제결혼임(국제결혼은 '90년 1.2% → '00년 3.7% → '04년 11.4% → '05년 13.6%로 매년 증가함, 통계청)

○ 특히 농촌지역을 중심으로 외국여성과 한국남성 결혼 비율 급증

- 농어촌 지역은 전체 결혼의 35.9%가 외국인 여성과의 국제
결혼임(농촌 총각 3명 중 1명은 국제결혼, '06. 3. 통계청)
- 국적별로는 한국계 중국인(조선족)이 47.5%, 중국 17.3%, 일
본 10.6%, 필리핀 8.2%, 베트남 7.0% 순으로 나타남
○ 현재 초·중·고 재학 중인 국제결혼가정 자녀수는 총 7,998
명임
- 이 중 초등학생이 85%로 대부분 차지(중 11.6%, 고 3.5%)
○ 국제결혼가정 자녀 중 어머니가 외국인인 경우가 전체의
83.7%(6,695명)로 거의 대부분을 차지하며,
- 지역별로는 경기도가 1,852명(23.1%)으로 가장 많고, 서울
12.2%, 전남 11.8%, 전북 9.1%, 경북 6.0%의 순으로 나타남
○ 여성결혼이민자 자녀의 경우 유아기에 한국어가 미숙한 외국
인 어머니와 함께 생활하므로 언어 발달 지체
○ 언어 발달 지체 및 문화 부적응으로 인해 학교수업에 대한
이해도가 낮으며, 지나치게 소극적이거나 반대로 폭력성 또
는 과잉행동장애(ADHD)를 보이는 등 정서장애도 나타남
○ 국제결혼가정 자녀의 17.6%가 집단따돌림을 경험하였으며, 따
돌림 이유는 '엄마가 외국인이어서'가 34.1%로 가장 높음(복지
부, '05)

집단따돌림을 당한 이유	비율(%)
엄마가 외국인이기 때문에	34.1
의사소통이 잘 안되어서	20.7
특별한 이유 없이	15.9
태도와 행동이 달라서	13.4
외모가 달라서	4.9
기타	22.0

○ 현재 초등학교에 재학 중인 국제결혼가정 자녀들(87%)이 중·
  고교 진학 연령대로 진입할 경우,
 – 정서적으로 민감한 학생들이 편견과 차별을 견디지 못하고
  학교를 포기하는 사례가 늘어나 사회문제가 될 우려가 있음.

나. 외국인 근로자 자녀

○ 우리나라에 체류하고 있는 **외국인 노동자는 345,679명**이며,
  이 중 합법체류자가 164,887명(47.7%), 불법체류자는 180,792
  명 (52.3%)임(법무부,'05.12)
 – 불법체류자 규모는 전년(188천명)에 비해 약 7천명 감소
○ 국적별로 보면 중국(조선족 포함) 35.4%, 필리핀 9.0%, 타이
  4.8%, 베트남 4.3%, 방글라데시 4.0% 순으로 나타나고 있음
○ '06년에는 경기회복세에 따라 고용사정이 호전되어 일자리가
  40만여 개 증가할 것으로 예상되므로(한국노동연구원), 향후
  국내에 유입되는 외국인 근로자는 점점 증가할 것으로 전망됨
○ 등록 외국인(불법체류 포함) 중 취학 연령대인 7세 이상 18
  세 이하는 17,287명으로 추정
○ 이중 외국인학교 재학생이 7,800명이며, 국내학교 재학생이
  1,574명('05.5)임
○ 외국인 재학생의 국가별 분포는 일본 24.4%(386명), 몽골
  21.3% (338명), 미국 17.2%(273명), 중국 2.8%(45명) 순으로
  나타나고 있음
 – 이 중 대다수가 서울(35%), 경기(31%)지역 학교에 재학 중

○ 외국인근로자 가정의 경제적 소득이 낮고, 주거환경이 열악
   함은 물론 가정의 교육기능도 취약하여 또래 아이들에 비해
   기초학습능력이 낮음
○ 배타적인 한국사회의 특성이 외국인(특히 저개발국)에 대한
   지나친 편견과 차별로 나타나 외국인 자녀들의 조기적응에
   장애
 ─ 외국인 자녀 입학 기피, 통합교육 거부, 학교 내의 집단따돌
   림 등
○ 불법체류자 자녀의 경우, 신분상(법적지위)의 불안으로 정규
   학교 입학을 기피하거나 입학 후에도 학교생활 불안정

V. 맺는말

국제이해교육 및 다문화교육은 이제 지구촌 사회에서 필수불가
결하다. 그러나 우리는 단일 민족이라는 고유한 민족 정체성을 가
지고 있다. 지구촌사회에서 다른 나라의 언어와 문화에 대한 이해
와 더불어 살아가야 할 공동체임을 인식하고, 우리 문화 이해 교
육을 통해 한국인으로서의 정체성을 강화해야 할 것이다. 특히 급
증하는 다문화 가정에 대한 광범위한 교육적 지원과 자녀들의 자
아 정체성 확립에 힘써야 한다.

제5장
초등 사회과의 이해와 지도 방향

I. 들어가는 말

초등학교 교사들이 가장 어려움을 많이 느끼는 수업이 바로 사회과 수업이다. 그럼 왜 사회과 수업이 가장 어렵고 힘들까? 사회과는 가르칠 내용이 너무 많다, 너무 활동적이다, 가르칠 핵심 내용이 무엇인지 잘 모르겠다, 어떤 수업 모형을 선택할지 모르겠다, 등등 다양한 요인들이 있겠지만, 가장 중요한 것은 주어진 교육내용을 어떻게 전개하여 사회과의 목표를 달성할 수 있느냐는 것이다. 비록 학습 목표를 설정하고 학습자의 성장 발달 단계와 개인차에 부합되도록 교육내용을 구성하였더라도 최적의 교수·학습 방법을 찾는 일은 결코 쉬운 일이 아니다. 왜냐하면 교수·학습에는 왕도가 없고 제한 요인들이 많기 때문이다. 게다가 사회과는 교과 특성상 다양한 학문 영역이 통합되어 있고, 변화하는 사회 현상을 학습 대상으로 하고 있는 교과이기 때문에 사회과다운 사회과 수업이 이루어져야 한다. 만약 '사회과 수업은 이런 교육내용을 가지고 이런 방법과 자료를 활용하여 이런 방식으로 수업을 진행하면 가장 효과적이고 살아있는 수업이다.'라는 것이 존재한다면 우리는 더 이상 이렇게 사회과 수업에 대하여 고민하고 연수할 필요도 없을 것이다. 그러나 결론은 없다는 것이다. 이 글에서는 사회과 수업을 하는 데 필요한 사회과 교육과정, 사회과 교수·학습 방법, 다양한 의사결정학습모형, 사회과 수업의 새로운 방향을 살펴보고 사회과 수업에 대하여 함께 고민해본다.

Ⅱ. 사회과를 바라보는 관점

1. 시민적 자질을 전달하는 교과로서의 사회과 (Social Studies taught as Citizenship Transmission)

이해하기 쉽게 설명하면, '전통적인' 사회과를 의미한다. 여기에서 사회과의 목적은 학생들에게 올바르다고 생각되는 가치를 심어주고(inculcate), 꼭 필요한 지식을 전달하는 것이다. 이를 위해서 수업은 주로 교사가 중심이 되어 교과서에 있는 지식을 전달한다. 교육 내용은 교사에 의하여 결정되는데, 그 교사는 다시 교과서에 의존하므로 결국 교과서가 교육 내용을 결정한다. 교과서는 중앙에서 만드는 것이므로, 사회과에서 가르쳐야 할 내용은 권위적으로 위에서 아래로 정해져 내려온다.

2. 사회과학을 가르치는 교과로서의 사회과
(Social Studies taught as Social Science)

용어가 나타내는 대로 사회과학 중심의 사회과이다. 브루너 (Bruner)의 학문중심 교육과정론에 입각한 사회과이다. 여기에서 사회과의 목적은 사회과학의 개념과 방법을 이해하는 것이다. 이 유형에서의 사회과 수업 방법은 사회과학 고유의 방법을 활용하여 사회과학의 원리를 발견하고 적용하는 것이다. 그리고 사회과에서 가르쳐야 할 내용은 사회과학의 구조, 개념, 일반화이다.

3. 반성적 탐구능력을 기르는 교과로서의 사회과
(Social Studies taught as Reflective Inquiry)

이것은 사회문제 중심의 사회과에 가깝다. 여기에서 사회과의 목적은 의사결정을 내리는 데 있으며, 이때 사회과학은 하나의 자료로서 활용되며 그 자체가 목적은 아니다. 교수 방법은 개인적·사회적 갈등을 합리적으로 해결하는 가운데에 반성적 사고를 기르는 것을 중심으로 한다.

유형 기준	시민성 전달 모형	사회과학 모형	반성적 탐구모형
목 적	시민적 자질은 의사결정의 준거로서의 올바른 가치를 주입함으로써 가장 잘 함양될 수 있다.	시민적 자질은 사회과학의 개념, 과정 그리고 문제를 마스터하고 그것에 기초하여 의사결정을 내렸을 때 가장 잘 함양된다.	지식은 탐구의 과정을 통하여 시민이 문제를 해결하고 의사결정을 내리는 데에서 만들어진다. 시민적 자질은 탐구의 과정을 통하여 함양된다.
방 법	전달: 개념과 가치는 교사, 교과서, 암기, 강의, 질의 응답의 과정 그리고 조직화된 문제 해결 등을 통하여 전달된다.	발견: 각 사회과학은 각각 지식을 수집하고 입증하는 방법을 가지고 있다. 학생들은 각각의 사회과학에 알맞은 방법을 발견하고 적용한다.	반성적 탐구: 반성적 사고 과정은 문제를 인지하고 갈등을 해결함에 있어서, 문제에 대해 통찰한 것을 검증하는 것을 목표로 한다. 의사 결정 능력은 반성적 사고를 통하여 조직화되고 훈련된다.
내 용	내용은 권위(정부당국 등)에 의하여 선정된다. 그리고 그것은 교사에 의하여 해석되는 것이며 가치, 신념, 태도를 나타내는 기능을 갖는다.	적절한 내용이란 개별 사회과학 혹은 통합된 사회과학의 구조, 개념, 문제, 과정을 말한다.	각 개인의 가치를 분석하는 것은 필요와 흥미를 가저오며, 역으로 학생들이 스스로 문제를 선정하는 기반이 된다. 그러므로 문제가 반성(심사숙고)을 위한 내용이 된다.

Ⅲ. 사회과 교수 · 학습 방법

1. 사회과 교수 · 학습 방법

가. 조직 방법에 따른 교수·학습 방법

1) 일제학습 2) 분단별 학습 3) 개별화 학습 4) 협동학습
5) 열린학습

나. 활동 방법에 따른 교수·학습 방법

1) 현장학습 2) 구성학습 3) 극화학습 4) 시청각학습
5) 토의학습 6) 강의학습 7) 조사보고학습

다. 사고력 신장 중심의 교수·학습 방법

1) 문제해결학습 2) 탐구학습 3) 의사결정학습

라. 자료를 이용한 교수·학습 방법

1) 사료학습 2) 인물학습 3) 지도학습 4) 시사학습

마. 그 밖의 교수·학습 방법

1) 프로젝트 및 주제학습 2) 가치학습(가치수용과 가치 명료화)

2. 사회과 사고력 신장 교수·학습 방법

사고력 신장 중심의 사회과 교수·학습 방법을 구분하는 결정적 인 기준은 다루어지는 문제가 가치 판단을 요구하느냐와 행위 (action)가 필요한가에 달려 있다(의사결정은 지식뿐만 아니라 가치 판단을 요구하며, 결정에 대한 행위를 수반한다).

사고력 신장 중심의 세 가지 학습 형태를 이에 따라 구분지어 보면, 문제해결은 학습자의 실생활에서 직면하는 문제, 탐구는 사

회과학의 이론적 지식, 의사결정은 목적 달성을 위한 대안의 선택으로 그 차별성이 드러난다. 특히 의사결정은 문제해결이나 탐구에 비해 가치탐구를 중요한 절차로 도입하고 있는 점이 두드러진 차이점이다.

그러나 이 교수·학습 방법들은 차이점에 비해 공통점이 훨씬 두드러진다. 우선 보기만 하여도 외형상 상당한 유사성을 띠고 있음을 쉽게 알 수 있다. 즉, 이 방법들 모두 듀이의 반성적 사고 절차를 기본적인 아이디어로 담고 있다. 모두 문제를 인식하고 문제해결을 위한 잠정적 해결책인 가설을 설정한 뒤, 타당한 근거와 이유를 찾아 가설을 검증하고 결론을 도출하는 과정을 밟고 있다. 이러한 방법들의 공통점은 다음과 같다.

첫째, '문제'의 중요성에 대한 인식이다. 세 방법 모두 학습자의 의식 속에서 학습해야 할 내용이 문제로 인식되지 않는다면 진정한 학습의 가능성은 애초부터 없다고 보아야 할 것이다. 학습자가 문제로 혹은 탐구거리로, 의사결정의 문젯거리로 여기지 않는다면 학습 의욕은 생기지 않고 다만 의무적인 절차만을 따르게 될 것이다. 따라서 문제인식 이후의 단계까지 학습자의 자발적이고 능동적인 참여를 보장하기 위해서는 세 방법 모두 문제에 대한 인식이 학습의 출발점으로 중요시된다.

둘째, 합리적·과학적 사유방식을 중요시한다. 세 방법은 모두 흔히 '사고력 신장을 위한 교수·학습 방법'이란 이름으로 소개된다. 즉, 이들 모두 학습자의 사고력 신장을 중요시한다는 것이다. 사고력 신장을 위하여 세 방법에서 선택하고 있는 장치는 가설을 설정하고 근거를 찾아 검증을 하는 단계를 밟는 점이다. 결국 지식의 생성과정(문제해결, 의사결정)이 모두 논리적이고 비판적 분석 과정을 통해서 이루어진다고 이해할 수 있는 것이다. 따라서 이러한 특징은 세 방법 모두 합리적·과학적 사고를 통한 사고력 신장을 위한 방법으로 부를 수 있는 근거를 제공한다.

셋째, 세 방법 모두 학습의 결과가 잠정적이라는 점이다. 학습자가 인식한 불확정적인 문제는 사실, 자료, 정보 등을 통한 논리적이고 비판적 분석이라는 엄격한 과정을 거쳐 확정적인 상태인 결론으로 나아가지만 그것은 최종적이고 절대적인 결과물이 아니라 보다 나은 근거가 등장할 때까지로 제한된 잠정적인 것이다. 세 모형이 모두 결과의 잠정성을 강조하는 공통점은 앞에서 잠시 언급한 바와 같이 판단은 엄격하게 내리되 결과에 있어서는 자신의 한계나 잘못이 있을 수 있음을 인정하는 유연한 자세, 또한 모든 인간이 내리는 결정은 완전할 수 없음을 인식하여 타인의 잘못을 관용적으로 대하는 태도를 잠재적으로 길러내는 민주적 생활 태도의 육성을 의도하고 있다.

넷째, 용어의 구분이 불명확하다. 문제, 탐구, 의사결정이라는 용어의 구분이 뚜렷하지 못하다. '문제해결'의 상태는 결국 '의사결정'이 이루어진 상태로 간주할 수 있고, 학습자가 '탐구'를 한다는 말은 학습자의 인지 구조 속에 인지적 혼란을 가져오는 '문제'가 발생한 것으로 간주할 수 있다. 또한 '탐구의 과정'은 결론 도출을 위한 수많은 '의사결정과정'의 연속이고 '의사결정과정'은 수많은 정보나 사실들의 '탐구과정'이 될 수도 있다. 즉, 이 용어들은 바꾸어 사용해도 의미상 크게 훼손되지 않은 상호 간의 유연성을 갖고 있다. 결국 이 세 가지 교수·학습 방법들에 대한 혼란은 차이점보다는 강한 유사성에서 비롯된 것으로 볼 수 있는 것이다.

Ⅳ. 다양한 의사결정학습 모형

의사결정능력을 훈련시키기 위해서 여러 가지 수업 모형이 개발
되어서 사용되고 있다. 여기서는 경제적 의사결정 능력을 훈련하기
위해서 개발된 의사결정 매트릭스 모형과 의사결정 수형도 모형,
그리고 사회과교육과정의 기저를 이루고 있는 뱅크스(Banks)의 의
사결정모형은 지식과 가치를 구분하고 사회 탐구과 가치 탐구에
기반하여 합리적 의사결정을 내리는 것을 목적으로 한다.

1. 의사결정 매트릭스(Decision - matrix) 및
　　수형도(Decision - tree) 모형

이 모형은 주로 경제적 의사결정에 활용되는 모형으로 학생들이
생산자, 소비자, 그리고 시민으로 효과적으로 기능하도록 준비시키
는데 수업의 목적이 있다. 이 의사결정 모형은 ① 문제의 정의, ②
대안의 나열, ③ 선택 기준의 진술, ④ 기준에 따른 대안의 평가,
⑤ 의사 결정의 5단계로 이루어진다. 이 모형의 특징은 자신의 선
택 기준에 따라서 대안을 평가한다는 것이다. 이 때 선택 기준은
가치를 반영한다. 이 모형을 의사결정 매트릭스라고 부르게 된 것

은 5단계의 의사결정 진행을 돕기 위해서 개발된 의사결정 도표
(Decision - making Grid) 때문이다.

대 안	의사결정기준				
	기 준 **1**	기 준 **2**	기 준 **3**	기 준 **4**	합 계
대 안 1					
대 안 2					
대 안 3					

의사결정 수형도 모형은 의사결정 매트릭스 모형과는 달리 각
단계의 순서가 고정되어 있는 것이 아니라 문제에 따라 특정 단계
를 먼저 거칠 수도 있고 나중에 거칠 수도 있다. 의사결정 수형도
모형의 단계는 ① 의사결정 상황 진술, ② 가장 좋아하는 대안의
나열, ③ 각 대안에 따른 결과의 나열: 자신과 타인에 대하여 대안
이 미치게 되는 긍정적인 결과와 부정적인 결과를 각각 나열, ④
자신의 목표 및 가치를 고려하여 각 대안에 따른 결과 평가, ⑤
빠뜨린 대안이 없는지, 그리고 고려하기 원하는 다른 가치나 목표
가 있는지 생각하기, ⑥ 의사결정의 단계로 이루어진다. 이 모형을
의사결정 수형도라고 부르는 이유는 마치 나무가 가지를 뻗어 나
가는 것처럼 개인의 선택이 위로 뻗어나가면서 결정되기 때문이다.
결정 상황을 진술하고 대안을 나열하고 대안에 따른 결정을 서술
한 후 가치에 따라 평가한다는 의미이다. 의사결정 수형도 모형은
의사결정 매트릭스 모형과는 달리 자신의 목표 또는 가치에 따라
대안이 유도해 낼 결과를 총체적으로 평가한다. 즉, 각 대안이 전
반적으로 '긍정적' 결과를 유도할 것인가, '부정적' 결과를 고려하

여 선택한다.

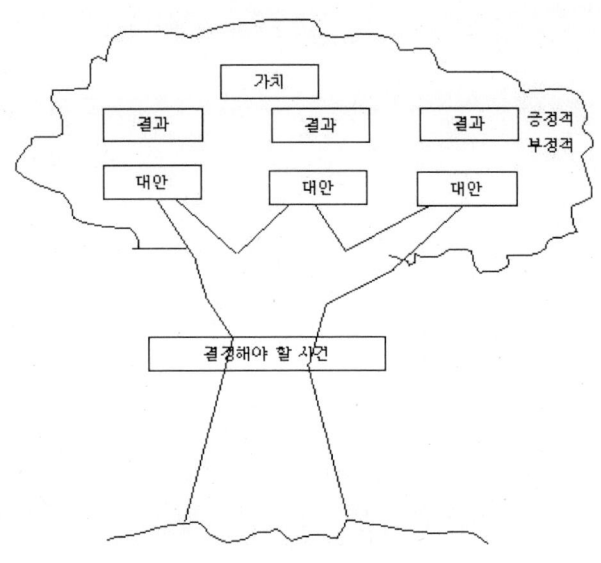

2. 뱅크스(Banks)의 의사결정 모형

뱅크스는 의사결정을 사회과의 주요한 목표로 보고 이를 위해 사회 탐구와 가치 탐구의 과정을 통해서 의사결정에 도달할 수 있는 수업 모형을 제시하였다. 뱅크스가 제시한 의사결정의 과정은 ① 문제 제기, ② 사회 탐구: 필요한 지식 획득, ③ 가치 탐구: 관련 가치의 명료화, ④ 의사결정: 대안 검색과 결과 예측, ⑤ 행동의 다섯 단계로 구성된다. 이러한 의사결정 과정 중 주로 사실 문제 해결을 목표로 하는 그의 사회 탐구 모형은 ① 문제 제기, ② 가설 설정, ③ 개념화, ④ 자료 수집, ⑤ 자료의 평가와 분석, ⑥

가설 검증: 일반화와 이론의 6단계로 구성된다. 한편, 가치 문제의 해결을 목표로 하는 가치 탐구 모형은 ① 가치 문제 제기, ② 가치 관련 행동의 서술, ③ 가치의 명명과 해당 행동의 확인, ④ 가치 갈등의 확인, ⑤ 가치의 원천 확인, ⑥ 대안적 가치의 명명, ⑦ 가치의 결과 예측, ⑧ 가치 선택의 선언, ⑨ 가치 선택의 이유·원천·결과 서술의 9단계로 이루어진다.

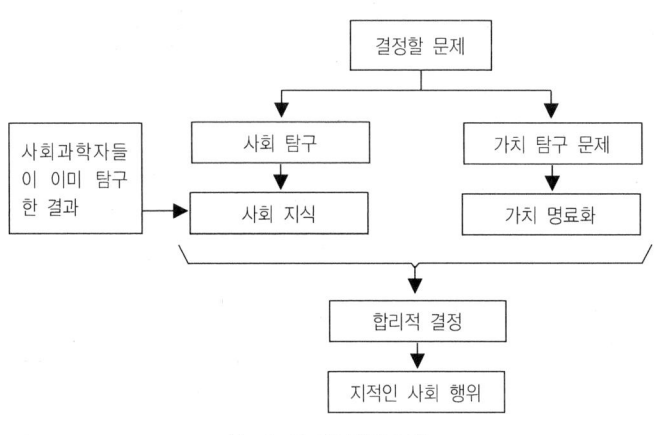

<Banks의 의사결정 모형>

V. 사회과 수업의 새로운 동향

급격한 사회 변화와 이에 따라 상이하게 요청되는 민주 시민의 자질과 관련하여 개인과 공공 문제에 관해 관심을 가지고 참여하며 반성적 탐구 능력을 가지고 합리적 의사 결정을 내릴 수 있는 시민의 양성이 중요하게 부각되고 있다. 앵글과 오초아(1988)는 변화의 노정에 있는 민주주의에 주목하고 사회과에서 양성해야 할 시민의 자질과 관련하여 (1) 기초적 지식 습득 (① 지역, 국가, 세계 차원의 시민성에 대한 인식, ② 사회제도에 대한 이해, ③ 문화의 다양성에 대한 이해, ④ 인간의 진리 추구를 위한 노력과 한계 이해, ⑤ 선과 공정성을 위한 인간의 노력 이해), (2) 민주적 이념에 대한 헌신, (3) 의사결정과 관련된 기본적 기능 습득, (4) 정치적 기능 습득 등을 강조하고 있다. 민주 시민으로서의 참여와 의사 결정 능력의 강조 등은 현대사회과에서 공통적으로 강조하는 특징이다. 이러한 목표에 대한 강조와 관련하여 사회과는 인간과 사회 및 세계에 대한 학습자의 이해와 참여 의식을 높이고, 사회 현상 및 사회 문제에 대한 탐구, 문제해결, 의사결정의 경험을 통해 고급 사고력을 함양시키는 것을 강조하며, 학습자 중심의 개별화 학습과 협동 학습 및 세계화, 지역화, 정보화에 대응하는 교수·학습 전략 등을 강조하고 있다.

1. 논쟁 문제 학습

민주화, 세계화, 정보화 현상과 급격한 사회 변동은 지식의 확정성에 의문에 제기하도록 하며, 개인과 사회의 다양성을 전제로 하는 가운데 집단의 합의를 통해 이를 해결해가는 상황을 일상화시키고 있다. 민주적 시민은 찬성과 반대가 대립되는 논쟁 문제의 본질을 파악하고 갈등 상황에서의 합리적 선택과 집단 합의 도출 능력을 함양하는 것이 요청된다. 따라서 사회과에서는 수업 상황에서 이러한 논쟁 문제를 다루는 것을 통해서 사회 문제에 대한 의사 결정 능력을 기르는 것을 강조한다. 논쟁 문제를 교수하는 목적은 학생들이 사회적으로 제기되는 논쟁문제에 대해서 관련된 지식과 이론을 학습하고 자신이 어떠한 입장을 선택하고, 자기가 선택한 입장을 정당화하고 옹호할 수 있는 능력을 갖도록 하는데 있다. 이러한 능력은 사실과 가치, 가정과 가설, 사실과 의견을 구분하고 상위의 가치와 하위의 가치의 관계를 인식하며, 추상적 가치를 구체적 상황에 맞게 해석하고 이러한 일련의 활동을 통해 가치 갈등을 해결하는 지성적 분석 능력을 갖는 것을 의미한다. 이러한 논쟁문제 해결을 위한 수업의 단계로는 (1) 문제 제기, (2) 가치 문제 확인 (3) 정의와 개념의 명확화, (4) 사실 확인과 경험적 증거, (5) 가치 갈등의 해결, (6) 비교 분석, (7) 대안 모색과 결과 예측, (8) 선택과 결론 등의 순서를 밟는다. 쟁점 문제를 다룸에 있어서 교사가 취할 수 있는 역할(Kelly)은 크게 네 가지로 나눌 수 있다.

가. 배타적 중립

학교는 다양한 사회집단에게 균형을 취해야 할 묵시적 의무를 가지고 있기 때문에 어떤 사회적 쟁점문제도 교육과정에 포함해서는 안 된다는 입장이다.

나. 배타적 편파

쟁점 문제에 관한 어떤 특정 관점만을 옳고 바람직한 것으로 제시하고 학생들이 이를 받아들이도록 유도하는 입장이다.

다. 중립적 공정

쟁점 문제와 관련된 다양한 관점을 제시하고 학생들이 적극적으로 토의에 참여하게 유도하지만 교사는 자신의 견해를 밝히지 않고 엄정 중립을 유지한다.

라. 공정한 참여

학생들과 동료적 입장에서 자신의 견해를 분명히 밝히고 토의에 참여하며 민주적 권위를 가지고 교육적으로 바람직한 방향에서 지도하는 입장이다.

그러면 과연 교사는 어떤 역할을 수행해야 되는가? 배타적 중립과 배타적 편파는 쟁점중심교육의 가정과 신념에 배치된다. 그러므로 교사의 역할로서는 중립적 공정과 공정한 참여가 고려의 대상이 된다. 각종 연구에 의하면 교사가 공정한 참여 역할을 하면 학생들의 사고력이 신장된다고 밝혀지고 있다.

2. 정보화에 대처하는 학습

정보화 사회는 정보 매체의 발달과 통신 능력의 극대화에 따른 정보의 역할 강화, 전세계적 정보 네트워크로 세계가 하나로 연결되는 지구촌 사회의 출현, 대의민주주의로부터 직접민주주의로의 전환 가능성의 증대 등을 특징으로 하고 있다. 정보의 폭증은 다양한 정보의 선택과 그에 따른 자아실현의 기회를 넓힐 수 있다는 긍정적인 측면이 있는 반면에, 정보의 홍수를 감당하지 못하는 데서 오는 혼란이나 부정확하고 저급한 정보의 무비판적 수용에 따른 부작용도 예상된다. 이와 같은 정보화 사회는 사회과 교육을 통해 함양되어야 할 민주시민의 자질 면에서 변화를 요구하고 있으며 이와 관련하여 사회와 세계의 이해를 위한 정보와 지식의 수집 및 활용 능력, 정확하고 신속한 정보에 기초한 합리적 의사결정능력과 사회참여능력이 강조되고 있다.

21세기 정보화 사회의 교육적인 패러다임의 변화와 공학적인 발전을 활용하여 교육개혁을 실현하고자 했던 많은 시도들이 '열광 - 과학적 지지 - 실망 - 비난'의 순환을 거듭했다는 것은 성공적인 ICT활용교육을 위해서도 주지해야 할 사실이다.

'교육매체는 교수를 전달하는 수단에 불과하며, 학생들의 학업성취에 영향을 주지 않는다.'는 주장과 함께, 학업에 영향을 주는 것은 교육매체에 담겨진 교과 내용과 교수·학습 전략이다. 실증적인 연구 결과나 이론에 바탕을 둔 철저한 처방 없이 단순히 첨단기술의 고효율, 빠름과 다기능, 정교함 등에 미혹되어 ICT활용교육을 무비판적으로 수용하는 것은 지양되어야 한다. 무비판적인 활용에만 관심을 가질 경우 인간과 인간의 만남을 통해서 이루어지는 교육 본연의 모습이 상실되는 전도된 모습을 보일 수 있다. 사회과에서 ICT활용교육이 학습자가 정보를 단순히 기억하고 저장하는 활동에서부터 탈피하여 정보를 창출하여 전달하는 지식의 구성 및 창출 활동까지 이루어져야 한다.

3. 세계화 – 지역화에 대응하는 학습

현대는 원심적 방향의 변화로서의 세계화와 구심적 방향의 변화로서의 지방화를 경험하고 있다. 학습자들이 지방이나 국가 발전뿐만 아니라 세계의 공존 번영에 적극적으로 관심을 갖고, 능동적으로 참여하도록 지도하는 것이 요구된다. 이와 관련하여 교수 – 학습 과정에서 학습자들이 세계시민, 국민, 주민으로서의 권리와 의무를 자각하고 세계, 국가, 지방의 관심사 등에 대해 적극적인 관심을 갖고, 문제 해결 및 의사결정 과정을 경험하도록 하는 것이 강조되고 있다. 견학, 조사, 자원인사초빙, 토론, 역할놀이, 컴퓨터 활용 등 다양한 교수 – 학습방법을 활용하여 세계. 국가, 지방에 있어서의 문제나 논쟁점 등에 대해 역사 및 사회과학의 통합적 관점과 다문화적 관점에서 접근하며, 다양하고도 구체적인 역사자료와 시사자료 등에 기초하여 합리적인 판단을 내리도록 하며 이를 통해 참여의식, 공동체의식, 개방의식, 민주적 의사결정 능력 등을 함양한다.

Ⅵ. 맺는말

교사의 생명은 수업이고, 교사의 전문성은 수업에서 나온다. 좀 더 나은 그리고 효과적인 사회과 수업을 어떻게 할 것인가 늘 생각하고 고민하면서 자신의 수업을 설계하고 스스로 반성하면서 다시 가다듬는 마음자세야말로 우리 교사가 교단을 떠나는 날까지 잊지 말아야 한다. 사회과 수업은 교사의 민주주의관, 사회관, 문화관에 따라 같은 내용이라도 다양한 형태의 수업으로 펼쳐지게 된다. 사회과의 대표적 쟁점 사항이라고 할 수 있는 내용주의 대 방법주의, 아동중심 대 교사중심, 전달식 수업 대 탐구 수업과 문제해결식 수업, 통합중심 대 분과중심 등 교사의 관점에 따라 수업의 성격은 완전히 달라진다. 훌륭한 요리사는 요리법의 절차에 따라 요리를 한다고 결정되는 것이 아니라, 요리에 대한 연구 열정과 새로운 요리에 대한 호기심, 자신만의 독특한 요리 성향을 갖추었을 때 가능하다고 한다.

제6장

사회과 교수 · 학습 자료의 제작과 활용

I. 사회과와 수업

사회과의 궁극적인 목표는 민주시민으로서 올바른 자질을 길러 주는 데 있으며, 바람직한 시민이란 사회생활을 하는 데 필요한 지식을 가지고, 인권존중, 관용과 타협의 정신, 사회정의실현, 공동체 의식, 참여와 책임의식 등의 민주적 가치와 태도를 함양하고, 나아가 개인적 · 사회적 문제를 합리적으로 해결하는 능력을 기름으로써 개인의 발전은 물론 국가, 사회, 인류의 발전에 기여할 수 있는 자질을 갖춘 사람이다.

따라서 사회과는 사회적 사실과 현상에 관한 지식을 발견하고 적용하는 데 필요한 사고력과 판단력을 신장하고, 이를 위하여 학습자가 다양한 탐구방법을 활용하여 스스로 탐구해가는 학습전략을 지향한다. 그러므로 논리적 사고력을 비롯하여 비판적 사고력, 창조적 사고력, 가치 판단력, 의사 결정력을 신장시킬 수 있는 교수 · 학습방법을 적용해야 한다.

그러므로 학교에서의 사회과 수업은 민주시민의 자질에 필요한 사회과 고유의 학문적 개념을 중심으로 학습자들이 사회현상을 이해하고 참여하도록 도와주는 데 있다.

그럼 어떤 수업이 사회과의 학습목표를 달성하는 데 가장 효과적인 사회과 수업일까? 우리 모두가 함께 고민해야 할 문제이다. 그래서 우리는 늘 사회과 수업을 하면서 아쉽고, 또 고민하고, 뿌듯해하고, 후회도 한다. 사회과 수업에 대해서 열정과 관심을 가지고 늘 고민하고 그 결과를 학생들과 시도해보고, 결과를 반성해서 또 시도하고 이런 노력들이 차곡차곡 쌓여서 자기 나름대로의 철학과 혼이 담긴 수업이 가장 효율적인 사회과 수업이 아닐까 생각한다.

Ⅱ. 사회과 수업구성의 내재적 원리

사회과의 목적이 올바른 사회인식의 형성에 토대한 바람직한 시민적 자질의 육성에 있다면, 사회과 수업은 이러한 목적을 달성하기 위한 수단이다. 사회과수업이란 사회인식의 형성을 위한 교육적 실천이다. 따라서 사회과 수업과정은 사회인식의 과정에 따라 계획될 수 밖에 없다. 그런데 사회인식 과정에 대한 견해가 하나가 아니라는 점에 유의할 필요가 있다. 사회인식론의 차이는 사회과수업관의 차이를 낳고, 사회과수업관의 차이에 따라 사회과수업의 구성 및 실천도 달라진다. 사회인식론은 크게 두 가지로 나눌 수 있다.

첫째, 인식 주체(학습자)의 체험, 경험 속에서 문제를 발견하고 그 문제해결을 위한 사고, 탐구의 과정 혹은 그 결과로 사회인식이 형성된다는 입장이다.

둘째는 인식 객체(사회현상 또는 그에 대한 지식)의 교수·학습을 통해 사회인식이 형성된다는 입장이다. 여기에는 사회에서 합의, 통용되는 일반적, 상식적 지식 및 가치를 가르쳐 사회 현상을 '이해'하는 것이 사회인식의 형성으로 이어진다는 견해와, 사회과학의 개념적 지식 및 방법의 탐구를 통해 사회현상을 '설명'할 수 있게 되는 것이 사회인식의 형성으로 이어진다는 견해가 있다.

권오정(1986)은 사회과 수업의 내재적 논리로 '이해'의 과정, '사고'의 과정, '설명'의 과정으로 나누어 제시하고 있다. 세 가지 내재적 논리는 좁게는 사회과 수업을 구성하는 교사의 관점을 제시하고, 넓게는 교사의 적극적 교육과정관을 제시하는 기준으로 작용한다.

가. '사고' 과정으로서의 사회과 수업과정

Dewey는 인식과 행위, 이론과 실천, 행동으로서의 마음과 행동의 수단으로서의 신체를 분리하여 파악하는 것을 거부한다. 오히려 경험과 주체와 내재적인 흥미, 욕구를 중심으로 일반적 원리와 객관적 지식 그리고 외재적인 진리가 통일되는 것으로 파악한다. 그러므로 지식이란 그 자체로서는 완전한 것이 될 수 없으며, 어린이의 생활 속에서 적용가능성을 지닐 때 의미를 갖게 된다. 어린이가 스스로 활동(경험)에 의미와 가치를 부여할 수 있는 유용성을

지닌 것이 진리이며, 객관적 조건이 진리결정의 기준이 될 수 없
게 된다. 그러므로 주체적 통일성, 구체적 유용성을 갖는 지식을
탐구하는 것이 '사고'이다. 사태가 불확실하고 의문스러울 때, 그
문제상황을 극복할 수 있는 방안을 찾아 시험적으로 행동해 보는
것과 그 결과 일어나는 것과의 관계를 인식하는 것이 '사고'인 것
이다. 그러므로 어린이가 사고(탐구)한다는 것은 그것이 비록 모든
사람들이 알고 있는 사실에 대한 것이라도 어린이 자신에게는 본
래적이고 독창적인 의미를 갖는다. 사고(탐구)의 과정은 지적 재구
성의 과정으로

① 불완전한 정황 속에서의 당황, 혼란, 의혹(문제상황)
② 해결해야 할 특수한 문제의 명확화와 신중한 분석(문제설정)
③ 가능상황의 시사나 가설(가설)
④ 제안된 가설의 논리적 결과에 관한 추리(추론)
⑤ 가설의 최종적 점검과 평가(실험)
⑥ 문제해결을 성취한 결정적 상황(보증된 언명)의 단계로 나아
   간다.

이러한 사고과정에 의한 수업은 학생이 흥미를 가질 수 있도록
실제의 경험적 장면을 제공하여야 하고, 그 장면에서 사고를 불러
일으키는 자극이 실제 문제와 관련되도록 하여 학생들이 문제 해
결에 필요한 정보를 가지고 관찰하여 해결책을 찾아, 스스로의 사
고결과를 적용하여야 한다는 논리이다. 이런 논리로 수업을 구성하
면, 학생들은 구체적이고 흥미로운 사실을 문제로 다루게 된다. 하
지만 이러한 논리는 보통 추상적이고 복잡한 내용을 구성하는 데
어렵다는 단점이 있다.

나. '이해' 과정으로서의 사회과 수업과정

이해는 인문사회과학의 독자적인 방법으로 Dilthy에 의해 확립된 인식론의 개념이다. 이해의 대상이 되는 것은 인간의 행위에 의해 만들어진 역사적, 사회적 현상으로 개인이나 집단의 존재, 제도, 조직, 생활양식, 법제, 경제, 종교, 학문 등이다. 이해의 대상은 인간 활동의 산물이므로 어떤 의도나 목적을 갖고 구성되어 있으며, 또 이것은 유기적으로 하나의 전체 관련 구조를 이루고 있다. 따라서 여기서의 수업은 어린이로 하여금 사회적, 역사적, 객관적 현상에 대하여 이해를 갖게 하는 과정이 곧 교수학습과정이다.

이해의 과정에 의한 사회과 수업은 지식과 태도를 동시에 형성할 수 있고, 사회현상을 종합적으로 학습할 수 있지만, 학생들이 실감할 수 없는 수업이 되고 이론 중심이나 도덕과적 사회과 수업이 되기 쉽다.

다. '설명' 과정으로서의 사회과 수업과정

여기에서 설명이란 통상적으로 사용하는 그대로의 사실을 자세히 진술한다는 의미가 아니라 '하나의 사실을 원리에 귀속시키는 일 또는 하나의 이론을 보다 일반적인 이론에 귀속시키는 일'을 이른다. 즉, 법칙이나 원리 혹은 이론을 가지고 사실이나 현상 간의 인과관계를 밝히려는 행위로써, '이해'가 의미하는 심리적 지향성을 배제하고, 이미 기록되어 있는 사실(자료)을 이해 가능케 하는 과학적 탐구과정 속에 있다. 사회과학에서의 설명은 보편성이 결여되고, 통제적 설명이 강해지기 쉬운데 이 방법으로서 교수·

학습과정은 보편적인 법칙과 이론을 가르치고자 한다. 그러나 초등학교 학생에게 어려운 이론을 가르치기는 불가능하여 '왜'라는 질문의 시작이 이해되지 못한 상황에서 전개될 수 있다. 이 논리로 사회과 수업을 구성하면 보다 객관적이고 확실한 개념적 지식을 획득하고 지식 탐구의 과정을 익힐 수 있지만 학생들 가운데 도태되는 수가 늘어날 것이고 국가적 요구에 충실하지 못하게 될 수도 있다.

이상의 세 가지 논리로서의 사회과 수업과정은 실제 하나의 과정으로 수업을 구성하지 않는다. 교사가 수업을 전개할 때에는 보다 다양하고 복잡한 요인이 상호관련을 맺으며 현대의 사회과 수업은 이러한 논리의 장·단점을 보완하여 조화롭게 구성되고 있다.

Ⅲ. 사회과 교수·학습 자료와 기준, 활용 원리

성장 발달의 정도가 다른 학습자들에게 학습동기를 유발시키고 문제의식을 지속하면서 의도한 교육목표를 달성하려면 다양하고 적절한 학습자료가 고안, 수집, 제작, 활용되어야 한다.

사회과 학습자료란 사회과 교수·학습과정에 투입되어 학생들의 학습동기를 유발하고 사회과의 학습내용을 이해시키며, 사고를 유발하는 등 사회과 학습목표에 도움이 되는 교구 및 구체물 일체를 말한다. 사회과 학습자료는 교수·학습과정에 의미있게 투입되어야 한다.

따라서 사회과 교수·학습에 있어서의 목표달성에 최적한 자료를 수집, 제작하여 교수·학습과정에 투입해야 한다. 유효한 학습자료의 판단 기준은 다음과 같다.

- 자료가 학습목표 달성에 효과적인 것인가?
- 자료가 학생들의 인지적인 성장과 정의적인 발달에 기여하는가?
- 자료가 교육과정을 충실하게 반영하고 있는가?
- 자료는 주제에 대하여 흥미를 유발시킬 수 있는가?
- 자료는 학생들의 비판적 사고와 문제해결 능력을 증진시킬 수 있는가?
- 자료는 현안문제, 특히 쟁점이 되고 있는 문제점들에 대하여 다양한 견해를 제시하고 있는가?
- 문제에 대한 처방은 대체로 오류와 편견이 없었는가?
- 자료는 학생들의 성장발달에 알맞은 것인가?
- 자료는 교과내용에 관한 최신의 것으로 정확하게 관련된 것인가?
- 자료는 쉽게 얻을 수 있는 것인가?

사회과 학습자료의 선정 기준을 교사 입장과 학습자 입장 그리고 자료 자체에 의미를 부여하는 의미적 기준으로 제시할 수도 있다.

가. 교사 입장에서의 선정 기준

- 학습 목표를 달성할 수 있도록 간절하면서도 복합적이어야 한다.
- 학생들의 발달 수준에 알맞고 객관성이 있어야 한다.
- 삽화는 내용이 정확하고 시의 적절하여야 한다.

- 주어진 시간 내에 소화가 가능하고 취급이 용이한 것이어야 한다.
- 공정하고 객관성이 높은 것이어야 한다.
- 제작할 때에는 경비가 적게 들고 노력과 시간의 소비가 적절하여야 한다.

나. 학습자 입장에서의 선정 기준

- 학습자의 성장발달 수준에 알맞은 것이어야 한다.
- 학습에 대한 동기 유발과 흥미를 가질 수 있는 것인지 고려해야 한다.
- 사고를 촉진하고 문제해결 의욕을 지속시킬 수 있어야 한다.
- 조작하고 재구성할 수 있는 기능적 요소가 포함되어야 한다.
- 친근감이 있고 감명을 주어야 한다.
- 어린이들이 주위에서 쉽게 구하고 재구성할 수 있어야 한다.
- 현장조사와 관련된 사항은 안전과 어린이의 활동능력에 알맞아야 한다.

다. 자료 의미면에서의 선정 기준

- 즉각적인 결론이 나지 않고 다양한 반응을 유발하는 것이어야 한다.
- 교육적 의미를 제시하며 실천적인 태도를 기르는데 도움이 되는 것이어야 한다.
- 내구성이 있어 활용도가 높아야 한다.

- 모양과 색채가 학생들의 인식 수준과 흥미에 알맞아야 한다.
- 사회과 학습 목표와 부합되어야 한다.
- 단답식이나 단순 암기식 활동보다 다양한 해결책이 나올 수 있어야 한다.
- 토의와 협력의 요소가 포함되어야 한다.

라. 사회과 학습 자료 활용의 원리

첫째, 학습보조자료를 풍부하게 제공한다. 교과서나 그림, 지도, 차트 및 흑판 등 학습자료가 없어도 수업은 가능하다. 그러나 학생들의 흥미를 유발하고 왕성하게 탐구적인 활동 욕구를 충족시켜 주기 위해서는 다양한 학습자료가 제공되어야 한다.

둘째, 선택된 학습 자료는 학습목표, 학습 내용 및 학생들의 성장발달단계에 부합되는가를 충분히 검토해야 한다. 손쉽게 구하여진 학습 자료를 바탕으로 학습 목표를 정하여 수업을 할 때에는 교육과정에 부합되는 교육 목표를 달성할 수 없고, 단순히 학생들의 흥미를 따라가는 학습 활동이 되기 쉽다. 학습 목표를 설정한 뒤에 그에 알맞은 학습 자료를 제작하여 구성·적용할 때 체계적이고 의도된 학습 목표를 달성할 수 있다.

셋째, 선택된 학습자료는 다양하게 활용하도록 한다. 창의적 교사는 그림 자료 하나라도 다양한 질문이나 보여주는 방법에 따라 학생들의 흥미를 유발하고 효과적으로 학습 목표를 달성할 수 있다. 그러므로 학습 자료의 특징을 고려하여 제시 방법과 시간, 대상을 정하도록 한다.

넷째, 학습자료의 출처를 확인하고 객관성과 공정성 유지에 노력한다. 통계, 측정 자료 등은 객관성과 공정성 및 사회성을 고려하여야 한다. 특히 통계 자료는 자료 산출 연도 등을 명확히 하여야 한다. 또한 사회적 인식 수준이나 국가적으로 합의되지 않는 이념이나 왜곡성의 시비가 있는 것은 교사의 주관적 의견이 들어가지 않도록 한다.

다섯째, 학습자료가 활용 기준에 부합되는가의 여부를 충분히 검토하여야 한다. 자료가 학습 목표 달성에 효과적인가? 자료가 학생의 인지적, 정의적 발달에 기여할 수 있는가? 논쟁점을 유발할 수 있는 것인가? 개념인 원리를 잘 설명하고 있는가?

Ⅳ. 사회과 교수 · 학습 자료의 종류

가. 읽기 자료

읽기 자료는 사회과 학습에 있어서 가장 전통적인 방법이며 기본적인 것이다. 앞으로도 폭넓게 계속 쓰일 것이며 묘사의 접근 방법에 따라 다양하게 활용할 수 있는 학습 매개물이다.

- 교과서와 사회과 탐구, 사회과 부도
- 신문 및 잡지류: 어린이 신문, 일간신문, 주간 신문, 지역신문
- 아동도서: 위인 전기집, 고전 문학, 에세이
- 참고서류: 백과사전, 어린이 참고서적, 국어사전

- 공공기관 홍보 자료, 연감, 통계, 연표
- 인터넷 신문
- 광고문

나. 시(청)각 자료

- 비디오, 교육방송, 라디오, 녹음자료, 슬라이드, 필름, 투시물
- 사진, 그림, 만화, 도표, 그래픽, 표본, 괘도, 지도, 지구본

다. 인적 자료

- 공공기관 관련인사: 교통경찰, 시의원, 소방대원, 보건소 등
- 지역사회 인사: 교과관련 지식 및 기능을 보유한 지역 인물, 향토사학자

라. 현장 학습 및 체험

- 역사적 자료: 박물관, 고궁, 성터, 사찰, 옛 건축물, 향교 등
- 자연 환경 답사지: 산, 강, 하천, 환경 오염지역 등
- 공공시설 현장 답사지: 구청, 동사무소, 의회, 은행, 구민회관, 백화점, 도서관, 청소년, 회관, 보건소, 병원 등
- 인공환경 현장 답사지: 도로, 교통 시설, 통신 시설, 공장, 빌딩 등
- 각종 행사: 구민(시민)축제, 지역 특색 활동, 음악회, 선거, 캠페인 등
- 체험 자료: 모형 제작, 지도(지구본), 제작, 실험 활동 등

- 역할극 꾸미기, 봉사 활동, 모의 회의(재판)

마. 정보 매체

- 컴퓨터 관련 매체: 인터넷, PC 통신, CD롬, CAI 자료 등
- 방송 및 통신 매체: 텔레비전, 케이블 TV, FAX 전화 등

V. 맺는말

효과적인 사회과 교수·학습은 그냥 이루어지는 것이 아니다. 사회과의 특성에 맞는 수업 방법을 선택하고 학습목표를 달성하는 데 가장 적합한 학습자료가 뒷받침될 때 이루어질 수 있다. 사회과 학습자료는 학습목표를 달성하는 데 도움이 되는 가장 최적의 자료가 가장 좋은 자료이다. 좋은 학습자료는 교사가 끊임없는 노력과 관심 그리고 열정을 가지고 지속적으로 수집·제작할 때 가능할 것이다.

끝으로 교사의 생명은 수업이고 교사의 전문성은 수업에서 나온다고 생각한다. 좀 더 나은 그리고 효과적인 사회과 수업을 어떻게 할 것인가 늘 생각하고 고민하면서 자신의 수업을 설계하고 스스로 반성하면서 다시 가다듬는 마음자세야말로 우리 교사가 교단을 떠나는 날까지 잊지 말아야 할 태도이다.

제7장

사회과 학습지도의 실제

Ⅰ. 사회과 수업이란?

'There is no royal road to teaching – learning'. '이런 수업, 저런
수업이 사회과의 학습목표를 달성하는 데 가장 효과적인 사회과
수업이다.'라는 것이 있다면 얼마나 좋을까? 그러나 결론은 없다.
그래서 우리는 학생들을 가르치면서 늘 아쉽고, 또 고민하고, 뿌듯
해하고, 후회도 한다. 과연 어떻게 하는 것이 사회과 수업을 잘하
는 것일까? 사회과 수업에 대해서 열정과 관심을 가지고 늘 고민
하고 그 결과를 학생들과 시도해보고, 결과를 반성해서 또 시도하
고 이런 노력들이 차곡차곡 쌓여서 자기 나름대로의 철학과 혼이
담긴 수업이 가장 효율적인 사회과 수업이 아닐까 생각한다. 사회
과를 지도하는 데 다양한 방법들이 있지만 여기에서는 현장학습,
지역화학습, ICT활용, 사회과 평가에 대하여 알아보고자 한다.

Ⅱ. 현장학습

21세기는 지식정보화 사회로 단순한 지식의 암기나 습득보다는 새로운 정보나 지식을 선별하여 활용하는 능력이 국가 경쟁력을 결정하는 사회이다. 흔히 '百聞이 不如一見', 'I hear, I forget. I see, I remember. I do, I understand'이다. 그럼 어떻게 준비하면 교육적으로 유용하고 효과적인 현장학습이 될까?

첫째, 사회과 교육과정 및 교과서 분석을 통한 현장학습 장소의 선정이다. 매년 2월초에 학년 및 학급교육과정을 편성할 때 교육과정과 교과서의 분석을 토대로 꼭 필요한 현장학습장소를 학기별로 선정·편성해야 한다.

둘째, 현장학습에 대한 학부모 및 학생의 요구조사이다. 선정된 현장학습장소를 바탕으로 학부모 및 학생들을 대상으로 요구 조사를 실시하여 반영한다.

셋째, 사전답사이다. 사전답사는 현장학습에서 가장 중요한 과정이자 꼭 이루어져야 하며, 사전답사는 2-3주전에 실시하는 것이 좋다.

넷째, 알고 떠나자. 현장학습장소에 대한 사전답사 결과를 토대로 동학년이 충분한 협의를 거친 뒤 협의된 사항들을 중심으로 철저한 사전지도를 실시한다. 사전지도는 전체적인 프로그램 소개 및 이동의 도상훈련을 실시하고, 현장학습장소에 대한 사전안내(홈페이지 또는 사전학습과제)를 해야 한다.

다섯째, 무엇을 볼 것인가? 욕심내지 말고 볼 것만 보자. 현장학습을 떠나는 중요한 목적이 학교에서 경험하지 못한 실제 상황들을 직접 경험해 봄으로써 학생들이 흥미를 느끼고 사회 현상에 대한 올바른 시각을 길러주는 데 있다.

그러므로 이제 줄줄이 사탕 현장학습, 모르는 말을 쓰다가 지쳐버리는 현장학습은 이제 그만하자. 가급적 체험활동 프로그램을 적극적으로 활용하고, 좀 더 안전하게 단체보험에 가입하고 떠나자.

여섯째, 다녀와서 무엇을 할까? 현장학습을 다녀와서 반드시 추후 지도가 이루어져야 한다. 특히 공중도덕 같은 것은 철저하게 사전 및 사후 지도가 이루어져야 한다. 현장학습을 통해서 얻은 학습에 관한 내용은 학생들의 흥미나 관심에 따라 다양한 방법(만화나 감사편지, 마인드맵, 삼행시, 작은 책자, 자기 평가 등)으로 정리하자.

아직도 현장학습은 '놀러 가는 것'으로 인식하는 학교장, 학부모 및 학생, 일반 사회의 인식이 바뀌지 않는 한 내실있는 현장학습을 기대하기는 어렵다.

'구더기 무서워 장 못 담글까'라는 속담이 있듯이 학교 밖에서 주로 이루어지는 학생들의 현장학습이 교사 입장에서는 많이 힘들고 어렵다. 어렵고 힘든 만큼 철저히 준비하고 실행하면 좋은 결과를 얻을 수 있다. 현장학습에 대한 과중한 업무부담은 동학년 교사와 행정실이 분담하여 나누고, 안전사고에 대한 책임은 국가가 마땅히 책임져야 좀 더 효율적인 현장학습이 될 수 있다. 그러나 현실적인 문제들이 이루어지지 않는다고 현장학습을 포기할 수는 없다. 현장학습도 중요한 학습활동이라는 사회 및 학부모들의 인식 확대, 적극적인 지원을 아끼지 않는 학교장과 행정실 그리고 교사가 합심하여 노력할 때 현장학습은 학생들에게 생기를 주고 흥미를 주는 활동적인 교육이 될 것이다.

요즈음 현장학습에 관한 모든 것(현장학습지 및 전문강사의 설명)을 제공하면서 운영하는 사설단체들이 늘고 있고, 현장에서 종종 활용하고 있다. 과연 여기에서 우리 교사가 담당해야 할 역할은 무엇인가? 이럴 때 교사의 모습은 학생들에게 어떻게 비춰질까? 초등학교 현장학습장소는 교사들에게 벅찰 정도로 많은 것을 요구하지도 않고 그럴 필요도 없다. 예를 들어, 역사유적지에 대한 많은 지식은 역사를 공부한 사람이 많이 알고 잘 알지만, 우리 교사는 학생들에게 유적지에 관한 내용 중에서 꼭 필요한 것만을 골라서 알려줄 수 있고 이해할 수 있게 지도할 수 있다. 이것이 바로 초등 교사의 전문성이다. 비록 현장학습이 어렵고 힘들지만 교육적으로 의미 있는 활동이라면 열심히 준비하고 고민하면서 좀 더 나은 방향을 찾아나가야 하지 않을까.

Ⅲ. 지역화 학습

일반적으로 교육과정의 지역화란 사회과의 학습 대상이 되는 사회적 사실과 현상을 지역에서 찾아 교재화하고, 학교의 여건, 학생의 심리적·사회적 배경까지를 학습내용에 편성하는 것을 뜻한다.

가. 소극적 의미의 지역화와 적극적 의미의 지역화

첫째, 소극적 의미의 지역화란 교육과정의 의사 결정권이 국가 수준에 부여되어 있어 지역이나 학교 수준에서 전개한 교육과정간의 간격을 가능한 한 좁히고 양자 간의 관계를 의미 있게 그리고 효율적으로 연계하기 위하여 국가 차원에서 전개된 교육 목표, 방법, 평가, 기타 운영 제도 등을 지역의 실정, 학교의 특수성, 학습자의 특성 등에 맞게 적합하게 재구성하는 것이라고 할 수 있다.

둘째, 적극적 의미에서의 지역화란 교육과정 제정이나 결정 권한을 지역, 즉, 교육 위원회나 교육청 또는 학교에서 가지고 있고 운영에 대한 최종적인 책임도 이들 지역에서 가지고 있다는 의미에서의 지역화를 말한다.

현행 사회과 교육과정에서의 지역화는 소극인 의미에서의 지역화를 추구하는 것이다. 3, 4학년 지역화 교과서는 소극적 의미의 지역화를 구현하기 위한 하나의 매개물이다. 즉, 교육과정의 지역화란 중앙 집권적 교육과정으로 인한 획일성, 경직성에서 벗어나 계획된 교육 목표와 교육 내용을 효율적으로 학습시키기 위해 지역 및 학교와 학생들의 실정 및 욕구에 맞게 재구성하여 운영하는 것을 의미한다.

나. 사회과 교육과정 지역화의 두 가지 유형

첫째, 내용의 지역화 곧 '지역에 대한(about the region)' 학습으로서의 지역화이다. 이는 각각의 지역에 분포하는 지리적, 역사적, 사회적 현상과 사실 자체에 대하여 교수·학습하도록 하고자 하는 의미에서의 지역화이다. 바꾸어 말하자면 학습자들로 하여금 우리 고장, 우리 지역에 대한 지식과 이해를 넓히기 위한 목적에서 이루어지는 지역화이다. 따라서 이러한 관점에서 사회과 교육과정을 지역화하는 경우 그 교재는 우리 고장, 우리 지역의 지리적, 역사적, 사회적 사실과 현상 전체를 체계적으로 담게 된다. 이러한 '내용의 지역화'는 곧 우리 고장, 지역을 사랑하는 마음, 고장과 지역의 문제를 해결함으로써 살기 좋은 고장과 지역을 만들어가고자 하는 가치·태도의 함양이라는 목적의 추구로 이어지게 된다. 이 유형의 사회과 교육과정의 지역화는 주로 3학년과 4학년 1학기에서 이루어지고 있다.

둘째, 방법의 지역화 곧 '지역으로써(by the region)' 학습한다는 뜻에서의 지역화이다. 사회과 교육과정이 교수·학습하도록 설정해 놓은 내용으로서의 지식, 기능, 가치·태도는 전국적으로 동일한 것이다. 그런데 교육과정에 규정된 내용 자체를 곧바로 교수·학습의 내용으로 삼을 수는 없다. 따라서 어떤 소재(素材)를 통하여 지식, 기능, 가치·태도를 학습하도록 하게 되는데, 이때 학습자에게 경험적, 심리적으로 가까운 생활 주변, 지역의 사실, 현상, 자원들을 내용으로 하여 이루어지는 것이 '방법의 지역화'이다. 바꾸어 말하자면 사회과 교육과정의 방법적 지역화는 교육과정이 규정하고 있는 내용을 가르치기 위하여 지역에 분포하고 있는 자원을 도구, 소재로 삼는 경우를 말한다. 이 유형의 사회과 교육과정 지역화는 특정한 학년이나 단원을 대상으로 한다기보다는 모든 학년에서 이루어져야 한다.

다. 현행 지역화 교과서(3학년과 4학년 1학기)의 성격과 활용방법

첫째, 현행 지역화 교과서는 '사회'교과서의 기본과정 및 보충·심화과정의 학습을 위한 지역사회의 자료와 지역탐구 및 지역사회 문제해결 활동으로 구성하며, 단원 구성은 '사회'교과서의 단원 및 주제명에 따라 구성하고, 제재 수준에서는 별도의 구성체제를 마련하여 '사회'교과서에 따라 일관성 있는 학습을 전개할 수 있도록 하였다. 또 '사회' 교과서의 단원, 주제, 제재에서 달성시키고자 하는 목표가 체계적으로 연계되도록 하고, 이러한 목표를 달성하는 데 가장 적절한 학습 자료와 학습 활동을 제시하고, '사회'교과서의 자기 주도적, 문제해결학습을 뒷받침할 수 있는 자료와 활동, 효과적으로 수행할 수 있는 구체적 자료와 활동을 안내하고 있다.

둘째, 3학년 지역화 교과서는 제6차에서는 지역 교육청별로 1·2학기로 나누어 2권으로 편찬했으나, 제7차에서는 1·2학기를 합본하여 1권으로 만들어졌으며, 주요내용은 사회 교과서 내용 중에서 지역화에 적합한 내용을 선정하여 자료 제시형으로 만들어졌다. 4학년 지역화 교과서는 각 시·도별로 '사회' 교과서를 학습해 나가는 데 활용되는 보조 교과서, 사회과 학습을 위한 보조 자료집으로 편찬되었다. 여기에서 유의할 점은 제7차 교육과정에 따른 지역화 교과서는 제6차 교육과정에 따른 4학년 1학기 지역화 교과서 운영의 문제점 즉, 지역화 교과서를 주 교과서로 활용한 결과 사회 교과서가 형식적 교재로 전락하고만 문제점을 되풀이할 수 없다는 인식에서 출발하여, 제7차 교과서에서는 4학년 1학기의 '사회'교과서와 지역화 교과서의 기능을 분명히 구별하여 제시하고

있다. 즉, 제7차 교육과정에 4학년 1학기 지역화 교과서는 어디까
지나 보조 교과서로 개발되고 교과서의 자료집으로서 활용되어야
한다. 그러므로 '사회'교과서를 주로 사용하고 지역에 필요한 자료
는 지역화 교과서를 최대한 활용해서 지도하도록 해야 한다.

　사회과 교육과정의 지역화란 국가 수준에서 의도하는 교육과정
과 지역이나 학교 수준에서 전개한 교육과정간의 간격을 가능한
한 좁히고 양자간의 관계를 의미 있게 그리고 효율적으로 연계하
기 위하여 국가 차원에서 전개된 교육목표, 방법, 평가, 기타 운영
제도 등을 지역의 실정, 학교의 특수성, 학습자의 특성 등에 적합
하게 재구성하는 것이다. 이러한 교육과정의 지역화를 통하여 교사
의 전문성을 제고하고, 지역사회의 변화와 요구를 탄력적으로 수용
하고, 지역 사회의 자원 활용을 용이하게 함으로써 교육의 효율화
를 기하고 더 나아가 사회과의 궁극적인 목적인 바람직한 시민의
자질을 육성하는 데 있다.

Ⅳ. 사회과 ICT 활용

　사회과 수업에서 ICT를 활용할 때는 가장 먼저 무엇을 생각하고
고민해야 될까? 당연히 사회과 수업목표을 달성하는 데 어떤 방법
과 교육매체가 가장 효과적인가이다. 현재 지나치게 비판받고 있는
교사 중심의 전통적인 사회과 수업도 수업의 전문가인 교사가 다
양하고 철저한 수업 전략을 세우고 여러 가지 교육매체들을 사용

하여 수업을 전개하면 ICT를 활용한 수업보다 훨씬 더 효과적인 수업이 될 것이다. ICT를 활용한 수업만이 사회과 수업의 만능은 아니다. ICT를 활용한 수업은 자칫 잘못하면 교사들의 탈숙련화(deskilling)를 가속시킬 수 있다. 탈숙련화란 전문가들의 전문 지식과 능력이 서서히 소멸된다는 뜻이다. 즉, 교사들의 교수·학습에 대한 능력이 점차 줄어든다는 것이다. ICT를 활용하면서 교사들은 수업을 '계획하고 고민하는 일'에 참여하지 않고 '실행'만 하게 된다. 소위 'Click Teacher'가 되어가고 있지는 않는지 고민해야 한다. 사회과에서 ICT를 활용한 수업에서 가장 중요한 것은 ICT활용교육이 사회과의 목표와 내용 및 특성을 충분히 고려하여 사회과의 교육목표를 달성하는데 정말로 효과적인가 하는 방향에서 접근해야 할 것이다. 21세기 정보화사회의 교육적인 패러다임의 변화와 공학적인 발전을 활용하여 교육개혁을 실현하고자 했던 많은 시도들이 '열광 – 과학적 지지 – 실망 – 비난'의 순환을 거듭했다는 것은 성공적인 ICT활용교육을 위해서도 주지해야 할 사실이다. 실증적인 연구 결과나 이론에 바탕을 둔 철저한 처방 없이 단순히 첨단 기술의 고효율, 빠름과 다기능, 정교함 등에 미혹되어 ICT활용교육을 무비판적으로 수용하는 것은 지양되어야 한다. 무비판적인 활용에만 관심을 가질 경우 인간과 인간의 만남을 통해서 이루어지는 교육 본연의 모습이 상실되는 전도된 모습을 보일 수 있다. 사회과에서 ICT활용교육이 학습자가 정보를 단순히 기억하고 저장하는 활동에서부터 탈피하여 정보를 창출하여 전달하는 지식의 구성 및 창출 활동까지 이루어져야 한다. ICT활용교육이 정부의 일방적이고 반강제적인 하향 전달식의 '보여주기식'의 정책이 아니라, 일선 교육의 현장에서 가슴으로 고뇌하고 머리로써 자신의 경험을 부단히 정리하고 있는 교사들의 생생한 경험을 바탕으로 체계적이고 유기적인 시각으로 접근할 때 해결의 대안을 찾을 수 있을 것이다. ICT활용교육이 모든 교육문제를 해결해 주는 유토피아적 장치가 아니라 특정 부분에서만 교육적 장점이 있다는 것을 인식할 필요가 있다. 아울러 ICT활용교육으로 인한 정보 접근성의 차이에서 발생하는 정보소외현상과 학생들의 인지발달단계를 고려하여 활용하는 지혜가 요구된다.

V. 사회과 평가

사회과에서 강조되는 사고력, 의사소통능력, 참여기능 및 태도를 측정하는 것은 지필검사만으로는 불가능하다. 과거 지식중심의 암기력 평가에서 벗어나 사회과 본래의 목적을 어느 정도 달성했는가의 여부를 평가하는 새로운 방법의 하나가 수행평가이다. 그러나 수행평가만이 평가의 모든 문제를 해결할 수는 없다. 다양한 평가 방법과 기법들이 활용될 때 효과적인 사회과 평가가 이루어질 것이다. 교사는 수행평가가 일회성과 단기성을 넘어서서 지속성과 일상성을 속성으로 한다는 것을 이해하고 장기적인 수행평가 계획을 세워야 한다. 사회과 평가의 각 영역과 절차를 살펴보면 다음과 같다.

가. 사회과 평가의 영역

첫째, 지식 영역이다. 사회과에서 다루는 지식에는 사실적 지식과 기본 개념·일반화가 있다. 사실적 지식이란 특정 공간과 시간에 일어난 사건에 관한 지식을 말한다. 종전의 사회과는 이러한 사실에 관한 지식을 주로 평가해 왔다. 그러나 사실에 관한 지식은 여러 현상을 설명해 주지 못하며 그 수명 또한 짧다. 따라서 이보다는 상위 수준의 지식을 평가하도록 노력해야 한다. 개념과 일반화는 사실보다는 상위의 지식으로 사실적 지식보다는 적용 가능성이 크며 사회과 평가에서 중요하게 다루어져야 할 부분이다. 사고력을 암기, 이해, 적용, 분석, 종합, 평가로 나누어 본다면, 앞에 있는 것일수록 저급한 사고이고 뒤에 있는 것일수록 고급의 사고력이라고 간주되고 있다. 결국, 개념과 일반화 중심으로 평가를 해야 한다는 것은 고급의 사고력 위주로 평가를 해야 한다는 말과 같은 뜻이다. 개념과 일반화를 평가하는 방법으로 지필 평가도 있고 관찰 평가의 방법도 있지만, 과거처럼 지필 평가에 지나치게 의존했던 관행은 고쳐져야 할 것이다.

둘째, 기능 영역이다. 사회과에서의 기능은 지도와 지구본을 그리거나 볼 줄 아는 기능, 연표를 읽거나 작성할 줄 아는 기능, 도표에 관계되는 기능, 원활하게 의사소통을 할 줄 아는 기능이 전통적으로 중요시 되어왔고, 최근에는 정보 처리 기능도 강조되고 있다. 기능 영역은 그 성격상 지필 평가보다는 실제 기능을 실연하는 기회를 포착하여 과정 속에서 관찰과 같은 방법으로 평가하는 것이 바람직하다.

셋째, 가치·태도 영역이다. 가치·태도 영역은 사회과에서 중요한 목표이지만, 평가하기 매우 어려운 영역이다. 일반적으로 태도는 행동의 어떤 성향을 나타낸다고 할 수 있다. 예를 들어 '집단 내에서 다른 사람을 이해하는 태도'는 다른 사람의 행위에 대하여 일관성 있게 관용적인 표정 등을 나타내는 행위를 말한다. 태도는 가치에 비해 어느 정도 겉으로 드러나는 성격을 가지고 있고 이에 반해 가치는 인격의 내부에 있기 때문에 밖으로 잘 드러나지 않는다. 가치·태도 영역의 평가 방법으로는 평소 꾸준히 관찰하는 것이 바람직하다. 평가 대상자가 평가를 의식하면 그 본래의 가치를 알아내기 어려우므로, 학생들이 의식하지 못하는 가운데 관찰이 이루어지는 것이 바람직하다.

나. 사회과 평가의 절차

첫째, 교육과정의 이해 및 성취기준의 구체화이다. 평가를 하기 위해서는 먼저 교육과정상의 목표를 숙지할 필요가 있다. 매 시간을 교수·학습해 나갈 때는 교육과정을 더 구체화하여 목표를 분명히 할 필요가 있는데 이를 성취기준이라 한다. 즉, 성취기준이란 교수·학습 활동에서 실질적인 기준 역할을 할 수 있도록 국가 수준의 교육과정을 구체화하여 학생들이 성취해야 할 능력 혹은 특성의 형태로 진술한 것이다. 성취기준은 내용과 활동 수행의 두 가지 요소를 포함하고 있다. 내용은 교수·학습의 대상이며, 활동 수행은 그 내용에서 학생이 실제로 보여주어야 할 행동을 말한다.

둘째, 평가기준의 명료화이다. 성취기준이 구체화되면 평가기준

을 정한다. 평가기준은 교사가 평가 문항 및 평가 상황의 내용과
수준을 결정할 때에 지침의 역할을 한다. 평가기준을 명료화하기
위해서는 각 평가 영역에 대해 학생들의 성취 정도를 상·중·하
의 수준으로 나누고 각 수준의 의미를 밝히며 그것들의 근거를 찾
아간다.

셋째, 평가도구의 개발이다. 평가기준이 정해지고 나면 이에 따
라 각 내용별로 평가도구를 개발한다.

넷째, 평가결과의 활용이다. 평가결과는 학생의 학업 성취 정도,
심화와 보충의 필요성, 교사 자신의 교수에 대한 검토의 자료로
다음 사회과 수업에 반영되어야 한다.

다. 수행평가의 방법

수행평가는 수행과제의 성격에 따른 연속선상에서 볼 때 단순한
반응 문항에서부터 장시간에 걸친 누적된 작품모음에 이르기까지
다양하다. 사회과에서 효율적인 수행평가를 위하여 교사는 먼저,
사회과의 한 단원에서 가르치고자 하는 것이 무엇인지 그 목표와
내용을 선정한다. 이 때 사회과 주요 내용은 교육과정에 제시된
사실, 개념, 쟁점이 되는 사회 현상들이다. 다음으로는 이렇게 선
정한 내용에 대해 학습자가 수행해 주기를 기대하는 것이 무엇인
지 결정하여야 한다. 즉, 교사는 내용 지식을 어떻게 활용해야 제
대로 학습했다고 할 수 있는지 교사가 판단할 수 있는 활동을 선
정해야 한다. 이러한 기초적인 작업 이후에 수업과 평가를 위해
평가 상황을 어떻게 구성해 나갈 지에 대한 전략을 세워야 한다.

전략은 소재 도입에서 시작되며 사회과의 소재는 통계, 지도, 사료 등 실제 상황을 반영하는 자료에서 추출하게 되고 소재를 선택한 후에는 과제의 성격에 맞도록 평가 방법을 연결시켜야 한다. 현재 널리 사용되고 있는 평가방법에는 주관식검사(서술형, 논술형 등), 구술시험, 관찰법, 작품전시, 실험·실습, 면접법, 포트폴리오, 조사보고서 등이 있다.

라. 사회과 수행평가의 과정

사회과 수행평가는 평가의 일반적 절차에 준하여 수행과제 선정 → 평가목표 추출 → 평가문제 개발 → 평가기준 작성 및 제시 → 평가 실시 → 평가 결과 해석 및 활용 등의 순서로 이루어진다. 평가 과정에서 고려해야 할 사항을 정리하면 다음과 같다.

단 계	내 용
수행과제 선정	·학습 목표를 분석하여 수행평가에 적합한 과제를 제시한다. ·수행 과제는 평가 유형과도 긴밀히 연결되어야 한다.
평가목표 추출	·평가 목표는 학습 목표를 응용하여 설정하되, 가급적 학생들이 이해하기 쉽도록 행동 용어로 진술한다.
평가문항 개발	·수행 과제를 좀 더 구체화하여 평가 문제로 명확하게 제시한다. ·학생들의 미래의 수행정도를 예측 가능하도록 평가문제를 작성한다.
평가기준 작성	·평가 기준은 학생 수행의 질에 대하여 평가자가 판단하는 준거로서 학생들의 반응을 예측하고, 이를 어떻게 평가할 것인지를 구체적으로 진술한다.
평가결과 활용	·평가 과정이 교사뿐만 아니라, 학생 개인, 동료 친구들과 함께 이루어지도록 한다. ·수행평가의 목적에 따라 평가 결과는 진단평가, 형성평가, 총괄평가 등에 활용될 수 있다.

Ⅵ. 맺는 글

교사의 생명은 수업이고, 교사의 전문성은 수업에서 나온다. 좀 더 나은 그리고 효과적인 사회과 수업을 어떻게 할 것인가 늘 생각하고 고민하면서 자신의 수업을 설계하고 스스로 반성하면서 다시 가다듬는 마음자세야말로 우리 교사가 교단을 떠나는 날까지 잊지 말아야 한다.

> ## 제8장
사회과 인간과 시간 영역 학습지도의 실제

Ⅰ. 들어가는 말

'수업에는 왕도가 없다.' 또는 '수업은 예술이다.' 라는 말을 자주 듣는다. 예술 작품의 특징은 독창성과 창조성에 있다. 즉, 교사가 늘 행하고 있는 어떤 수업도 똑같을 수 없다는 측면에서 볼 때 수업은 예술이고, 교사는 예술가이다. 예술가가 하나의 작품을 만들기 위해 끊임없이 생각하고 손끝 하나 하나에 모든 열정을 쏟듯 우리 교사 또한 이러한 자세로 수업에 임해야 한다.

자신의 수업을 하나의 창조적 작품으로 만들어 보려는 마음으로 수업에 임할 때 수업은 성공할 가능성이 많아지며, 수업을 마친 후 성취감도 느낄 수 있을 것이다. 그 동안 우리는 많은 사회과 수업 연구와 연구학교의 수업 공개를 참관하고 또 연수를 받고 있다. 그러나 양적인 증가만큼 사회과 수업의 질이 나아졌다고 단정하기는 어렵다. 초등 사회과의 특성이나 학습자에 대한 깊은 이해도 없이 요즈음 유행하는 소위 열린 학습, 문제중심학습, ICT 활용 또는 사회과의 고유한 특성을 무시한 채 수업 기법만 뛰어난 교사들의 수업을 모방하면서 사회과 수업의 질 개선을 이룬 것처럼 생각하는 경향은 없는가?

그러나 사회과는 다양한 학문 영역이 통합되어 있는 교과이며 변화하는 사회 현상을 학습 대상으로 하고 있는 교과이다. 따라서 가장 중요한 것은 '사회과다운 사회과 수업'이 이루어져야 한다.

결론부터 말하면 초등 사회과에 관심과 열정을 가지고 늘 고민하고 그 결과를 학생들과 시도해보고, 또 반성하고 수정해서 다시 시도하고 이런 노력들이 자신의 몸에 차곡차곡 쌓여서 자기 나름대로 사회과 수업에 대한 노하우(철학과 혼)가 담긴 수업이 가장 효과적인 사회과 수업이 아닐까?

II. 다양한 역사 수업의 실제

1. 현장학습

21세기는 지식정보화 사회로 단순한 지식의 암기나 습득보다는 새로운 정보나 지식을 선별하여 활용하는 능력이 국가 경쟁력을 결정하는 사회이다. 흔히 '百聞이 不如一見', 'I hear, I forget. I see, I remember. I do, I understand'이다. 그럼 어떻게 준비하면 교육적으로 유용하고 효과적인 현장학습이 될까?

첫째, 사회과 교육과정 및 교과서 분석을 통한 현장학습 장소의 선정이다. 매년 2월초에 학년 및 학급교육과정을 편성할 때 교육과정과 교과서의 분석을 토대로 꼭 필요한 현장학습장소를 학기별로 선정·편성해야 한다.

둘째, 현장학습에 대한 학부모 및 학생의 요구조사이다. 선정된 현장학습장소를 바탕으로 학부모 및 학생들을 대상으로 요구 조사를 실시하여 반영한다.

셋째, 사전답사이다. 사전답사는 현장학습에서 가장 중요한 과정이자 꼭 이루어져야 하며, 사전답사는 2-3주전에 실시하는 것이 좋다.

넷째, 알고 떠나자. 현장학습장소에 대한 사전답사 결과를 토대로 동학년이 충분한 협의를 거친 뒤 협의된 사항들을 중심으로 철저한 사전지도를 실시한다. 사전지도는 전체적인 프로그램 소개 및 이동의 도상훈련을 실시하고, 현장학습장소에 대한 사전안내(홈페이지 또는 사전학습과제)를 해야 한다.

다섯째, 무엇을 볼 것인가? 욕심내지 말고 볼 것만 보자. 현장학습을 떠나는 중요한 목적이 학교에서 경험하지 못한 실제 상황들을 직접 경험해 봄으로써 학생들이 흥미를 느끼고 사회 현상에 대한 올바른 시각을 길러주는 데 있다.

여섯째, 다녀와서 무엇을 할까? 현장학습을 다녀와서 반드시 추후지도가 이루어져야 한다. 특히 공중도덕 같은 것은 철저하게 사전 및 사후 지도가 이루어져야 한다. 현장학습을 통해서 얻은 학습에 관한 내용은 학생들의 흥미나 관심에 따라 다양한 방법(만화나 감사편지, 마인드맵, 삼행시, 작은 책자, 자기 평가 등)으로 정리하자.

'구더기 무서워 장 못 담글까'라는 속담이 있듯이 학교 밖에서 주로 이루어지는 학생들의 현장학습이 교사 입장에서는 많이 힘들고 어렵다. 어렵고 힘든 만큼 철저히 준비하고 실행하면 좋은 결과를 얻을 수 있다. 현장학습에 대한 과중한 업무부담은 동학년 교사와 행정실이 분담하여 나누고, 안전사고에 대한 책임은 국가가 마땅히 책임져야 좀 더 효율적인 현장학습이 될 수 있다. 현장학습도 중요한 학습활동이라는 사회 및 학부모들의 인식 확대, 적극적인 지원을 아끼지 않는 학교장과 행정실 그리고 교사가 합심하여 노력할 때 현장학습은 학생들에게 생기를 주고 흥미를 주는 활동적인 교육이 될 것이다. 비록 현장학습이 어렵고 힘들지만 교육적으로 의미 있는 활동이라면 열심히 준비하고 고민하면서 좀 더 나은 방향을 찾아나가야 하지 않을까.

2. 인물학습

역사상의 중요한 인물을 중심으로 역사를 가르치고자 하는 교수·학습 방법으로 인물의 생애와 가치관, 업적 등과 더불어 그 인물이 처한 사회 및 시대적 배경을 균형 있게 다루는 것이 중요하다. 인물학습은 학생들로 하여금 보다 친밀감 있게 역사에 접근할 수 있는 계기를 마련하며, 역사에 대한 관심과 판단력을 길러서 역사 내면의 이해를 가능하게 하며, 편협한 인간관을 시정하고 보다 넓은 시야에서 인간을 보는 안목을 길러 준다. 한 인물을 그들이 살던 시대적 배경 및 역사발전과 관련시켜 이해함으로써 그 인물과 당시의 정치권력과의 관계, 문화발달 등과 관련시켜 그 인물의 본질을 이해하게 하는 한편, 그 인물이 속한 당시의 정치적,

사회적, 경제적 및 문화적 상황을 살펴보아야 한다. 인물학습의 다양한 형태로는 토론식 수업, 역할극, 글쓰기 수업이 있다.

인물학습에서 인물 선정의 기준은

- 정치적 영도자로 국가의 발전을 이룩한 인물
- 국가의 위기를 맞아 국난을 극복하는 데 공을 세운 인물
- 문화 활동으로 민족의 슬기를 펴낸 인물
- 학문 활동을 통해 학문 발달에 이바지한 인물
- 과학 기술로 민족의 생활을 증진시킨 인물

인물을 선정할 때는 군주, 정치가, 장군 등의 인물들만 선정할 것이 아니라, 경제, 사회, 학문, 예술 등의 분야에서 역사적 인물들 그리고 여성도 선정해야 한다. 아울러 현존하는 인물 중에서 그 대상을 엄격히 선정하여 인물 학습을 실시하면 학생들에게 보다 친밀감 있고 생동감 있는 수업을 진행할 수도 있을 것이다.

인물학습을 지도할 때 유의할 점은

첫째, 몇몇 인물을 지나치게 강조함으로써 편협한 견해에 빠지지 않도록 한다.

둘째, 인물에 대해 단순한 나열이나 업적 제시로 그치지 말고 그 인물을 통해 시대적, 사회적인 상황을 알도록 하며, 현재의 국가 사회적 당면 과제의 해결에 보다 중점을 두는 방향으로 지도한다.

셋째, 지나친 민족적 감정에 기울지 않게 함으로써 학생들로 하여금 역사적 사고력과 비판력 및 자료 처리 능력을 길러서 객관적이고 공정한 인물의 파악과 역사의 이해가 가능하도록 지도해야 한다.

3. 사료 학습

역사 학습에서는 역사적 사실의 암기를 위주로 하는 지식 위주의 역사 교육을 보완하기 위하여 문헌 및 유물 조사, 유적 조사의 활동이 특히 강조되어야 한다. 역사 연구 방법을 나타내는 이러한 활동을 일컬어 사료학습이라고 한다. 이를 좀 더 구체적으로 진술하면 사가가 역사학을 연구하는 형태를 교실 안에 옮겨 놓음으로써 학생들에게 역사를 체험시키는 방법의 하나이다.

사회과 학습에서 역사적 자료, 즉 사료를 활용하는 가장 큰 이유는 역사적으로 생각하는 방법을 가르칠 수 있다는 것이다. 역사가들은 특징적인 역사적 방법이 있다고 주장하는데, 그것은 연구 방법이라기보다는 사고의 방법이다.

초등학교에서 사료학습을 적용할 때는 학생들이 이해하기 쉽도록 재수정한 2차적 사료를 적용하여야 할 것이다. 사료의 중요성에도 불구하고 대부분의 사료가 한문으로 쓰여져 있어 학생은 물론 교사가 해독하는 데도 어려움이 많고 게다가 구하기도 어려워 초등 현장에서 적용하는 데는 거의 불가능하기 때문이다. 초등학교에서 활용할 수 있는 사료학습의 자료에는 고지도, 옛 그림 등을 들 수 있다. 이들 자료를 투입할 때는 학생의 이해를 도울 수 있는 보조학습지나 보조 사료를 함께 제시하는 것이 바람직하다.

4. 자원인사 초빙학습

자원인사 초빙학습이란 학습시키고자 하는 내용 및 상황에 대하여 교사보다 잘 알고 있거나, 전문적인 지식 또는 풍부한 경험을 가지고 있는 그 분야의 실제적 인물을 초빙하여 학습에 활용하는 방법이다. 3학년 사회과를 지도할 때 고장을 잘 알고 있는 구청이나 동사무소, 향토 역사 전문가를 초빙하여 '우리 고장에 유래 등'을 듣는 것과 같은 학습이다. 자원인사 초빙학습은 학생들이 자원인사와 직접 대면하여 궁금한 것을 질문하고 보충 설명을 들을 수 있으며, 화제의 방향을 융통성 있게 조절함으로써 학생들의 호기심과 흥미를 유발할 수 있다. 자원인사 초빙학습의 과정은 대체로 학습문제의 결정 → 자원인사의 선정 → 자원인사와 교섭 및 협의 → 학습목표의 재확인 → 자원인사 이야기 청취 및 질의 응답 → 학습

정리 순으로 진행한다. 유의할 점은 자원인사가 이야기할 내용을 미리 당해 학습목표에 맞게 협의·조정해서 확정하고, 학생들이 알아들을 수 있도록 쉽고 재미있게 이야기를 해야 하고, 실제로 근무하는 복장을 입고 오는 것이 더욱 효과적이다.

Ⅲ. 4학년 지역화 수업 방법 및 사례

1. 지역화 학습

일반적으로 교육과정의 지역화란 사회과의 학습 대상이 되는 사회적 사실과 현상을 지역에서 찾아 교재화하고, 학교의 여건, 학생의 심리적·사회적 배경까지를 학습내용에 편성하는 것을 뜻한다.

가. 소극적 의미의 지역화와 적극적 의미의 지역화

첫째, 소극적 의미의 지역화란 교육과정의 의사 결정권이 국가 수준에 부여되어 있어 지역이나 학교 수준에서 전개한 교육과정간의 간격을 가능한 한 좁히고 양자 간의 관계를 의미 있게 그리고 효율적으로 연계하기 위하여 국가 차원에서 전개된 교육 목표, 방법, 평가, 기타 운영 제도 등을 지역의 실정, 학교의 특수성, 학습자의 특성 등에 맞게 적합하게 재구성하는 것이라고 할 수 있다.

둘째, 적극적 의미에서의 지역화란 교육과정 제정이나 결정 권한을 지역, 즉, 교육 위원회나 교육청 또는 학교에서 가지고 있고 운영에 대한 최종적인 책임도 이들 지역에서 가지고 있다는 의미에서의 지역화를 말한다.

현행 사회과 교육과정에서의 지역화는 소극적인 의미에서의 지역화를 추구하는 것이다. 3, 4학년 지역화 교과서는 소극적 의미의 지역화를 구현하기 위한 하나의 매개물이다.

나. 사회과 교육과정 지역화의 두 가지 유형

첫째, 내용의 지역화 곧 '지역에 대한(about the region)' 학습으로서의 지역화이다. 이는 각각의 지역에 분포하는 지리적, 역사적, 사회적 현상과 사실 자체에 대하여 교수·학습하도록 하고자 하는 의미에서의 지역화이다. 바꾸어 말하자면 학습자들로 하여금 우리 고장, 우리 지역에 대한 지식과 이해를 넓히기 위한 목적에서 이루어지는 지역화이다. 따라서 이러한 관점에서 사회과 교육과정을 지역화하는 경우 그 교재는 우리 고장, 우리 지역의 지리적, 역사적, 사회적 사실과 현상 전체를 체계적으로 담게 된다.

둘째, 방법의 지역화 곧 '지역으로써(by the region)' 학습한다는 뜻에서의 지역화이다. 사회과 교육과정이 교수·학습하도록 설정해 놓은 내용으로서의 지식, 기능, 가치·태도는 전국적으로 동일한 것이다. 그런데 교육과정에 규정된 내용 자체를 곧바로 교수·학습의 내용으로 삼을 수는 없다. 따라서 어떤 소재(素材)를 통하여 지식, 기능, 가치·태도를 학습하도록 하게 되는데, 이때 학습자에게 경험적, 심리적으로 가까운 생활 주변, 지역의 사실, 현상,

자원들을 내용으로 하여 이루어지는 것이 '방법의 지역화'이다. 사회과 교육과정의 방법적 지역화는 특정한 학년이나 단원을 대상으로 한다기보다는 모든 학년에서 이루어져야 한다.

다. 현행 지역화 교과서(3G, 4G)의 성격

현행 지역화 교과서는 '사회'교과서의 기본과정 및 보충·심화 과정의 학습을 위한 지역사회의 자료와 지역탐구 및 지역사회 문제해결 활동으로 구성되어 있다. 3학년 우리 고장의 생활은 1, 2학기를 합본하여 1권으로 만들어졌으며, 주요 내용은 사회 교과서 내용 중에서 지역화에 적합한 내용을 선정하여 자료 제시형으로 만들어졌다. 4학년 서울의 생활은 '사회' 교과서를 학습해 나가는 데 활용되는 보조 교과서, 사회과 학습을 위한 보조 자료집으로 편찬되었다. 유의할 점은 제7차 교육과정에 4학년 1학기 지역화 교과서는 어디까지나 보조 교과서로 개발되고 교과서의 자료집으로서 활용되어야 한다. 그러므로 '사회'교과서를 주로 사용하고 지역에 필요한 자료는 지역화 교과서를 최대한 활용해서 지도하도록 해야 한다.

2. 4학년 지역화 수업 방법(사례)

가. 4학년 1학기 사회 교과서(14~15쪽)

② 지도를 이용하여 알아보자.

● **우리 시 · 도의 여러 가지 모습을 지도로 알아보자.**

규성이가 어머니와 함께 열차를 타고 이모님 댁을 가면서 규성이가 이모님 댁으로 가는 철도부터 찾아보고, 호수와 다른 길로 찾아보았다.(하단에 충청북도 교통지도 제시) 규성이네 고장의 인구가 58만 명인데 다른 시 · 도의 인구가 궁금해서 사회과부도와 향토지, 컴퓨터 통신자료를 이용하여 알아보는 내용이다(아래에 충청북도 각 시 · 군의 인구 통계표와 인구 분포도가 제시된다.).

> 지도에는 여러 가지 종류가 있고, 활용하는 목적에 따라 다른 지도를 활용하고, 지도를 읽는 기능을 익힌다.

구체적인 내용은 고장의 교통지도를 통해서 여러 가지 교통수단과 교통망 등을 배우고(14쪽), 인구분포도를 통해서 우리 고장의 인구를(15쪽) 알 수 있다. 그리고 지도는 보는 기능을 가르쳐야 한다.

나. 서울의 생활

지도로 배우는 서울의 모습이란 제목으로 서울의 주요 철도와 지하철을 색칠해보는 서울의 교통망 지도가 제시되어 있고(14쪽),

서울과 주변의 교통도와 항공로가 제시되고, 지도를 사용하면 편리한 예(관광안내도, 인구분포도, 교통지도, 학생들 작업)를 삽화와 함께 제시하고(15쪽), 인구분포도로 알아본 서울의생활이란 주제로 구별 인구수와 인구분포도가 제시되어 있다(16 - 17쪽).

다. 적절한 조사학습 과제

교통지도를 통해서 서울의 모습을 볼 때는 학생들이 사는 주변에서 가장 가까운 지하철역은 무엇이고, 몇 호선이며, 언제 생겼는가 조사하기. 또 가능한 학생들 대상으로 지하철 노선도를 가져오거나 서울지하철공사(1, 2, 3, 4호선)와 도시철도공사(5, 6, 7, 8호선) 사이트 안내하기

Ⅳ. 맺는말

똑같은 교수·학습 과정안으로 수업을 해도 수업자와 학습자·교육 환경·자료의 질 등 여러 변인에 따라 수업은 성공할 수도 실패할 수도 있다. 중요한 것은 가르침에 대한 열정이고 정보를 공유하는 열린 마음이다. 내가 개발한 수업 방법만이 항상 최고일 수는 없다. 훌륭한 교수·학습 방법이나 학습 자료, 관련 사이트 등은 다른 교사들과 함께 나누려는 마인드가 필요하다. 내가 알고 있는 것을 다른 교사에게 이야기해 주고, 다른 교사가 활용한 좋

은 방법을 내 수업에도 적용해 보는 열린 사고를 가질 때, 내 학급뿐만이 아닌, 우리 교육 전체가 같이 발전하게 될 것이다.

　교사의 생명은 수업이고, 교사의 전문성은 수업에서 나온다. 좀 더 나은 그리고 효과적인 사회과 수업을 어떻게 할 것인가 늘 생각하고 고민하면서 자신의 수업을 설계하고 스스로 반성하면서 다시 가다듬는 마음자세야말로 우리 교사가 교단을 떠나는 날까지 잊지 말아야 한다.

참고문헌

1. 권오정 외, 2006. 「사회과교육학의 구조와 쟁점」, 교육과학사.
2. 권오정, 1994). "국제화: 왜 사회과가 달라져야 하는가", 「사회과교육」 제27호. 한국사회과교육연구학회.
3. 교육부, 1999. 「초등학교 교육과정 해설 (Ⅲ)」, 대한교과서주식회사.
4. 교육인적자원부, 2006. 다문화가정 자녀 교육지원 대책.
5 교육인적자원부, 2007. 다문화가정 자녀 교육지원 계획.
6. 교육인인적자원부, 2007. 「사회과 교육과정」, 교육인적자원부고시 제 2007 - 79호.
7. 교육과학기술부, 2008. 「초등학교 교육과정 해설 (Ⅲ)」.
8. 김인식 외, 2004. 「수업 설계의 원리와 모형 적용」, 교육과학사.
9. 남호엽, 2007. 「사회과교육입문」, 교육과학사.
10. 문화재청, 2000. 「문화재교육의 이론·방법 및 실제」.
11. 박상준, 2006. 「사회과교육의 이론과 실제」, 교육과학사.
12. 박인학, 2004. 「교사를 위한 교재연구 및 지도법의 이해」, 교육과학사.
13. 이동원, 2008. "2007년 개정 초등 사회과 교육과정의 논쟁점과 과 제", 「사회과교육연구」제15권 2호, 한국사회교과교육학회.
14. 이종일, 2001. 「과정중심 사회과교육」, 교육과학사.
15. 이종일, 2006. 「사회과 탐구와 교사 자질」, 교육과학사.
16. 이종일 외, 2006. 「교육적 질문하기」, 교육과학사.
17. 임영선 역, 1999. 「교사를 위한 체계적 수업 설계」, 교육과학사.
18. 유네스코 아시아·태평양 국제이해교육원 편, 2004. 「함께 사는 세 상만들기」, 일조각.
19. 윤기옥, 2002. 「수업 모형의 이론과 실제」, 학문출판.
20. 서재천, 2004. 「초등 사회과교육」, 유천.
21. 서울교대부설초등학교, 2007. 「학교교육과정 및 귀국학급 교육과정」.
22. 서울교대 초등교육연구원, 2008. 「초등 교과교육의 발전 방향」, 레 인보우웍스.

23. 서울사대부설초등학교, 2007. 「학교교육과정 및 귀국학급교육과정」.
24. 서울특별시교육과학연구원, 2003. 「현장체험학습」, 대한교과서주식
    회사.
25. 서울특별시교육연구정보원, 2007. 「초등교사의 수업전문성 신장을
    위한 단위수업 장학 매뉴얼 개발」, 2007년 특별연구과제최종보
    고서.
26. 서울특별시교육청, 2007. 「즐거운 학교, 함께 배우는 한국어」, 경인
    정보문화사.
27. 서울특별시교육청, 2007. 「함께 하는 '우리' 아름다운 세상」, 세원
    문화사.
28. 전숙자, 2007. 「고등사고력 함양을 위한 사회과교육의 새로운 이해」,
    교육과학사.
29. 전주교육대학교, 2004. 「초등 사회과 교수법(강의자료)」.
30. 정두용 외, 2004. 「세계시민교육을 위한 국제이해교육」, 정민사.
31. 차경수 외, 2008. 「사회과교육」, 동문사.
32. 최병모 외, 1989. 「사회과 교수법과 교재연구」, 교육과학사.
33. 최용규 외(2005), 「사회과, 교육과정에서 수업까지」, 교육과학사.
34. 한국교육과정평가원, 2004. 「수업평가 기준 개발 및 활용방안 탐색」,
    ORM 2004 - 18.
35. 한국교육과정평가원, 2005. 「사회과 교육과정 개정 시안 연구 공청
    회 자료집」.
36. 한국교육과정평가원, 2006. 「초등 수업 평가 이렇게 해 보세요」
    ORM 2006 - 24 - 2. 37
37. 한면희, 2001. 「새로운 페러다임에 기초한 사회과 교육」, 교육과학사.
38. 한춘희 외, 2004. 「살아있는 사회과교육」, 학지사.
39. 한춘희, 2004. "주5일제에 대비한 초등 사회과 교육과정 개정 시안
    검토". 초등사회과교육 26집.
40. 한춘희 외, 2006. 「세계를 배우는 어린이지도」, 랜덤하우스 중앙.

부록

2007년 개정 초등 사회과 교육과정
(교육인적자원부 고시 제2007 - 79호)

1. 성격

사회과는 사회생활에 필요한 지식과 기능을 익혀 이를 토대로 사회 현상을 올바르게 인식하고, 민주 사회 구성원에게 요청되는 가치와 태도를 지님으로써 민주 시민으로서의 자질을 갖추도록 하는 교과이다. 사회과에서 육성하고자 하는 민주 시민은, 사회생활을 영위하는데 필요한 지식을 바탕으로 인권 존중, 관용과 타협의 정신, 사회 정의의 실현, 공동체 의식, 참여와 책임 의식 등의 민주적 가치와 태도를 함양하고, 나아가 개인적, 사회적 문제를 합리적으로 해결하는 능력을 길러 개인의 발전은 물론, 사회, 국가, 인류의 발전에 기여할 수 있는 자질을 갖춘 사람이다.

사회과는 지리, 역사 및 제 사회 과학의 개념과 원리, 사회 제도와 기능, 사회 문제와 가치, 그리고 연구 방법과 절차에 관한 요소를 통합적으로 선정, 조직하여 사회 현상을 종합적으로 이해하고 탐구한다. 또한, 사회과에서는 우리의 삶의 터전인 국토의 이해를 바탕으로 우리 민족의 역사와 활동에 대한 종합적인 파악과 현실에 대한 역사적인 시각에서의 이해 및 한국인으로서의 정체성과 세계 시민으로서의 가치 · 태도 등에 관한 요소를 중시한다.

사회과는 다양한 정보를 활용하여 사회 현상에 관한 지식을 발견하고 문제를 해결하는 데 필요한 비판적 사고력, 창의력, 판단 및 의사 결정력 등의 신장을 강조한다. 이를 위하여 다양한 탐구 방법을 활용하여, 학습자 스스로 학습하는 기회를 제공하고, 흥미와 관심을 고려하여 개개인의 수준에 적합한 경험을 제공하는 효율적인 교수·학습 전략을 지향한다. 그리고 학교 특성에 따라서 지역성과 시사성을 고려하여 지도한다.

사회과는 학습자의 성장 발달 정도와 사회·문화적 경험을 고려하여 학교급별로 주안점을 달리한다.

초등학교에서는 학생들이 주변의 사회적 사실과 현상에 대하여 관심과 흥미를 가지며, 생활과 관련된 기본적 지식과 능력을 습득하고, 창의적인 자세로 일상생활을 할 수 있도록 한다. 이를 위하여 학생들은 사회적 사실과 현상을 이해하는데 필요한 기본적인 사실과 개념을 배우고, 이를 자신의 주변 환경이나 문제에 적용할 수 있는 사고력을 지녀야 한다. 또한 이러한 지식과 사고를 사회적 행동으로 실천할 수 있는 적극적인 태도를 길러야 한다.

중학교에서는 초등학교에서의 학습을 바탕으로 각 영역에서 중요시하는 지식을 과학적 절차에 의하여 발견·적용하고, 개인적, 사회적 문제를 해결하는 능력을 길러 공동생활에 자발적으로 참여하는 시민 정신을 발휘하게 한다.

고등학교에서는 초등학교와 중학교에서 습득한 지식과 능력을 바탕으로 사회 현상을 종합적으로 이해하고 비판적 사고와 합리적 의사 결정 능력을 함양하여, 사회 공동 문제 해결에 적극적으로 참여하는 시민 의식을 기른다.

2. 목표

사회 현상에 관한 기초적 지식과 능력은 물론, 지리, 역사 및 제
사회 과학의 기본 개념과 원리를 발견하고 탐구하는 능력을 익혀,
우리 사회의 특징과 세계의 여러 모습을 종합적으로 이해하며, 다
양한 정보를 활용하여 현대사회의 문제를 창의적이며 합리적으로
해결하고, 공동생활에 스스로 참여하는 능력을 기른다. 이를 바탕
으로 개인의 발전은 물론, 사회, 국가, 인류의 발전에 기여할 수
있는 민주 시민의 자질을 기른다. 사회 교과의 전반적인 목표는
다음과 같다.

　가. 사회의 여러 현상과 특성을 그 사회의 지리적 환경, 역사적
　　　발전, 정치·경제·사회적 제도 등과 관련지어 이해한다.(종
　　　합 목표)

　나. 인간과 자연 간의 상호 작용에 대한 이해를 통하여 장소에
　　　따른 인간 생활의 다양성을 파악하며, 고장, 지방 및 국토
　　　전체와 세계 여러 지역의 지리적 특성을 체계적으로 이해한
　　　다.(지리 영역)

　다. 각 시대의 특색을 중심으로 우리나라의 역사적 전통과 문화
　　　의 특수성을 파악하여 민족사의 발전상을 체계적으로 이해
　　　하며, 이를 바탕으로 인류 생활의 발달 과정과 각 시대의 문
　　　화적 특색을 파악한다.(역사 영역)

　라. 사회생활에 관한 기본적 지식과 정치·경제·사회·문화 현
　　　상에 대한 기본적인 원리를 종합적으로 이해하고, 현대사회
　　　의 성격 및 민주적 사회생활을 위하여 해결해야 할 여러 문

제를 파악한다.(일반사회 영역)

마. 사회 현상과 문제를 파악하는 데 필요한 지식과 정보를 획
득, 분석, 조직, 활용하는 능력을 기르며, 사회생활에서 나타
나는 여러 문제를 합리적으로 해결하기 위한 탐구 능력, 의
사 결정 능력 및 사회 참여 능력을 기른다.(기능)

바. 개인과 사회 생활을 민주적으로 운영하고, 우리 사회가 당면
한 문제들에 관심을 가지고 민주 국가 발전과 세계의 발전
에 적극적으로 이바지하려는 태도를 가진다.(가치·태도)

3. 내용

가. 내용 체계

학년	역사 영역	지리 영역	일반사회 영역
3학년	○ 우리가 살아가는 곳 ○ 사람들이 모이는 곳	○ 우리 고장의 정체성 ○ 이동과 의사소통	○ 고장의 생활 문화 ○ 다양한 삶의 모습들
4학년	–	○ 우리 지역의 자연 환경과 생활 모습 ○ 우리 지역과 관계 깊은 곳들 ○ 여러 지역의 생활	○ 주민 자치와 지역 사회의 발전 ○ 경제생활과 바람직한 선택 ○ 사회 변화와 우리 생활
5학년	○ 하나 된 겨레 ○ 다양한 문화가 발전한 고려 ○ 유교 전통이 자리 잡은 조선 ○ 조선 사회의 새로운 움직임 ○ 새로운 문물의 수용과 민족 운동 ○ 대한민국의 발전과 오늘의 우리	–	–
6학년	–	○ 아름다운 우리 국토 ○ 환경을 생각하는 국토 가꾸기 ○ 세계 여러 지역의 자연과 문화	○ 우리 경제의 성장과 과제 ○ 우리나라의 민주정치 ○ 정보화, 세계화 속의 우리
7학년		○ 내가 사는 세계 ○ 다양한 기후 지역과 주민 생활 ○ 다양한 지형과 주민 생활 ○ 지역마다 다른 문화 ○ 인구 변화와 인구 문제 ○ 도시 발달과 도시 문제	○ 개인과 사회 생활 ○ 문화의 이해와 창조 ○ 우리의 생활과 법 ○ 인권 보호와 헌법

학년	역사 영역	지리 영역	일반사회 영역
8학년	〈한국사 영역〉 ㅇ 문명의 형성과 고조선의 성립 ㅇ 삼국의 성립과 발전 ㅇ 통일신라와 발해 ㅇ 고려의 성립과 발전 ㅇ 고려 사회의 변천 ㅇ 조선의 성립과 발전 〈세계사 영역〉 ㅇ 통일제국의 형성과 세계종교의 등장 ㅇ 다양한 문화권의 형성 ㅇ 교류의 확대와 전통사회의 발전		
9학년	〈한국사 영역〉 ㅇ 조선사회의 변동 ㅇ 근대국가 수립 운동 ㅇ 대한민국의 발전 〈세계사 영역〉 ㅇ 산업화와 국민국가의 형성 ㅇ 아시아·아프리카 민족운동과 근대국가 수립 운동 ㅇ 현대 세계의 전개	ㅇ 자원의 개발과 이용 ㅇ 산업 활동과 지역변화 ㅇ 지역에 따라 다른 환경 문제 ㅇ 세계 속의 우리나라 ㅇ 통일 한국의 미래	ㅇ 정치 생활과 민주주의 ㅇ 정치 과정과 참여 민주주의 ㅇ 경제생활과 경제 문제 ㅇ 시장 경제의 이해 ㅇ 국민 경제의 이해
10학년	ㅇ 우리 역사의 형성과 발전 ㅇ 조선사회의 변화와 서구 열강의 침략적 접근 ㅇ 동아시아의 변화와 조선의 근대 개혁 운동 ㅇ 근대 국가 수립운동과 일본 제국주의의 침략 ㅇ 일제의 식민지 지배와 민족운동의 전개 ㅇ 전체주의의 대두와 민족운동의 발전 ㅇ 냉전 체제와 대한민국 정부의 수립 ㅇ 대한민국의 발전과 국제정세의 변화 ㅇ 세계화와 우리의 미래	ㅇ 국토와 지리정보 ㅇ 자연 환경과 인간 생활 ㅇ 문화 경관의 다양성 ㅇ 장소 인식과 공간 행동 ㅇ 지역 개발과 환경 보전	ㅇ 문화 ㅇ 정의 ㅇ 세계화 ㅇ 인권 ㅇ 삶의 질

나. 학년별 내용

【3학년】

(1) 우리가 살아가는 곳

우리가 사는 고장의 위치와 자연 환경, 인문 환경의 특성을 파악하고, 그것들이 사람들의 생활 모습과 어떠한 영향을 주고받는지

이해한다. 다양한 종류의 지도를 활용하여 고장을 종합적으로 바라
보는 안목을 기른다. 또한 고장에 있는 다양한 공공 기관들과 우
리 생활과의 관계를 이해한다.

① 지도는 방위, 기호, 축척 등 다양한 지도 요소로 구성되며,
   지도는 고장의 자연 환경과 인문 환경을 나타내고 있음을
   이해한다.

② 그림지도와 일반지도를 활용하여 고장의 자연 환경과 사람들
   의 생활 모습을 파악한다.

③ 고장의 전형적인 장소와 경관을 견학, 조사하여 간단한 형태
   의 그림 지도로 나타낸다.

④ 고장 사람들은 자연 환경에 어떻게 적응하고, 자연 환경을
   어떻게 활용하고 있는지 이해한다.

⑤ 고장의 자연 환경과 인문 환경의 특징을 파악한다.

⑥ 고장 사람들이 수행하고 있는 다양한 일이 우리 가족의 생활
   과 어떤 관련이 있는지 알고, 고장의 생활에 관심을 가진다.

⑦ 고장을 대표하는 여러 공공 기관이 하는 일과 고장 사람들의
   일상생활을 관련지어 이해한다.

(2) 우리 고장의 정체성

우리 고장에는 다른 고장과 구분되는 고유한 특성이 있으며, 이
것은 고장의 정체성을 형성하는 기반이 된다는 것을 이해한다. 고
장은 그 자체로 고유한 역사, 상징, 문화 그리고 행사 등을 간직하
고 있다. 고장의 정체성을 자연 환경과 인문 환경과의 관련 속에
서 파악하고 현재의 삶과 관련지어 이해한다. 그리고 현재의 고장

은 과거의 역사적 인물이나 사건 등 변화의 연속선상 위에 있다는 것을 파악한다. 아울러 고장의 행사를 통해 고장의 자연, 인문적인 특성을 파악하며, 그 속에서 고장 사람들의 삶의 모습을 살펴보고, 고장 행사에 참여하는 방법에 대해서 알아본다. 더불어 고장을 상징하는 유적지나 건물, 관공서 등을 답사, 견학함으로써 자기 고장을 종합적으로 이해한다.

① 자신의 일상생활과 관련지어 고장에 대하여 떠오르는 것을 표현한다.

② 고장의 지명 유래와 전설을 조사하고, 이를 자연과 인간과의 관련 속에서 이해한다.

③ 고장의 옛날 인물 및 사건과 관련된 이야기를 통하여 우리 고장의 자연적 특징과 조상들의 생활 모습을 파악하며, 당시 사람들의 생각을 상상적으로 이해한다.

④ 고장의 행사를 자연적, 인문적 환경과 관련지어 파악하고, 세계적인 관점에서 그 위치를 이해한다.

⑤ 고장을 대표하는 자연적, 인문적 상징을 답사, 조사, 체험하고, 고장 사람들의 생활과 관련지어 그 의미를 이해한다.

⑥ 고장의 행사를 위해 준비하고 애쓰는 사람들에 대해서 조사하고, 고장의 일에 참여하려는 마음을 가진다.

⑦ 고장을 대표하는 문화재를 조사하여 파악하고, 그것이 사람들의 생활에 끼친 영향을 이해한다.

(3) 고장의 생활 문화

사람이 살아가는데 필요한 의식주와 여가 생활 및 생활 도구를 파악하고, 김치와 한복, 온돌, 그리고 전통 놀이 등에 나타난 조상들의 멋과 슬기를 이해한다. 의식주와 여가 생활은 인간의 생활에서 필수적인 것이다. 이러한 의미에서 오늘날의 의식주와 여가 생활의 특징을 알아보고, 바람직한 생활의 모습에 대하여 생각해 본다. 아울러 조상들의 의식주 및 생활 도구가 어떻게 변화, 발전하였으며, 오늘날 어떻게 계승되고 있는지를 파악한다. 고장의 유물, 유적 및 문화재를 바탕으로 조상들의 생활과 생각을 이해하고, 이를 통해 우리나라 문화유산을 아끼고 계승·발전시키려는 태도를 갖는다.

① 오늘날의 의식주 생활의 특성에 대한 이해를 바탕으로 우리나라 생활 문화의 일반적인 경향을 파악한다.

② 오늘날의 여가 생활의 모습을 파악하고 바람직한 여가 시간 활용의 의미를 이해한다.

③ 김치, 한복, 온돌 및 생활 도구 등에 담긴 조상들의 멋과 슬기를 알아보고 오늘날의 모습과 비교한다.

④ 의식주 및 생활 도구의 변천 과정과 오늘날 계승·발전된 모습을 이해한다.

⑤ 고장의 유물·유적을 통하여 조상들의 생활과 생각을 추론하고 우리나라의 문화유산을 아끼고 발전시키려는 태도를 갖는다.

(4) 사람들이 모이는 곳

사람들은 고장의 생활에서 경제, 교통, 교육, 행정, 서비스, 문화, 여가 등 다양한 욕구들을 해결하고자 한다. 고장 사람들은 욕구를 해결하기 위해 일정한 장소에 모여 서로 필요한 것들을 교환한다.

이러한 장소는 고장에서 일정한 중심지를 이루며, 중심지에서는 고장 사람들의 다양한 삶의 모습을 찾아 볼 수 있다. 고장 사람들이 많이 모이는 곳을 찾아보고, 그 곳에서 고장 사람들이 어떤 모습으로 살아가고 있는지 탐색한다. 또한 고장의 중심지는 나의 생활과 밀접하게 연결되어 있고, 다른 고장과도 연결되어 고장 사람들의 욕구를 해결해 준다는 것을 이해한다.

① 우리 생활에 필요한 것들을 찾고, 분류하는 활동을 통하여 고장 생활에는 다양한 욕구가 있음을 파악한다.

② 고장 사람들이 많이 모이는 곳을 찾아보는 활동을 통하여 고장에 다양한 생활의 중심지가 있음을 알아본다.

③ 고장의 중심지에서 사람들이 살아가는 모습, 서로 교환하는 것을 조사하고, 분류하는 활동을 통하여 고장 사람들의 생활 모습을 파악한다.

④ 고장의 중심지를 이용해 본 경험을 통하여, 내가 필요한 것을 해결하는 방법을 알아보고 나와 관계된 고장의 중심지를 찾아본다.

⑤ 우리 고장에서 해결하지 못하는 욕구를 다른 고장에서 해결하는 모습을 찾아보고, 이를 통하여 고장과 고장이 서로 연결되어 있음을 알아본다.

⑥ 우리 고장의 중심지 중 특징적인 곳을 선정하여 견학해 보고, 옛날과 오늘날의 모습, 입지 조건, 경관의 특징, 역할, 사람들의 생활 모습을 조사한다.

(5) 이동과 의사소통

고장 생활에서 이동과 의사소통은 사람들의 활동 영역을 확장시키고, 합리적인 문제 해결을 통하여 고장의 발전을 촉진하는 중요한 요소이다. 이동·의사소통 수단을 통하여 사람들의 이동과 교류가 활발해지고 새로운 정보와 문화가 다른 고장으로 전파되기도 한다. 도로, 철도, 수레, 기차, 자동차, 배, 비행기, 다리, 터널, 수로, 동굴벽화, 책, 봉화, 편지, 전화, 인터넷, 인공위성 등 이동·의사소통 방법의 변화를 중심으로 생활이 변화된 모습을 살펴보고, 고장 생활이 더욱 편리하게 변화해 왔음을 이해한다. 또한 우리 고장과 다른 고장 사이의 이동·의사소통 모습을 조사하여 고장 간에 어떤 관계를 맺고 살아가고 있는지 알아본다.

① 생활 속에서 가족의 이동·의사소통 이유를 조사하여 이동·의사소통의 필요성을 찾아본다.

② 우리 고장을 중심으로 주위에 있는 고장들의 위치와 명칭을 확인하고, 고장 간의 이동과 의사소통 방법을 조사하여 이를 그림지도로 나타낸다.

③ 옛날과 오늘날의 이동·의사소통 수단에 관한 자료를 수집, 비교하여 이동 방법이 변해 온 모습을 파악한다.

④ 이동·의사소통의 방법이 달라짐에 따라 생활의 변화된 모습을 비교, 조사한다.

⑤ 오늘날 이용되고 있는 이동·의사소통 수단 간의 비교를 통하여 수단의 차이가 서로 다른 생활 모습을 만들어 내는 구체적인 예를 조사한다.

⑥ 우리 고장과 주변 고장 간에 오고가는 사람, 정보, 물자를 조

사하고 이를 도표로 나타낸다.

⑦ 미래의 이동·의사소통 방법을 예상하여 변화될 고장의 생활
　　모습을 예측한다.

(6) 다양한 삶의 모습들

사람들은 살아가면서 가족과 친구, 이웃과 고장, 국가 및 세계와
의 상호작용을 통해 다양하고 특색 있는 문화를 형성해간다. 놀이,
친교, 단체 활동 등을 통하여 학생 문화에 대하여 이해하고, 고장,
지역, 국가의 서로 다른 학생 문화를 파악한다. 그리고 고장의 독
특한 문화적인 특성을 이해하고 그러한 특성이 만들어지게 된 자
연적, 역사적 환경에 대하여 이해한다. 또한 우리나라의 여러 기념
일들의 특징과 의미를 외국의 경우와 비교하여 파악함으로써 그
문화적인 특성을 이해한다.

① 오늘날 학생들의 놀이, 친교, 단체 활동 등에 담겨 있는 문화
　　적인 특징을 이해한다.

② 고장, 지역, 국가의 서로 다른 학생들의 문화를 알아보고 유
　　사성과 차이점을 조사한다.

③ 다른 고장을 여행한 경험을 바탕으로 그 고장의 독특한 문화
　　가 만들어지게 된 자연적, 인문적 특성을 이해한다.

④ 전통적 혼례와 상례, 제례의 특징을 알아보고, 옛날과 오늘날
　　의 달라진 모습을 이해한다.

⑤ 설과 단오, 추석 등의 명절과 삼일절, 현충일, 광복절 등 기
　　념일의 유래와 의미를 알아보고 다른 나라의 명절 및 기념일
　　과 비교한다.

⑥ 서로 다른 문화에 대하여 이해하고 포용하려는 태도를 갖는다.

【4학년】

(1) 우리 지역의 자연 환경과 생활 모습

우리가 사는 지역의 위치와 자연적, 인문적 환경의 특성을 파악하고, 지도나 도표로 표현할 수 있는 기초적 기능을 기르며, 우리 지역에 대한 관심을 가진다. 따라서 전형적인 장소와 경관을 중심으로 지역의 인구, 자원, 산업, 문화 등과 같은 인문적 특성을 자연 환경과의 관련성 속에서 파악한다. 또한 다양한 지도, 그래프, 도표를 활용하여 지역의 자연적, 인문적 특성을 파악하며, 지도를 이용하여 전형적인 장소들의 위치를 확인하고, 방위, 기호, 축척, 등고선의 의미를 이해한다.

① 우리 지역의 위치와 경계를 여러 가지 지도에서 확인하여 그 위치적 특징을 이해한다.

② 지형, 기후에 관한 지리적 정보를 조사하여 우리 지역의 자연적 특성을 이해한다.

③ 우리 지역의 인구, 자원, 산업, 문화 등에 관한 지리적 정보를 조사하여 인문적 특성을 이해한다.

④ 우리 지역의 인구, 자원, 산업, 문화 등을 자연 환경과의 관련성 속에서 파악하면서 자연 환경과 생활 모습의 관계를 이해한다.

⑤ 우리 지역의 전형적인 장소와 경관을 관찰, 견학, 조사하여 자연적, 인문적 특성을 알아본다.

⑥ 지도에서 우리 지역의 자연적, 인문적 특성을 나타내는 방위, 기호, 축척, 등고선 등과 같은 지도 요소를 이해한다.

⑦ 지역의 자연 환경과 인문 환경에 관한 정보들을 지도, 그래 프, 도표로 나타낸다.

⑧ 다양한 지도, 사진, 그래프, 도표를 보고 지역의 자연적, 인문 적 특성을 파악한다.

(2) 주민 자치와 지역 사회의 발전

주민의 자유로운 의사를 기반으로 이루어지는 민주적인 정치 생 활의 의미를 이해하고, 대의 제도와 주민의 직접 참여 방식 등 현 대 민주정치의 다양한 운영 방식을 익힌다. 또한 국가와 지방 자 치 단체의 관계를 이해하고, 지방 자치 단체가 주민 삶의 질을 향 상시키기 위해서 하는 일을 조사·분석한다. 이를 통해 정치 생활 과 민주주의, 선거와 대표자 선출, 중앙 정부와 지방 정부의 관계, 지방 자치 단체가 하는 일, 공공 생활과 주민 참여, 지역 사회의 문제 해결 과정 등을 파악한다.

① 다양한 의견 차이와 갈등을 조정해 가는 민주적 정치 생활의 기본 원리를 이해한다.

② 선거를 통해 대표의 의미 및 대의 민주주의의 기본 원리를 이해한다.

③ 중앙 정부와 지방 정부의 역할 분담을 이해하고, 지방 자치 단체가 하는 일의 개략을 파악한다.

④ 주민 참여와 자원 봉사의 경험을 통해 참여의 중요성을 깨닫 는다.

366 초등 사회과 교육의 이론과 실제

⑤ 지역 사회의 문제점을 조사하여 그 해결책을 모색해 보는 문
제 해결 활동을 수행한다.

⑥ 우리 지역의 바람직한 미래 모습을 상상해 보고, 그것을 실
현할 수 있는 방법을 찾아본다.

(3) 우리 지역과 관계 깊은 곳들

내가 살고 있는 지역에 대한 이해에 기초하여 우리 지역과 관계
가 깊은 다른 지역의 자연적·인문적 특성을 파악하고, 그 상호의
존적인 관계를 이해한다. 따라서 다양한 공간 규모에서 여러 가지
자료들을 이용하여 우리 지역과 지리적으로 인접하거나 정치·경
제·사회·문화적으로 관계가 깊은 다른 지역을 선정하여 그 특성
을 조사한다. 그리고 우리 지역과 다른 지역 사람들의 생활이 밀
접하게 관련되어 있음을 구체적 사례를 중심으로 이해한다.

① 지역 간 교류의 여러 가지 사례를 찾아보고 상호의존이 필요
한 까닭을 이해한다.

② 우리 지역이 다른 지역과 밀접한 관계를 맺고 있음을 사례를
중심으로 이해한다.

③ 우리 지역과 자연적·인문적으로 관계가 있는 지역을 다양한
공간 규모에서 선정한다.

④ 우리 지역과 관계 깊은 다른 지역의 위치를 지도에서 확인하
고, 자연적·인문적 특성을 조사한다.

⑤ 우리 지역과 관계 깊은 다른 지역을 비교하여 자연적·인문
적 특성의 차이를 이해한다.

⑥ 다양한 지도, 사진, 그래프, 도표를 통해 우리 지역과 다른

지역의 상호관련성을 파악한다.

(4) 경제생활과 바람직한 선택

자원의 희소성으로 인해 경제 활동을 하면서 우리는 끊임없이 선택의 문제에 직면하게 된다. 경제 활동의 각 영역에서 어떤 선택을 하느냐에 따라 우리의 경제생활의 모습은 달라진다. 따라서 경제생활에서 바람직한 선택의 중요성을 인식하고, 경제적 의사 결정을 위해 경제 정보를 잘 활용할 수 있어야 한다. 또한 생산자 및 소비자로서 선택의 중요성을 인식하고 경제적 의사 결정 능력을 기른다.

① 자원의 희소성으로 인해 경제 활동에서 선택의 문제가 발생함을 이해한다.

② 경제 활동에서 바람직한 선택을 하기 위해 고려해야 할 점을 확인한다.

③ 다양한 일을 조사하여 생산 활동의 의미를 이해한다.

④ 생산자의 입장에서 생산 활동과 관련된 문제를 중심으로 바람직한 의사 결정을 수행한다.

⑤ 소득의 원천 및 용도를 파악하고, 소비자의 입장에서 소비 및 저축과 관련된 의사결정을 위해 필요한 정보를 수집하여 활용한다.

⑥ 소비자 권리의 내용을 이해하고, 소비자의 권리를 행사할 수 있는 절차와 방법을 이해한다.

(5) 여러 지역의 생활

도시와 촌락 지역의 생활 모습을 통하여 여러 지역 사람들이 자연 환경과 조화를 이루며 살아가고 있음을 알고, 지역 간의 공통점과 차이점 및 상호 관계를 인식한다. 이를 바탕으로 도시와 촌락을 구분하고 각 지역의 생활 모습을 이해한다. 또한 기능적으로 전형적인 특징을 지닌 도시와 촌락의 사례 지역을 통해 도시와 촌락은 각각 독특한 입지 조건과 분포 및 기능적인 특징을 지니고 상호 보완적인 관계 속에서 발전하고 있다는 것을 이해한다.

① 도시의 기능적인 특징을 알고, 인구가 도시로 집중하는 까닭을 다양한 방법으로 탐구한다.

② 지도와 통계 자료를 통하여 도시의 분포와 도시화 과정을 이해한다.

③ 대도시와 중소도시로 나누어 사람들의 생활 모습을 이해한다.

④ 여러 가지 사례를 통해 도시 문제의 복합적 성격을 이해하고 해결 방법을 알아본다.

⑤ 촌락 지역의 생활 모습을 자연 환경 및 산업 활동과 관련지어 이해한다.

⑥ 촌락을 농촌, 어촌, 산지촌으로 구분하고, 그 특징을 비교한다.

⑦ 촌락의 생활 모습과 문제점을 이해하고 해결 방법을 알아본다.

⑧ 도시와 촌락이 상호 보완적인 관계를 가지고 있음을 이해한다.

(6) 사회 변화와 우리 생활

우리 사회는 큰 변화의 과정에 놓여 있다. 이러한 사회의 큰 변화는 개인의 삶에도 영향을 미친다. 대중매체의 발달과 여성의 사회 활동 증가, 핵가족화, 고령화 등의 사회 변화는 개인과 사회 모두에게 새로운 선택을 요구한다. 현대사회의 변화에 대한 이해를 바탕으로 개인과 개인 간, 공동체와 개인 간의 관계를 파악하고 다양한 사회 문제를 합리적으로 해결하는 활동을 한다.

① 현대사회 가족 구성의 다양성을 이해하고, 바람직한 가족의 의미를 찾아본다.

② 성 역할이 변화하고 있음을 이해하고, 양성 평등의 사회를 만들기 위한 방안을 모색한다.

③ 우리나라의 인구 구성의 변화에 따른 다양한 사회 문제를 이해한다.

④ 현대사회에서 대중매체가 미치는 긍정적, 부정적 영향을 파악한다.

⑤ 현대사회에서 여가의 중요성을 알고, 바람직한 여가 활용 방안을 찾아본다.

⑥ 생활 방식의 다양성을 이해하고, 사회적 약자와 소수자 권리의 중요성을 이해한다.

【5학년】

(1) 하나 된 겨레

선사시대에서 고조선 건국에 이르는 과정, 삼국의 성립과 발전, 통일신라와 발해의 역사를 생활과 문화를 중심으로 이해한다.

선사시대 인류의 생활 모습과 고조선이 성립된 이후의 변화를 파악한다. 역사이야기와 인물, 유물과 유적을 통하여 삼국과 통일신라 및 발해의 생활 모습과 문화를 이해한다.

① 선사시대 유물과 유적을 통해 당시 사람들의 생활 모습을 파악한다.

② 고조선이 우리 겨레가 세운 첫 국가임을 알고 생활모습을 이해한다.

③ 삼국의 발전 과정 및 상호 경쟁을 그림, 지도, 연표로 표현한다.

④ 유물과 유적, 역사 인물 이야기를 통하여 삼국의 생활 모습을 이해한다.

⑤ 인물의 활동을 중심으로 삼국 통일과 발해의 건국 과정을 파악한다.

⑥ 통일신라와 발해의 인물들, 유물과 유적을 통해 여러 신분의 생활 모습을 이해한다.

(2) 다양한 문화가 발전한 고려

고려 시기의 역사를 당시 조상의 생활 모습과 문화, 그리고 인물을 중심으로 파악한다.

고려 시기는 외세의 침략으로 여러 차례 전쟁을 벌이면서도, 불교와 유교 등 주변 문화를 적극적으로 수용하여, 다채로운 생활과 문화를 발전시켰음을 이해한다.

① 고려의 후삼국 통일 과정을 견훤, 궁예, 왕건 등의 인물을 통해 파악한다.

② 고려 시기 왕과 귀족, 백성들의 생활 모습을 탐구하고 비교한다.

③ 고려 시기 불교가 사람들의 생활 모습에 미친 영향을 이해한다.

④ 고려 시기 거란, 몽골의 침략과 이를 극복하기 위한 조상의
노력을 조사한다.

⑤ 금속활자, 청자, 팔만대장경 등 고려 시기 대표적인 문화재를
통해 고려 시기 과학과 문화를 탐구한다.

⑥ 생활을 개선하고 문화를 발전시키려 노력했던 고려 시기 인
물을 조사한다.

(3) 유교 전통이 자리 잡은 조선

조선 전기의 역사를 우리 조상의 생활과 문화를 중심으로 이해
한다.

조선 전기를 유교와 그 속에서 전개된 우리 조상의 삶, 문화, 인
물 등을 통해 파악한다. 특히 세종 시기 전후의 문화 융성기에 문
화 발전을 위해 노력하였던 조상의 노력과 우리 문화의 여러 모습
을 확인한다. 이러한 문화를 바탕으로 형성된 민족자존의 정신이
양란 극복의 원동력이 되었음을 이해한다.

① 도성과 궁궐 건축을 통해 조선이 유교 국가를 지향하였음을
파악한다.

② 세종 대에 이룩한 문화, 과학 분야의 성과를 탐구한다.

③ 여러 신분의 생활 모습을 통해 유교적 전통이 어떻게 자리
잡아 나가게 되었는지를 탐구한다.

④ 조선 시기 사람들의 생활과 놀이 중에서 현재 남아 있는 사
례를 조사한다.

⑤ 인물이나 유적을 통해 임진왜란과 병자호란의 극복 과정을
파악한다.

⑥ 생활을 개선하고 문화를 발전시키려 했던 조선 전기의 인물
   을 조사한다.

(4) 조선 사회의 새로운 움직임

양란 이후 달라진 생활 모습과 새롭게 등장한 문화 요소들을 파
악한다.

인물, 문학과 예술, 대표적인 문화재를 중심으로 조선 후기 사회
의 변화를 탐구한다. 실학이 대두하고 서양 종교와 학문이 소개되
면서 유교 중심의 문화가 변화하였음을 이해한다.

① 영조, 정조 시기에 문화가 크게 발달하였음을 사례를 들어
   설명한다.

② 풍속화, 민화, 서민 문학을 통해 조선 전기와 달라진 새로운
   생활 모습을 탐구한다.

③ 도자기와 칠기 등 조선 후기에 사용된 생활용품을 조사하여
   그 속에 담겨진 조상의 지혜를 확인한다.

④ 서양에서 전래된 문물을 조사하고, 서양학문과 천주교가 조
   선 사회에 미친 영향을 이해한다.

⑤ 실학자와 농민 봉기 지도자를 사례로 사회 변화를 위한 조상
   의 노력을 알아본다.

⑥ 조선 시기 여성의 생활과 사회적 지위 변화를 파악하고 생활
   을 개선시키고자 했던 여성의 노력을 이해한다.

(5) 새로운 문물의 수용과 민족운동

개항 이후 전개된 근대화 운동, 대한제국의 수립, 일제 강점기에
전개된 독립 운동을 살펴본다.

근대 문명의 수용과 더불어 변화하는 사회의 모습과 조상의 일상 생활을 역사적 사건, 인물 등과 연계하여 이해한다. 나아가 일제의 가혹한 지배 정책 하에서도 생활 개선을 위해 벌였던 조상의 노력을 이해한다.

① 개항 전후 시기부터 일제 강점까지 외세의 침략 과정과 그에 대한 조상의 대응을 파악한다.

② 대표적인 인물을 통해서 근대 국가를 세우기 위해 전개한 노력과 대한 제국의 수립 과정을 파악한다.

③ 근대 문명의 수용이 가져 온 일상 생활의 변화 모습을 조사한다.

④ 대표적인 인물을 중심으로 여러 갈래로 이루어진 독립 운동의 전개 과정을 이해한다.

⑤ 일제의 수탈과 근대 문물의 확산이 생활 문화에 미친 영향을 추론한다.

⑥ 일제 강점기 역사, 문학, 예술 등의 분야에서 활동한 인물들의 활동을 조사한다.

(6) 대한민국의 발전과 오늘의 우리

8.15 광복에서 현재까지 대한민국의 변화와 발전 과정을 살펴본다.

8.15 광복 이후 우리 민족이 분단과 전쟁 등 수많은 시련을 극복하면서 오늘의 대한민국을 건설해 온 과정을 인물과 사건을 통해 확인한다. 조상의 지난한 노력의 결과 민주화와 경제 발전, 문화 성장이 가능하였음을 이해한다. 경제 성장의 토대 위에서 민주주의가 더욱 신장되고 평화 통일이 실현되는 미래를 만들기 위해

우리가 할 수 있는 일을 찾아본다.

① 광복과 대한민국 정부 수립, 분단과 6.25 전쟁으로 이어지는
　과정을 살펴본다.

② 민주화와 경제 발전 과정을 살펴보고, 그것이 가져온 생활
　문화의 변화를 탐구한다.

③ 정치, 경제, 사회, 문화의 발전에 중요한 역할을 한 인물들의
　삶을 조사한다.

④ 대한민국의 발전, 평화 통일, 인류 문화의 향상을 위해 우리
　각자가 할 수 있는 일들을 알아본다.

【6학년】

(1) 아름다운 우리 국토

　세계 속에서 우리나라의 위치와 영역을 확인하고 국토의 자연적,
인문적 특성을 파악한다. 또한 우리나라의 자연 환경과 인구, 교통,
산업, 문화 등에 관한 주요 사실과 현상을 파악하고, 사람들이 지
형과 기후에 어울리는 의식주 생활을 하고 있음을 이해한다. 이와
관련하여 우리나라의 자연적, 인문적 특성을 사례 지역을 통해 확
인하면서 지도, 그래프, 도표로 나타내고, 주제도와 일반도 등 여
러 가지 자료에서 각 지역에 대한 정보를 읽어 내는 도해 기능을
기른다. 아울러 앞으로 다가올 통일에 대비하여 북한의 자연·인
문 지리적인 특성을 이해한다.

① 우리나라 국토의 위치와 영역을 지도와 지구본을 활용하여
　확인한다.

② 우리나라 국토의 자연적 특성을 지형, 기후 등의 측면에서 이해한다.

③ 전형적인 사례 지역을 선정하고, 이를 통하여 우리나라의 자연적 특성을 이해한다.

④ 자연적 특성을 기준으로 지역을 구분하고, 지역의 차이를 생활 모습의 측면에서 이해한다.

⑤ 전형적인 사례 지역을 선정하고, 이를 통하여 우리나라의 인문적 특성을 이해한다.

⑥ 우리나라 국토의 인문적 특성을 인구, 산업, 교통, 문화 등의 측면에서 이해한다.

⑦ 북한 지역의 자연·인문 지리적 특성을 이해한다.

⑧ 우리나라의 자연·인문 지리적 특성을 지도, 그래프, 도표로 나타내고, 다양한 자료에서 필요한 정보를 읽을 수 있다.

(2) 우리 경제의 성장과 과제

우리 경제는 시장 경제의 원리에 기초하여 세계 각 나라와 상호 의존하며 경쟁하고 있다. 우리 경제는 지속적으로 변화하고 있는데, 이러한 국가 경제의 성장과 쇠퇴는 시민들의 삶의 모습에 커다란 영향을 미친다. 따라서 시민들의 삶을 풍요롭게 유지하기 위해서 지속적으로 경제를 성장시키는 것은 우리 사회의 중요한 과제이다. 국가 간 경쟁이 치열해지고 있는 상황에서 국제 거래에서 경쟁력을 갖추는 것은 경제 성장을 위해서 매우 중요하다. 그러나 삶의 질 향상은 경제 성장과 함께 그 과정에서 발생하는 여러 가지 사회 문제를 슬기롭게 해결할 때 가능하다. 따라서 우리 경제의 성장 과정과 그 과정에서 나타나는 다양한 사회 문제를 이해하고, 이를 바탕으로 삶의 질을 높일 수 있는 경제 성장의 방안을 모색한다.

① 우리 경제의 특징을 자유와 경쟁이라는 측면에서 이해한다.

② 우리 경제의 변화를 성장, 위기, 위기 극복이라는 국면으로 나누어 살펴본다.

③ 여러 경제 정보를 활용하여 우리 경제의 현황을 파악한다.

④ 우리 경제가 국제 거래를 통해 다른 나라 경제와 상호 의존하며 경쟁하고 있음을 이해한다.

⑤ 국제 경쟁력 증진을 위한 기업가, 근로자, 정부의 역할을 이해한다.

⑥ 경제 성장 과정에서 나타나는 여러 문제를 확인하고 이에 대해 대안을 모색한다.

(3) 환경을 생각하는 국토 가꾸기

자연 환경과 자원의 효율적 이용, 국토의 균형적인 발전, 환경 보전을 위해 노력하고 있는 모습을 확인하면서, 국토를 사랑하는 마음과 일상생활에서 국토의 문제를 해결하려는 태도를 기른다. 도시화와 산업화로 인한 환경 문제를 미래 지향적이면서도 균형적인 국토 개발의 필요성과 관련지어 이해한다. 또한, 국토 개발과 환경 보전이라는 갈등 사례를 통해 지리적 의사 결정의 중요성을 알고, 개발과 보전에 대한 균형적인 사고와 가치 · 태도를 가진다.

① 인간이 자연 생태계를 구성하는 일부분임을 이해한다.

② 인간이 자연 환경의 영향을 받고 있음을 국토 수준에서 파악

한다.

③ 인간은 기술을 활용하여 자연의 제약을 극복할 수 있음을 국토 수준에서 이해한다.

④ 자연과 공존할 수 있는 방향으로 국토 개발이 이루어져야 함을 이해한다.

⑤ 국토 개발과 환경 보전에 대한 균형적인 사고를 할 수 있다.

⑥ 산업 활동의 입지 선정과 지역의 문제 해결 과정에서 합리적인 의사 결정을 할 수 있다.

⑦ 국토 가꾸기와 환경 문제에 대하여 미래 지향적인 관점과 태도를 가진다.

(4) 우리나라의 민주 정치

민주 정치는 많은 사람의 노력에 의해서 유지되고 발전된다. 민주적 삶의 과정에서 국민들은 여러 가지 법 규범과 그 운영 원리를 이해하고, 주체적으로 법을 만들고 지켜야 한다. 또한 다양한 정치 생활에 참여하여 공동체의 구성원으로서 권리를 행사하고 의무를 이행할 필요가 있다. 따라서 우리나라의 민주화 과정에 대한 이해를 바탕으로 법의 의미와 기능을 파악하고, 주요 국가 기관의 권한과 기능을 인식한다. 또한 인간의 기본적 권리 및 공동체 구성원으로서의 의무를 자각하고 더불어 살아갈 수 있는 능력을 기른다.

① 우리나라의 민주화 과정에 대한 이해를 바탕으로, 민주주의는 참여를 통해 만들어가는 것임을 이해한다.

② 헌법의 핵심적인 내용을 이해하고 그 외의 다양한 법들이 우

리 생활을 위해 필요함을 인식한다.

③ 국회, 행정부, 법원의 구조와 기능을 권력 분립의 원리와 연
관지어서 이해한다.

④ 인권을 존중하는 태도를 기른다.

⑤ 공공 생활에서 지켜야 할 기본적 의무를 자각하고 이를 준수
하는 태도를 기른다.

⑥ 관용, 대화, 타협, 절차 준수 등 일상생활에서 민주주의를 실
천하는 태도를 기른다.

(5) 세계 여러 지역의 자연과 문화

세계 여러 지역의 자연적, 인문적 특성을 우리나라와의 지리적
관계 속에서 이해한다. 세계는 다양한 인종과 민족 및 국가로 구
성되어 있지만 교통 · 통신의 발달에 따라 하나의 지구촌으로 변하
고 있음을 인식한다. 세계 여러 지역의 문화적 차이를 알고, 시사
자료와 지구본 및 세계 지도 등을 이용하여 세계 여러 지역의 특
성을 조사할 수 있다. 또한 변화하는 세계 속에서 국제 협력과 세
계 평화에 이바지하려는 태도를 기른다.

① 우리나라와 관계가 깊은 세계 여러 지역을 선정하고 그 선정
기준을 제시한다.

② 세계지도 및 지구본의 기능을 활용하여 세계 각 지역의 위치
를 확인한다.

③ 세계지도 및 해당 지역의 지도와 여러 가지 시사 자료를 활
용하여 선정된 지역의 자연적 · 인문적 특성을 이해한다.

④ 다양한 인종, 민족, 국가로 구성된 세계는 교통 · 통신의 발

달에 따라 지구촌화되고 있음을 이해한다.

⑤ 지구촌에서는 여러 가지의 갈등과 문제가 발생하고 있으며, 이러한 문제의 해결을 위해 국제기구와 단체, 그리고 많은 사람들이 노력하고 있음을 이해한다.

⑥ 세계 여러 지역의 문화적 다양성을 이해한다.

⑦ 변화하는 세계 속에서 우리나라의 역할을 깨닫고 이에 이바 지하려는 태도를 가진다.

(6) 정보화, 세계화 속의 우리

사회 변화의 큰 흐름에 정보화와 세계화가 있다. 정보화와 세계 화는 개인과 공동체의 삶 전반에 영향을 미치는 거대한 변혁으로 현재와 미래의 인간 삶을 해석하고 이해하는 밑그림의 역할을 한 다. 과학과 기술의 발달은 이러한 변화를 더욱 가속화시킬 뿐만 아니라 새로운 사회 문제를 만들어 낸다. 이러한 흐름 속에서 분 단국가인 우리나라는 민족 통일이라는 요소 또한 고려하여야 한다. 정보화와 세계화라는 사회 변화의 흐름을 이해하고 대한민국 국민 으로서, 또한 세계 시민으로서 어떻게 사고하고 행동해야 하는가를 탐구한다.

① 정보 사회의 의미를 이해하고, 정보화가 인간의 삶에 미치는 영향을 파악한다.

② 과학과 기술 발달의 방향을 이해하고, 그것이 일상생활에 미 치는 영향과 문제점을 파악한다.

③ 세계화의 다양한 모습을 이해하고, 우리 삶의 변화를 이와 관련지어 파악한다.

④ 세계화와 관련하여 우리 문화의 고유성을 인식하고, 민족 문
   화의 세계화를 위한 방안을 창의적으로 모색한다.

⑤ 변화하는 세계 속에서 분단으로 인해 우리 민족이 겪는 문제
   를 생각해보고, 이를 해결할 방안을 모색한다.

⑥ 세계 인류의 번영과 평화로운 삶을 위한 다양한 국제사회의
   노력을 조사해본다.

4. 교수 · 학습 방법

가. 교수 · 학습의 원칙

(1) 학습자가 사회 현상에 대한 흥미와 관심을 넓히고, 인간 생
    활과 사회 현상의 원리를 발견하며, 이를 실생활에 적용할
    수 있도록 학습을 전개한다.

(2) 사회과의 성취 목표인 핵심 지식의 이해, 탐구 기능의 습득,
    고차원적 사고력의 신장 그리고 문제해결력 및 실천 능력
    향상을 위해 다양한 교수 방법을 활용한다.

(3) 고차원적 사고력 함양에 적합한 귀납적 인식, 반성적 사고,
    메타 인지 등과 같은 학습 과정을 통해 학습자 스스로 지식
    을 구성하고 자기 주도적 학습능력을 향상시킬 수 있도록
    학습을 전개한다.

(4) 사회과 학습의 목표와 주어진 학습자 여건 및 교육환경을 고
    려하여 가장 효과적인 교수 · 학습 방법을 자율적으로 선택

실시하고, 이를 반성적으로 개선해나가도록 한다.

(5) 학습자의 요구, 수준, 능력, 적성 등을 고려한 학습을 전개한다.

나. 교수 · 학습의 방법

(1) 사회 현상에 대한 종합적인 인식을 위하여 통합적인 교수 · 학습 방법을 강조한다.

(2) 학생들의 학업 성취 수준, 흥미, 사회적 요구 등을 고려하여 교육 현장에 적합한 주제와 문제를 중심으로 단원을 구성하여 수업이 이루어질 수 있도록 한다.

(3) 학생들의 사고력을 자극할 수 있도록 적절한 탐구 상황을 설정하고 다양한 발문 기법을 활용한다.

(4) 소집단별 협동 학습을 통해 민주 시민의 중요한 자질이라 할 수 있는 집단 구성원으로서의 책무성, 참여의식, 타인에 대한 존중, 협동심을 함양할 수 있도록 한다.

(5) 질문, 조사, 토의, 논술, 관찰 및 면담, 현장 견학과 체험, 초청 강연, 실험, 역할 놀이와 시뮬레이션 게임, 모의재판과 모의국회, 사회 참여 등의 다양한 학습방법을 학습내용의 성격에 비추어 적절하게 활용한다.

(6) 현대사회의 정보화 추세에 맞추어 각종 정보 매체를 활용할 수 있도록 교실 환경을 조성하고, 신문 활용 교육(NIE), 컴퓨터 보조 학습(CAI)과 인터넷 활용 교육(IIE)을 적극 활용하도록 한다.

(7) 학습자가 민주 시민의 자질을 함양하고 지역 사회 참여 의식

을 고취할 수 있도록 각종 사회 문제에 관한 시사 자료와 지역 사회 자료를 활용하여 지도한다.

(8) 현대사회의 정치적, 경제적, 사회적, 문화적 현상을 실증적 자료와 구체적인 사례에 근거하여 분석할 수 있도록 지도한다.

(9) 교수 · 학습의 효율성을 높이기 위하여 지도, 도표, 영화, 슬라이드, 통계, 연표, 연감, 신문, 방송, 사진, 기록물, 유물, 여행기, 탐험기 등의 다양한 교수 · 학습 자료를 활용한다.

5. 평가

가. 평가 방향

(1) 교육과정 내용의 대강화와 교수 · 학습 방법의 자율화에 맞는 다양한 평가 방법을 활용할 수 있도록 한다.

(2) 사회과 평가는 교육과정에 제시된 목표와 내용, 교수 · 학습 방법과의 일관성을 유지하도록 한다.

(3) 사회과 평가는 교육과정에 제시된 목표를 준거로 하여 추출된 내용 요소에 따라 이루어지도록 한다.

(4) 평가는 개개인의 학습 과정과 성취 수준을 이해하고 발달을 돕는 차원에서 실시한다.

(5) 학습의 과정 및 학습의 수행에 관한 평가가 이루어지도록 한다.

(6) 평가 내용은 지식 영역에만 치우쳐서는 안 되며, 기능과 가치 · 태도 영역을 균형 있게 선정한다.

(7) 지식 영역의 평가에서는 사실적 지식의 습득 여부와 함께 사
   회 현상의 설명과 문제해결에 필수적인 기본 개념 및 원리,
   일반화에 대한 이해 정도를 측정하는 것에 중점을 둔다.
(8) 기능 영역의 평가에서는 지식의 습득과 민주적 사회생활을
   하는 데 필수적인 정보의 획득 및 활용 기능, 탐구 기능, 의
   사 결정 기능, 집단 참여 기능을 측정하는 데 초점을 둔다.
(9) 가치·태도 영역의 평가에서는 국가, 사회의 요구와 개인적
   요구에 비추어 바람직한 가치와 합리적 가치의 내면화 정도,
   가치에 대한 분석 및 평가 능력을 평가한다.

나. 평가 내용

사회과 평가에는 다음 요소들이 포함되도록 한다.
(1) 사회 현상의 설명과 문제 해결에 필수적인 지리, 역사, 제 사
   회과학의 기본 개념 및 원리, 일반화에 대한 이해 정도
(2) 지리적 현상, 역사의 흐름, 현대사회의 현상과 특성에 대한
   통합적, 종합적 이해 정도와 사회 현상을 탐구하는 데 필요
   한 각종 정보와 자료를 획득, 조직, 활용하는 능력
(3) 인간 행위와 사회 환경에 대한 다양한 관점의 이해와 수용,
   사회적 합의성이 높은 가치의 탐색 및 사회의 기본 가치에
   대한 이해와 존중
(4) 사회, 지역, 국가의 당면 문제 해결과 관련된 의사 결정 능력
   및 실천 능력
(5) 사회과의 기본 지식에 대한 이해를 확장시키는 학습자의 흥

미, 관심, 학습 동기와 습관

다. 평가 방법

(1) 지필 평가 외에 면접, 체크리스트, 토론, 논술, 관찰, 활동 보고서, 포트폴리오 등을 통한 다양한 평가가 이루어질 수 있도록 한다.

(2) 선택형 평가를 실시하더라도 단순한 결과적 지식 습득의 여부보다는 기본 개념 및 원리의 이해와 아울러 이러한 지식 및 정보의 획득 과정과 활용 능력이 평가되도록 한다.

(3) 사고력 신장이나 가치, 태도의 변화를 평가하기 위하여 양적 자료와 더불어 질적 자료를 수집하여 평가하도록 한다.

라. 평가 결과의 활용

(1) 평가 결과는 학습자들의 학업 성취 수준을 판정하는 데에서 더 나아가 학습자의 학습 능력과 교수·학습 방법의 적절성을 진단하고 개선하는 데 활용한다.

(2) 평가 결과가 지속적인 교육과정 개선을 위한 참고 자료로 활용되도록 한다.

한춘희
(韓春熙)

▍학력

서울교육대학교 사회과교육과 졸업
연세대학교 교육대학원 사회과교육과 졸업
한국교원대학교 교육학박사(사회과교육 전공)

▍경력

서울도곡, 수서, 대왕초등학교
서울대학교사범대학부설초등학교
서울천동초등학교
서울교대, 전주교대, 공주교대, 한국교원대 강사
초등 교사 교육을 위한 사회과 프로그램 개발 공동 연구원
2007년 개정 교육과정에 따른 초등 5학년 사회 교과서 역사영역 모형 단원
개발 연구 책임자
5. 6학년 디지털 사회과교과서 개발위원
2007년 개정 사회과 교과서 개발 연구 및 집필 위원
2007년 개정 서울의 생활 집필 위원
현) 서울잠신초등학교

▍주요저서

사회탐구방법에 관한 연구
사회적 역할 중심의 초등학교 사회과 교육과정 탐색
제7차 사회과 교과서 및 지도서(공)
제7차 서울의 생활(공)
우리 고장의 생활(중구, 강동구)(공)
살아있는 사회과교육(공)
행복하고 편리한 전자정부(공)
알기 쉬운 생활 경제 Ⅰ, Ⅱ(공)
세계를 배우는 어린이 지도(공)
사회과교육의 논리(공)
세계 속의 대한민국(모범 교과서)(공)\

초등 사회과 교육의 이론과 실제

초판인쇄 | 2009년 2월 28일
초판발행 | 2009년 2월 28일

지은이 | 한춘희
펴낸이 | 채종준
펴낸곳 | 한국학술정보㈜
주 소 | 경기도 파주시 교하읍 문발리 513-5 파주출판문화정보산업단지
전 화 | 031) 908-3181(대표)
팩 스 | 031) 908-3189
홈페이지 | http://www.kstudy.com
E-mail | 출판사업부 publish@kstudy.com

등 록
가 격 35,000원

ISBN 978-89-534-1342-9 93370 (Paper Book)
       978-89-534-1343-6 98370 (e-Book)

내일을여는지식 은 시대와 시대의 지식을 이어 갑니다.